JN058217

# 石油資源の呪い

## ナイジェリア政治経済史

室井 義雄

東京図書出版

# は し が き

　筆者は，長年に互り，「アフリカの巨人」と言われるナイジェリアを研究してきたが，いつも頭から離れなかったのは，「何ゆえに，石油大国であるにも拘わらず，貧困問題が緩和・解消されないのであろうか。また，独立後半世紀以上も経つのに，国民的統合が実現していないのは，何ゆえであろうか」という素朴な疑問であった。そして，この疑問にヒントを与えてくれたのが，「我が国は，原油が発見されてから，おかしくなった」という，ナイジェリア人知人の嘆きであった。

　ナイジェリアを研究する時のキーワードは，極めて多い。「モザイク状の多部族社会」「連邦国家と少数部族」「長期に及んだ軍事政権」「南北対立」「石油収入と政治汚職」「石油開発と環境汚染」「原油に浮かぶ貧困」等々であるが，いずれにせよ，「石油問題」を抜きにすることはできないであろう。それは，国家の在り方や国民の生活を規定する，「経済的問題」であると同時に，「政治的問題」でもあるからである。政治経済学（Political Economy）としてのアプローチが不可欠な所以である。

　本書では，可能な限り，ナイジェリア人の顔が見えるように，登場人物の出身地・出身部族・信仰する宗教・経歴などの個人情報を探ってみた。また，単なる解説や筆者の独断に陥らないように，出所が信頼できる資料や統計もできるだけ収集してみた。読者は，この小さな書物に多くの図表が載っているのに驚かれるかも知れないが，これは，必要不可欠な作業であった。

　本書のタイトルに付した「資源の呪い」とは，いささか言い古された言葉であるが，特定の国家を対象として，歴史的かつ具体的に考察した日本語の書物は意外と少ないようである。本書では，この言葉の持つ複雑な構造的因果関係について，ナイジェリアを事例として明らかにしようとしたつもりである。

　第Ⅰ部では，とりわけ2003年の総選挙後から2009年頃にかけて熾烈を極めた，産油地帯のナイジャー・デルタにおける「石油戦争」の構造

的要因について，国家権力と少数部族，石油開発と環境破壊，石油収入の配分と貧困問題，政権担当者 ── 本書では，軍政期では国家元首，民政期では大統領と表記した ── たちの政治汚職・公金の横領，武装集団に対するアムネスティ（特別恩赦）の提示，およびナイジャー・デルタ開発に係わる諸委員会の勧告などの視座から考察してみた。また，連邦政権の担当者を含む有力政治家と武装集団のリーダーたちとの「奇妙な関係」をも明らかにすべく，できるだけ両者の個人的動向も探ってみた。

　第Ⅱ部では，「財政連邦主義」── 原油の発見後は「石油収入の争奪戦」とほぼ同義語になる ── の歴史的展開を考察している。莫大な石油収入が，連邦政府・州政府・地方政府というナイジェリアの「三層構造」の中に如何に流れ込んでいるのか，末端の共同体・人々にも本当に届いているのか，という視点にも留意しながら，各時期の政治状況と合わせて，歴史的に考察してみた。

　1956年1月に東部のオロイビリ（現バイェルサ州）で商業量の原油が発見されてから，政権担当者や有力政治家たちは，半世紀以上にも互って，石油収入の配分問題を延々と議論してきた。上記の「三層構造」と特別基金などへの垂直的配分や，水平的配分（「三層構造」への再配分）の基準 ── 派生主義，人口数，均等配分，および社会開発など ── になる加重値の設定において，実に細かい数値のやり取りが行われてきたが，その理由は，たとえ1％の差であっても，およそ540億ナイラの差額になるからである（2010年時点）。

　他方では，1960年10月1日の独立以来，7回もの軍事クーデターが発生しているが，その背後に，こうした石油収入の配分問題が通底していたことは明らかである。国家権力の掌握は，莫大な石油収入への接近とほぼ直結していた。経済金融犯罪防止委員会の元委員長であるN.リバドゥ（Nuhu Ribadu）は，1960年から1999年に至るまでの40年間に，軍政・民政を問わず，主に政権担当者・閣僚・有力政治家たちによって，およそ36兆5256億ナイラ ── 1999年の為替レートで換算すると，約3,800億ドル ── 以上の公金が横領されてきたと推計している。こう

した事態が，人々の貧困や武装集団が結成される主な要因になっていた
のは明らかであろう。第Ⅱ部では，連邦歳入の配分問題に加えて，軍事
クーデターや総選挙などの政治的動向にも留意した所以である。

# 目　次

はしがき ......................................................................... I

# 第Ⅰ部　ナイジャー・デルタにおける石油戦争
―― 国家・少数部族・環境汚染 ―― .................... 7

はじめに .................................................................... 9

## Ⅰ　歴史的背景 ......................................................... II

**1** ナイジャー・デルタ ........................................... 12

**2** パーム油から石油へ ......................................... 17

**3** 少数部族問題 .................................................... 23

## Ⅱ　ナイジャー・デルタにおける反政府闘争 .................. 30

**1** 「12日間の共和国」 .......................................... 30

**2** オゴニ人生存運動 ............................................. 32

**3** 2003年総選挙とイジョ人武装集団の台頭 ........................ 36

**4** イジョ人武装集団の系譜 ........................................ 40

**5** 「石油戦争」の展開 ........................................... 52

## Ⅲ　「石油戦争」の構造的要因 ................................. 64

**1** 石油開発と環境破壊 ........................................... 64

**2** 石油収入の配分と貧困問題 .................................... 74

**3** 政権担当者と公金の横領 ..................................... 83

## Ⅳ　「アムネスティ計画」とその展望 ......................... 93

**1** 大統領特権による「特別恩赦令」の提示 ........................ 93

**2** 武装集団の対応 ............................................. 95

**3**「アムネスティ計画」の実施とその限界 ................. 103

Ⅴ ナイジャー・デルタ問題の解決に向けて ................. 108

**1** 歴史的経緯 ............................................... 108

**2** ナイジャー・デルタ開発に係わる委員会の勧告 ........... 111

**3** ナイジャー・デルタ問題への視点 ....................... 117

結びにかえて ─「資源の呪い」─ ............................... 122

第Ⅱ部 財政連邦主義の歴史的展開
─ 石油収入の争奪戦 ─ ................................... 125

はじめに ...................................................... 127

Ⅰ 英領植民地時代：1900〜1959年 ............................ 129

**1** 英領ナイジェリアの成立と植民地統治の基本原則 ......... 129

**2** 植民地時代における歳入配分問題 ....................... 135

Ⅱ 第一共和政時代：1960〜1966年 ............................ 153

**1** 第一共和政の成立と1963年共和国憲法 ................... 153

**2** ビーンズ委員会の発足 ................................. 157

Ⅲ 前期軍政時代：1966〜1979年 .............................. 164

**1** 軍事クーデターとビアフラ戦争の勃発 ................... 164

**2** 12州体制への移行とダイナ暫定委員会の発足 ............. 169

**3** 連邦軍事政権による「布告」と歳入配分 ................. 172

Ⅳ 第二共和政時代：1979〜1983年 ............................ 177

**1** アボヤデ専門委員会の発足 ............................. 177

**2** 1979年総選挙とシャガリ文民政権の成立 ........................180

**3** 1979年共和国憲法とオキグボ委員会の発足 ..................184

**4** シャガリ大統領による修正案と国会論争 ..................189

**5** 1983年総選挙と第二次シャガリ文民政権の成立 ............193

V　後期軍政時代：1984〜1999年 ..................................197

**1** シャガリ大統領による南北融和策 ..........................197

**2** 軍事クーデターと反クーデターの勃発 ....................198

**3** 「石油グラット」と経済危機 ................................200

**4** ババンギダ連邦軍事政権と国家歳入配分委員会 ............206

**5** 民政移管（第三共和政）と軍事クーデターの勃発 ..........209

VI　第四共和政時代：1999〜2014年 ...............................214

**1** 第四共和政と総選挙 ........................................214

**2** 1999年共和国憲法と歳入配分 ..............................220

**3** 第四共和政下の歳入配分問題 ..............................222

結びにかえて ─ 財政連邦主義の功罪 ─ ......................230

あとがき ...............................................................233

付表 ...................................................................236

図表一覧 ...............................................................240

参考文献一覧 ...........................................................243

索引 ...................................................................253

第Ⅰ部

# ナイジャー・デルタにおける石油戦争
## ── 国家・少数部族・環境汚染 ──

ポート・ハーコートの石油化学プラント

## はじめに

　2021年末現在，ナイジェリアは，アフリカ最大，石油輸出国機構（Organization of the Petroleum Exporting Countries, OPEC）第 5 位，そして世界第15位の産油国である。だが，同国の産油地帯であるナイジャー・デルタにおいて，石油資源を巡る様々な対立・紛争が歴史的に続いてきた。主として外資系石油会社とナイジェリア国営石油公社（Nigerian National Petroleum Corporation, NNPC）が合弁事業で運営する石油基地への乱入や，パイプラインの破壊による盗油活動，身代金目当ての誘拐事件，あるいはギニア湾での海賊行為などが多発して，これらの違法行為を取り締まろうとする国軍・警察合同部隊（Joint Task Force, JTF）と武装集団との間で激しい銃撃戦が続いてきた。

　こうした「石油戦争」それ自体は，2009年 6 月に当時の U. M. ヤラドゥア（Umaru Musa Yar'Adua）大統領によって，武装解除者には特別恩赦と社会復帰のための資金的支援を与えるという「アムネスティ計画」が提示され，また2010年 5 月には，少数部族[1]のイジョ（Ijaw, Ijo）人で産油地域のバイェルサ州出身の G. ジョナサン（Goodluck

---

[1]　「部族」という日本語には差別的なニュアンスが含まれるとして，その使用を批判する向きもあるが，「部族」を単に「エスニック・グループ」という直訳の和製英語や「民族」に置き換えるだけでは済まされない，多くの問題が残る。ナイジェリアにおける「国民－国家」形成の困難性を理解するためには，むしろ「部族」「民族」「国民」という範疇を区別しておくべきである。本書では，言語・慣習・信仰などに係わる固有の文化と，それらに対する強固な帰属意識を共有している人々の集団を「部族」，必ずしも固有の文化を共有しないが，政治的要因など何らかの理由から特定の帰属意識を共有するに至った人々の集団を「民族」，そして，特定の国家機構の下に統合化された諸民族の政治的表現を「国民」と定義しておきたい。筆者の友人を含めて，当のナイジェリア人自身，英語の「tribe」という用語を使うことにそれほどの抵抗感を持っていないが，「部族」あるいは「イジョ人」（イジョ族ではなく）などという用語を使うことにする。なお，「イジョ」の英語表記は，「Ijaw」または「Ijo」のいずれかが使用されている。

Jonathan）が大統領に就任したことにより，終息に向かいつつあるように見える[2]。しかし，何よりも，ナイジャー・デルタでは，そこに住む人々の構造化された貧困と深刻な環境汚染が続いており，「ナイジャー・デルタ問題」が解決されたとは言い難いのである。

　第 I 部では，ナイジャー・デルタにおける「石油戦争」の構造的要因について，三大部族と少数部族，「石油収入」── 主に政府取得原油・天然ガスの輸出・国内販売額，民間の石油会社から徴収される石油利潤税・鉱区地代・ロイヤルティーから構成されている ── の配分方式，環境破壊と貧困，歴代の政権担当者による政治汚職・公金横領などの諸問題を見据えつつ，ナイジェリアにおける「連邦国家」の在り方，換言すれば「国民─国家」の形成という視座から歴史的に考察してみたい。

---

[2]　2015年 3 月28〜29日に実施された大統領選挙では，現職のジョナサン大統領が敗北し，北部カドゥナ州出身のハウサ人でイスラーム教徒の M. ブハリ（Muhammadu Buhari）が当選した。彼は，かつての連邦軍事政権担当者（1984年 1 月 3 日〜1985年 8 月26日）であるが，この2015年の総選挙の詳細とその意義については，別の機会に論じてみたい。なお，本書で記述する州知事などの役職は，原則として，2015年総選挙以前のものである。

# I　歴史的背景

　ナイジャー・デルタにおける「石油戦争」の歴史的背景を探ろうとするならば，英領植民地時代にまで遡らねばならないが，大きく言えば，広大な地理的領域と多様な人々を抱えるナイジェリアの国境線が，19世紀後半の「帝国主義」の時代に，そこに住む人々の意向とはおよそ無関係に，イギリス，フランス，およびドイツの3国間での「植民地分割協定」によって画定された，という点に尽きるであろう。

　その結果として，ナイジェリアでは，北部のハウサ−フラニ（Hausa-Fulani）人 [3]，南西部のヨルバ（Yoruba）人，そして南東部のイボ（Ibo）人の「三大部族」を始めとして，395にも及ぶ言語集団を抱える「多部族国家」が形成された [4]。2020年末現在の推定人口数は2億610万人で，世界第7位の人口規模である。宗教的分布は，おおよそ北部がイスラーム教，南部がキリスト教，中央部がその他の伝統的宗教となっており，宗教上の対立に起因する「南北対立」は，今日でもなお続いている [5]。

---

[3]　ハウサ人とフラニ人は，元来は別個の言語集団であるが，両者の混血・文化融合が歴史的に進んできたので —— 遊牧フラニを別として ——，本書では，一般的な呼称としてはハウサ−フラニ人という呼び名も用いることにする。Parris, R., *The Heritage Library of African Peoples : Hausa*, New York, Rosen Publishing, 1996, pp. 9–12 を参照。

[4]　言語集団については，Bendor-Samuel, J., "Languages," in Barbour, K. M., et al., eds., *Nigeria in Maps*, London, Hodder and Stoughton, 1982, pp. 46–49 を参照。

[5]　なお，北部ナイジェリアでは，とりわけ2009年7月以降，イスラーム原理主義集団であるボコ・ハラム（Boko Haram）の武装闘争が過激化している。本書では，ボコ・ハラムについて論じる余裕はないが，さし当たり，Walker A., "What is Boko Haram ?," United States Institute of Peace, *Special Report*, No. 308, June 2012, pp. 1–16 ; Okpaga, P. A., U. S. Chijioke, and O. I. Eme, "Activities of Boko Haram and Insecurity Question in Nigeria," *Arabian Journal of Business and Management Review*, Vol. 1, No. 9, April 2012, pp. 77–99 ; Malachy, C. E., "Boko Haram Insurgency : A

1960年10月1日の独立後においては，上述の三大部族の権力均衡こそが政治的安定をもたらすという，「三脚理論」が信仰・実践されてきた。他方では，これがまた，1967年7月6日〜1970年1月12日に勃発した「ビアフラ戦争」に象徴されるように，三大部族間の中央政界における権力闘争と，さらには，少数部族による自治権の要求，新州の増設問題などを引き起こしてきたのである。

## ■1 ナイジャー・デルタ

　ナイジェリアは，北緯4〜14度，東経3〜15度に位置し，国土面積は92万3768 km² （日本の約2.4倍）である。西部は旧仏領ベナン，東部は旧独領カメルーン，および北部は旧仏領ニジェールと国境を接している。海岸部のマングローブ・熱帯多雨林地帯から中央部のギニア・サバンナ低灌木地帯を経て，北部のサヘル・サバンナ半乾燥地帯に至る南北の距離は1,120 km，ギニア湾 ── ナイジャー川河口から西方をベニン湾，東方をビアフラ湾とも呼ぶ ── に位置する海岸部は東西に800 kmに及んでいる。また，ナイジャー・デルタにはおよそ3,000ものクリークがある[6]。

　このうち，「ナイジャー・デルタ」は，2つの概念，すなわち地理的概念と政治的概念から認識されている。前者の地理的概念としては，ナイジャー川河口の低地一帯を指しているが，アボーの町を北端として，西方はベニン川，東方はイモ川の河口に至る三角形状の一帯である。この地帯は，世界有数のマングローブ，海岸部諸島，淡水低湿地，およ

　　　Northern Agenda for Regime Change and Islamization in Nigeria, 2007–2013," *Global Journal of Human Social Science Political Science*, Vol. 13, Issue 5, Version 1.0, 2013, pp. 1–12 ; " Boko Haram : The stronger President Jonathan speaks, the stronger they act," *Vanguard*, 15th November, 2014 を参照。

[6]　地理的状況については，Adalemo, I. A. and J. M. Baba, eds., *Nigeria : Giant in the Tropics*, Vol. 1, Lagos, Gabumo Publishing, 1993, pp. 45–52 ; Barbour, K. M., et al., eds., *op.cit.*, pp. 24–25 に詳しい。

び低地熱帯多雨林の４つの植生から構成され，北緯５度15分〜６度，東経５度４分〜６度25分に位置している。その総面積はおよそ１万5000 km$^2$で，行政単位としては，バイェルサとリヴァーズの２州がこれに含まれる。

　後者の政治的概念が公式に登場するのは，独立後の1963年10月１日に施行された「1963年共和国憲法」においてである[7]。同憲法の第159条第１項において，ナイジャー・デルタ開発局（Niger Delta Development Board, NDDB）の設置が謳われているが，同条第２項では，NDDB の構成員を「東部州知事の推薦者１名，中西部州知事の推薦者１名，および国会議員の中から選任されたナイジャー・デルタ出身者１名」と規定している。そして，同条第６項では，「ナイジャー・デルタ」とは，1959年８月26日に公布された「布告第34号」に記載された地域であると規定されている。そこで，この「布告第34号」[8]を見てみると，NDDB の設置に係わるナイジャー・デルタ地域とは，(a)西部州のデルタ県西イジョ地区，および(b)東部州のイェナゴア県，デゲマ県，およびポート・ハーコート県オゴニ地区，であると記載されている。つまり，現在のバイェルサ，リヴァーズ両州がおおよそ該当しており，前述の地理的概念に近い。

　その後，新州の増設が相次いで36州体制になると，民政移管後の O. オバサンジョ（Olusegun Obasanjo）連邦政権 —— オバサンジョは，1976年２月14日〜1979年９月31日まで，連邦軍事政権を掌握した退役軍人である —— により2000年７月12日に施行された「ナイジャー・デルタ開発委員会（設立）法」において，改めてナイジャー・デルタ

---

[7]　*The Constitution of the Federal Republic of Nigeria*（以下，*The Constitution* と略記）*1963*, Chapter XII, Miscellaneous, 159, The Niger Delta Development Board, Lagos, 1st October, 1963.

[8]　*Proclamations of the Area of the Niger Delta*, S,C.L.N.34 of 1959, 26th August, 1959 を参照。なお，この布告は，イギリス人最後の第８代総督，J. W. ロバートソン（James Wilson Robertson）によって公布されている。

の範囲が規定された[9]。同法は，旧NDDBと同じく，当該地域の開発
を担当するナイジャー・デルタ開発委員会（Niger Delta Development
Commission, NDDC）の設置を定めた法律であるが，その第2条第1
項(b)において，NDDCの構成員として，「アビア，アクワ・イボム，バ
イェルサ，クロス・リヴァー，デルタ，エド，イモ，オンド，およびリ
ヴァーズ」の9州を挙げている。これらの9州は，いずれも「産油州」
である。すなわち，旧東部州に含まれていた内陸部のアナムブラ，エヌ
グ，およびエボニィの3州が，非産油州のために上記の構成員から排除
され，NDDCによる地域開発の対象からも外されている。換言すれば，
ここでは，「ナイジャー・デルタ」という概念は，「1999年共和国憲法」
第162条第2項に定められている[10]，「派生主義（歳入発生地域への優
先的配分）に基づく，石油収入の13%分の配分対象」として，政治的
意味合いを持つ概念に変わっているのである。

　これらの産油9州は，第1図に示した通りであるが，上述の地理的概
念としての「ナイジャー・デルタ」からは大きく逸脱している。加え
て，第1表に見られるように，同じ産油州と言っても，原油や天然ガス
の生産量には大きな格差が生じており，また，人口規模や地方政府の数
なども多様である。同表から2006年の人口数を見てみると，リヴァー
ズ州の520万人からバイェルサ州の170万人まで大きな格差があり，ま
た面積においては，アビア，イモ，およびアクワ・イボムの3州が狭
く，これらの結果，1 km²当たりの人口密度も，イモ州の758人からク
ロス・リヴァー州の134人までに分散している。

　他方，同表に見られる「地方政府」は，1976年8月に，当時のオバ
サンジョ連邦軍事政権によって，①人口数15万〜80万人の規模を目安

[9]　Federal Republic of Nigeria, *Niger Delta Development Commission (Establishment, Etc)
Act*, Part I, Establishment, Etc, The Niger-Delta Commission and the Governing Board,
Abuja, 12th July, 2000 を参照。

[10]　*The Constitution 1999*, Chapter VI, The Executive, Part I, Federal Executive, C, Public
Revenue, 162, Distributable Pool Account, Abuja, 5th May, 1999 を参照。

第1図　ナイジャー・デルタ諸州

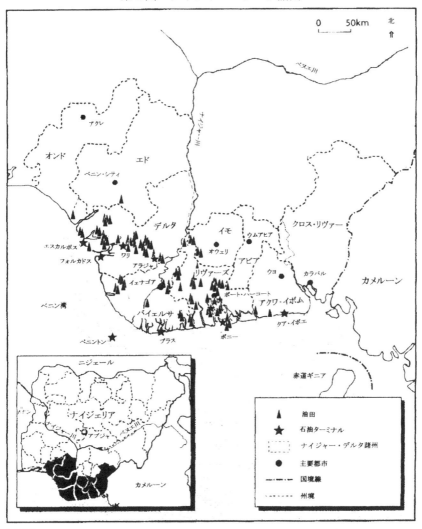

（出所）Obi, C. and S. A. Rustad, eds., *Oil and Insurgency in the Niger Delta : Managing the Complex Politics of Petro-Violence*, London, Zed Books, 2011, p. x より作成。

第1表　ナイジャー・デルタ産油州の基本指標

| 州 | 人口数[1] | 面積[1] | 人口密度[1] | 地方政府[1] | 原油生産量[2] | 天然ガス生産量[2] |
|---|---|---|---|---|---|---|
| | 万人 | 1,000 km² | 人/km² | ヵ所 | 1,000バーレル（%） | 1,000立方フィート（%） |
| 1. アクワ・イボム | 390 | 6.8 | 576 | 31 | 15,639 (31.1) | 32,044 (15.8) |
| 2. デルタ | 411 | 17.2 | 239 | 25 | 10,751 (21.4) | 41,078 (20.3) |
| 3. リヴァーズ | 520 | 10.4 | 498 | 23 | 10,691 (21.3) | 52,488 (25.9) |
| 4. バイェルサ | 170 | 9.4 | 181 | 8 | 9,000 (17.9) | 59,726 (29.4) |
| 5. オンド | 346 | 15.2 | 228 | 18 | 1,874 ( 3.7) | 4,555 ( 2.2) |
| 6. エド | 323 | 19.8 | 163 | 18 | 1,027 ( 2.0) | 5,388 ( 2.7) |
| 7. イモ | 393 | 5.2 | 758 | 27 | 550 ( 1.1) | 5,249 ( 2.6) |
| 8. クロス・リヴァー | 289 | 21.6 | 134 | 18 | 423 ( 0.8) | 1,650 ( 0.8) |
| 9. アビア | 285 | 4.9 | 580 | 17 | 354 ( 0.7) | 623 ( 0.3) |
| 合　計 | 3,127 | 110.5 | 373 | 185 | 50,309 (100.0) | 202,801 (100.0) |

（注）1）2006年センサスによる。2）2013年3月時点の月間生産量。
（出所）(1) National Population Commission, *2006 Population and Housing Census of the Federal Republic of Nigeria, Priority Tables*, Volume I, Abuja, 26th August, 2009, pp. 8-9.
　　　　(2) Revenue Mobilization Allocation and Fiscal Commission, *Oil and Gas Production on State by State Basis* (http://www.rmafc.gov.ng/derive.htm, 2014年6月23日にアクセス）より作成。

として地方政府を新設し，②その評議会議員は当該住民の直接選挙によって選出する，という「ガイドライン」が出されて発足したもので，その後，1979年10月1日に施行された「1979年共和国憲法」の第7条において，初めて正式の行政単位として規定された[11]。この地方政府は，連邦政府・州政府・地方政府という，ナイジェリア連邦共和国の「三層構造」の一端を担い，連邦会計からの歳入配分の対象になるという意味において極めて重要である。1979年当時の地方政府の数はナイジェリア全体で302であったが，36州体制に移行した現在では774にまで激増している。

　この地方政府は，単純な人口数によってではなく，現実には，おおよそ部族・言語集団の単位によって形成されている。従って，1つの州に地方政府の数が多いということは，部族・言語集団の数が多いということを意味し，その逆は逆である。例えば，バイェルサ州の地方政府の数は8つと少ないが，同州はほぼイジョ人によって占有されている。これに対して，地方政府の数の多いアクワ・イボム，イモ，デルタ，および

---

[11]　*The Constitution 1979*, Chapter I, General Provisions, Part II, Power of the Federal Republic of Nigeria, 7, Local Government System, Lagos, 1st October, 1979を参照。

リヴァーズの各州には，多くの部族・言語集団が居住していることになる。

　以下，本稿においても，「ナイジャー・デルタ」という用語は，上述のような政治的概念として用いることにしたい。


## ② パーム油から石油へ

　19世紀後半〜20世紀半ばに至るおよそ1世紀の間，ナイジェリアは世界最大のオイル・パーム（西アフリカ原産，学名は Elaeis-guineensis, 日本名は油ヤシ）の輸出国であった[12]。オイル・パームの理想的な生育のためには，年間2,032〜2,540 mm の降雨量と摂氏35度前後の気温，および90％前後の湿度が必要であり，また，かなりの粘土質の土壌が良いとされている。すなわち，オイル・パームは熱帯多雨林地帯に典型的な樹木であるが，野生のオイル・パーム木は，ほぼ4〜5年で実を結ぶようになり，11〜12年で成熟に達した後，おおよそ50年間は実を採取できる。オイル・パーム実の採取は年中可能であるが，ナイジャー・デルタでは，10〜11月に開花のピーク時を迎えるので，その半年後の3〜4月が実の採取に忙しい時期になる。

　このオイル・パームは，油脂原料としては，パーム油とパーム核とに区別される。前者のパーム油は，オイル・パームの中果皮部分から抽出され，あとに残る堅い種子を割るとパーム核油が採れる。パーム油は，ヨーロッパ系商社が所有する樽やドラム缶に詰め替えられ，そして後には8,500トン級の専用タンカーによって輸出されたが，パーム核の場合は，種子の圧搾が土着の技術では難しかったため，そのままの形で輸出され，ヨーロッパの圧搾工場でパーム核油が抽出された。

　パーム油・核の抽出には，木登りによるパーム房の採取，パーム実の

---

[12]　以下のオイル・パームについては，室井義雄『連合アフリカ会社の歴史：1879–1979年 — ナイジェリア社会経済史序説 —』同文舘，1992年，3〜22，273〜278頁を参照。

区分け，水瓶の中での油分の分離，煮沸による水分の除去・パーム油の精製，およびパーム核の取り出しという加工段階を経るが，土着の伝統的な技術でも，遊離脂肪酸の含有率の少ない高品質のパーム油を生産することが可能である。

　このパーム油とパーム核は，産業革命後のヨーロッパ油脂工業にとって，石鹸，マーガリン，蠟燭，および機械油などの原料として多様な用途を持つ，極めて重要な熱帯産品であった。第2表は，1920年代〜1930年代のイギリスの油脂工業における油脂原料の品目別比率を示したものであるが，同表に見られるように，植物性油脂原料の中では，パーム油とパーム核が特に重要であり，これにココナッツと落花生を加えた4大品目が，イギリスの植物性油脂原料輸入の80〜90％前後を占めていた。

　ナイジェリアにおけるオイル・パームの主産地は，海岸線から南北幅160〜240 km のベルト地帯に，海岸線から720 km までのナイジャー，ベヌエ両川流域を加えた，およそ11万 km² に及ぶ地域である。このパーム・ベルトを後背地に持つナイジャー・デルタは，かつてヨーロッパ人商人によって「西アフリカのベニス」あるいは「オイル・リヴァーズ」と呼ばれていたが，デルタ中央部に居住し，長年に互ってビアフラ湾の対外交易を支配してきたのは，イジョ人である ―― すでに触れたように，元大統領のジョナサンも，部族・言語集団としてはこのイジョ人に属する ――。

　イジョ人の口承伝承によれば，彼らは，西方のベニン王国の支配から逃れてこの地に移住し，当初は主に漁業と製塩業を営んでいたが，15世紀半ば以降から奴隷貿易の仲介に専門化していった。イジョ人は，急拡大するその仲介商業を維持するため，購入した奴隷（主にイボ人）の一部を自らの社会に同化させて，16世紀末頃までには，デルタ各地にボニー，ブラス，ニュー・カラバルなど，5,000〜1万人の人口を擁する半軍事的「都市国家」を相次いで建国した。これらの都市国家は，分節化された交易・戦闘単位，「カヌー・ハウス」（イジョ語で「カラワリ」[Kalawari]）の集合体であるが，彼らは，交易用のカヌーに加え

第2表　イギリス油脂工業における原料の使用：1927〜1935年

(単位：%，1,000トン)

| | 1927 | 1929 | 1931 | 1933 | 1935 |
|---|---|---|---|---|---|
| A. 石鹸工業 | | | | | |
| 植物性油脂 | 56.9 | 58.4 | 55.2 | 50.5 | 57.5 |
| パーム油 | 25.0 | 23.2 | 19.1 | 20.9 | 26.8 |
| パーム核 | 21.3 | 17.4 | 16.5 | 14.0 | 15.4 |
| ココナッツ | 3.7 | 6.8 | 7.2 | 6.8 | 8.3 |
| 落花生 | 0.5 | 0.5 | 1.0 | 0.5 | 2.2 |
| その他 | 6.4 | 10.5 | 11.4 | 8.3 | 4.8 |
| 動物性油脂 | 43.1 | 41.6 | 44.8 | 40.4 | 34.2 |
| 獣脂 | 37.3 | 33.7 | 34.0 | 28.6 | 16.7 |
| 鯨油・魚油 | 5.3 | 7.4 | 10.3 | 11.3 | 16.6 |
| その他 | 0.5 | 0.5 | 0.5 | 0.5 | 0.9 |
| 樹脂 | – | – | – | 9.1 | 8.3 |
| 合　計 | 100.0 | 100.0 | 100.0 | 100.0 | 100.0 |
| (1,000トン) | (188) | (190) | (194) | (220) | (228) |
| B. マーガリン工業 | | | | | |
| 植物性油脂 | 68.8 | 71.3 | 67.6 | 54.7 | 52.1 |
| ココナッツ | 31.2 | 35.1 | 31.8 | 20.4 | 23.2 |
| パーム核 | 16.6 | 7.0 | 7.4 | 9.9 | 12.0 |
| 落花生 | 12.1 | 19.3 | 19.6 | 8.6 | 5.6 |
| 大豆 | 7.6 | 2.3 | 5.4 | 9.9 | 9.2 |
| パーム油 | * | * | * | * | 2.1 |
| その他 | 1.3 | 7.6 | 3.4 | 5.9 | – |
| 動物性油脂 | 31.2 | 28.7 | 32.4 | 45.3 | 47.9 |
| 鯨油 | 19.1 | 18.7 | 24.3 | 38.8 | 41.5 |
| 牛脂 | 9.6 | 2.3 | 6.1 | 5.9 | 5.6 |
| その他 | 2.5 | 7.7 | 2.0 | 0.6 | 0.8 |
| 合　計 | 100.0 | 100.0 | 100.0 | 100.0 | 100.0 |
| (1,000トン) | (157) | (171) | (148) | (152) | (142) |

(注)　＊500トン未満
(出所)　Usoro, E. J., *The Nigerian Oil Palm Industry : Government Policy and Export Production, 1906–1965*, Ibadan, Ibadan University Press, 1974, pp. 18–19 より作成。

て，ヨーロッパ製の武器を装備した50人乗りほどの戦闘用カヌーを所有し，外洋船舶が停泊できる河口や周辺のクリークと，後背地のイボ・ランドに繋がる多数の水路と市場を支配していた。ヨーロッパ人商人にとって，奴隷貿易そして初期のオイル・パーム交易は，彼らの仲介なし

第3表　植物性油脂原料の世界輸出：1934〜1960年

| | 1934〜38年平均 | | 1958〜60年平均 | |
|---|---|---|---|---|
| | 1,000トン | % | 1,000トン | % |
| パーム油 | | | | |
| 　アフリカ | 238 | 54.1 | 374 | 67.4 |
| 　　ナイジェリア | 135 | 30.7 | 177 | 31.9 |
| 　　ベルギー領コンゴ | 59 | 13.4 | 168 | 30.3 |
| 　他の地域 | 202 | 45.9 | 181 | 32.6 |
| 　　インドネシア | 168 | 38.2 | 111 | 20.0 |
| 　　マラヤ | 34 | 7.7 | 70 | 12.6 |
| 　世界合計 | 440 | 100.0 | 555 | 100.0 |
| パーム核 | | | | |
| 　アフリカ | 296 | 94.0 | 366 | 93.8 |
| 　　ナイジェリア | 148 | 47.0 | 194 | 49.7 |
| 　　ベルギー領コンゴ | 35 | 11.1 | 70 | 18.0 |
| 　　仏領西アフリカ | 36 | 11.4 | 39 | 10.0 |
| 　　シエラ・レオネ | 33 | 10.5 | 26 | 6.7 |
| 　世界合計 | 315 | 100.0 | 390 | 100.0 |
| 落花生 | | | | |
| 　アフリカ | 334 | 41.1 | 627 | 78.9 |
| 　　仏領西・赤道アフリカ | 189 | 23.2 | 275 | 34.6 |
| 　　ナイジェリア | 97 | 11.9 | 232 | 29.2 |
| 　他の地域 | 479 | 58.9 | 168 | 21.1 |
| 　　中国 | 107 | 13.2 | 78 | 9.8 |
| 　世界合計 | 813 | 100.0 | 795 | 100.0 |

（出所）United Africa Company Ltd., *Statistical and Economic Review*, London, No.
　　　25, March 1961, pp. 51–52 ; No. 26, October 1961, p. 44 より作成。

には成立しえなかったのである —— ちなみに，今日のナイジャー・デル
タに出没している，7〜8人乗りほどの多数のスピード・ボート軍団に
よる襲撃行為は，この400年も前の戦闘用カヌーを彷彿させるものがあ
る ——。

　その後，20世紀に入ると，ナイジャー・デルタのオイル・パーム交
易は，イギリスによる植民地支配の下で，連合アフリカ会社（United
Africa Company Ltd., UAC）を始めとするイギリス系商社によって独占
的に支配されていくことになるが，ナイジェリア人小農による生産は，
1世紀以上も続けられてきた。第3表に見られるように，独立直前期の
1958〜1960年平均において，ナイジェリアは，パーム油では世界輸出

の31.9%，パーム核では同49.7%を占めて世界最大，また落花生では同29.2%を占めて世界第2位の輸出国であった。

　ところが，1956年1月，東部のオロイビリ（現バイェルサ州）の第3紀水成岩層の深さ1万2008フィートの地点において，ナイジェリアで初めて商業量の原油が発見されると，ナイジェリア，そしてナイジャー・デルタの政治・経済状況は劇的に変容していくことになる[13]。

　原油を発見したのは，ロイヤル・ダッチ・シェル石油会社（Royal Dutch Shell Petroleum Company Ltd.）と英国石油会社（British Petroleum Company Ltd., BP）が対等の出資比率で1937年に設立した，シェル／ダーシー石油開発会社（Shell/D'Arcy Petroleum Development Company of Nigeria Ltd.）である。同社は，1938年11月に植民地政府からナイジェリア全土を対象とする石油探査権（Oil Exploration License）を獲得した後，各地で地質調査や物理探査を繰り返してきた。

　第二次世界大戦後になると，同社は，1951年に石油探査権を南部の約5万8000平方マイルの有望地に限定しつつ，残りの石油探査権を返上した。そして，1953年11月，ナイジャー・デルタ中心部のアカタ（現リヴァーズ州）において，採算には合わなかったものの，初めて原油を掘り当てた。このため，同社は，さらに1955年1月，石油探査権をナイジャー・デルタ地帯の約2万3000平方マイルに集中させて12鉱区の石油試掘権（Oil Prospecting License）に切り替え，翌年，上述の商業量の発見に至ったのである。

　シェル／ダーシー石油開発会社は，1956年4月，英国石油会社の資本参加を明確にするため，社名をシェル／BP石油開発会社（Shell/BP Petroleum Development Company of Nigeria Ltd.）に変更するとともに，翌1957年1月には，約1万6000平方マイルに及ぶ8鉱区の石油試掘権を追加獲得した。そして，同1957年12月に，オロイビリからクグボ・ク

---

[13]　ナイジェリアにおける初期の石油開発については，室井義雄「ナイジェリアの石油政策と国際石油資本」（『アジア経済』第23巻第6号，1982年6月，47〜73頁，所収）を参照。

第 4 表　ナイジェリア原油と石油収入：1970～1985年

| 年 | 生産量<br>（万 b/d） | 輸出量<br>（万 b/d） | 価格[1]<br>（ドル/b） | 石油収入[2]<br>（億ドル） | 輸出比率[3]<br>（%） | 歳入比率[4]<br>（%） |
|---|---|---|---|---|---|---|
| 1970 | 108.4 | 105.1 | 2.2 | 4.1 | 57.6 | 26.3 |
| 1971 | 153.1 | 148.6 | 2.42 | 9.2 | 73.7 | 43.6 |
| 1972 | 181.8 | 177.8 | 3.18 | 11.7 | 82.0 | 54.4 |
| 1973 | 205.6 | 198.6 | 3.56 | 22.0 | 83.1 | 59.9 |
| 1974 | 225.6 | 218.0 | 14.69 | 89.0 | 92.6 | 82.1 |
| 1975 | 178.5 | 172.0 | 11.66 | 66.0 | 92.6 | 77.5 |
| 1976 | 207.1 | 201.3 | 13.71 | 85.0 | 93.6 | 79.3 |
| 1977 | 209.9 | 203.9 | 15.29 | 96.0 | 92.7 | 75.6 |
| 1978 | 189.7 | 182.8 | 15.18 | 82.0 | 89.1 | 61.8 |
| 1979 | 230.5 | 224.3 | 15.73 | 166.0 | 93.8 | 81.4 |
| 1980 | 205.5 | 191.3 | 34.50 | 234.1 | 96.1 | 81.2 |
| 1981 | 144.0 | 122.7 | 40.02 | 167.1 | 96.9 | 64.4 |
| 1982 | 129.0 | 100.4 | 36.52 | 130.9 | 97.5 | 68.3 |
| 1983 | 123.6 | 93.5 | 35.52 | 101.6 | 96.0 | 69.0 |
| 1984 | 138.8 | 109.4 | 30.02 | 114.5 | 97.3 | 73.5 |
| 1985 | 149.9 | 124.3 | 28.02 | 119.4 | 95.8 | 72.6 |

（注）　1）ボニー・ライトの毎年 1 月時点の価格で，*Petroleum Economist* 誌は，
　　　1970年は基本公示価格，1971～76年は課税基準価格，1977～78年は公示価
　　　格，1979～85年は政府販売価格と表記している。2）輸出量から国内消費量
　　　を控除した純輸出量を基準として，ボニー・ライトの政府販売価格から国営
　　　石油公社の生産コスト負担分を差し引いて算出。3）総輸出に占める原油輸
　　　出の比率。4）連邦歳入に占める石油収入の比率。
（出所）（1）　Nigerian National Petroleum Corporation, *Annual Statistical Bulletin 2005*,
　　　　Abuja, 2006, p. 47.
　　　（2）　*Petroleum Economist*, London, 各月号。
　　　（3）　Central Bank of Nigeria, *Statistical Bulletin, Golden Jubilee Edition*, Abuja,
　　　　2008, pp. 91–93, 205–206 より作成。

リークまでの 7 マイル間に最初のパイプライン（直径 8 インチ）を敷
設し，さらに翌1958年 3 月には，クグボ・クリークからポート・ハー
コート港までの57マイル間に直径10インチのパイプラインを完成させ
て，ナイジェリアから初めて原油を輸出した。この1958年の輸出量は，
イギリス向け10万3574トン，ベネルクス 3 国向け14万1420トン，合計
24万4994トン（日産換算で約5,100バーレル）で，輸出価格はトン当た
り 4 ポンド（バーレル当たり約2.01ドル），つまり，原油の輸出収入は

97万9976ポンドであった。

　その後10年も経ないうちに，原油の輸出は，早くも1965年には日産27万2000バーレル，１億3600万ナイラに達して輸出総額の25.2％を占め，ココアを抜いて輸出第１位に躍り出た。第４表に見られるように，原油の輸出量は，ビアフラ戦争後にさらに激増し，1974年には日産218万バーレルに達してリビアを抜きアフリカ第１位，世界第７位になっている。ナイジェリアの輸出に占める原油の比率は1974年に90％を超え，また連邦歳入に占める石油収入の比率も，同年以降には80％前後に達して，今日に至っている。

　ナイジャー・デルタにおける原油の発見と，その後の急速な石油開発によって，ナイジェリアは換金作物の輸出国から原油の輸出国へと完全に移行し，また，国家歳入の大半を石油収入が占めて，その石油収入の配分によって国内経済の動向が大きく左右されるという，「石油モノカルチャー」的な経済へと変容していったのである。他方，政治的には，この石油収入を巡る争奪戦が歴史的に展開されてきた。独立から今日に至る半世紀の間に，実に７回にも及ぶ軍事クーデターが頻発し，合わせて28年７ヵ月間もの長期に亘る連邦軍事政権が続いてきたのは，それを明らかに物語るものである。


## ③ 少数部族問題

　ナイジャー・デルタは，極めて多様な少数部族の居住地でもある。それゆえ，同地域における「石油戦争」を語ろうとするならば，「少数部族問題」を避けては通れない。この問題は，大きく見て，少数部族による連邦国家内における自治権・石油収入の正当な配分の要求という局面を持っている。この自治権の要求については，すでに独立前の時期に浮上していた。

　ナイジェリアでは，1950年代半ば以降になると，独立に向けた動き

が加速化され，1957年5〜6月，ロンドンで制憲会議が開催された[14]。この制憲会議には，当時のナイジェリアの主要政党である，北部人民会議（Northern People's Congress, NPC），ナイジェリア・カメルーン国民会議（National Council of Nigeria and the Cameroons, NCNC），および行動党（Action Group, AG）の代表が出揃った。これらの政党は，各々，北部のハウサ－フラニ人，東部のイボ人，そして西部のヨルバ人を主要メンバーとする政党である。

　この制憲会議では，おおよそ次のような合意がなされた。すなわち，①1954年10月の「リッテルトン憲法」によって規定された，中央の閣僚評議会のメンバーから3人のイギリス人官僚が外され，第8代総督のロバートソン――イギリス人としては最後の総督になる――を除いて，全員がナイジェリア人によって構成されること，②空席になっていた首相職にNPC党首のA. T. バレワ（Abubakar Tafawa Balewa）を選出すること，そして，③来るべき総選挙に向けた選挙区の設定，ナイジェリア各地で新州の増設を要求している少数部族の問題，および財政問題に関する特別委員会を設置すること，であった。

　これを受ける形で，1957年9月に，イギリス王室の法律顧問をしていたH. ウィリンク（Henry Willink）を委員長とする少数部族問題検討委員会が発足した[15]。この「ウィリンク委員会」に委託された検討事項は，①独立に際して，何れかの少数部族が何らかの不安を抱いているか否かを確認し，もし不安を抱いている場合には，その緩和策を提案すること，②独立憲法の条項の中に，安全装置として，上記の如何なる緩和策を規定すればよいのかを助言すること，③万が一，有効な緩和策が見つからない場合には，1つあるいはそれ以上の新州の増設について，詳

---

[14]　1957年の制憲会議については，Burns, A., *History of Nigeria*, London, G. Allen and Unwin, 1955 (6th ed., 1963), pp. 255–256 を参照。

[15]　「ウィリンク委員会」の勧告については，Colonial Office, *Report of The Commission Appointed to Enquire into The Fears of Minorities and the Means of Allaying Them*, London, Her Majesty's Stationery Office, 30th July, 1958, pp. 88–108 を参照。

細な勧告を行うこと，および④検討結果・勧告の内容について，植民地政府の所管大臣に対して報告書を提出すること，であった。

　このウィリンク委員会は，6ヵ月間以上に亘ってナイジェリア各地を訪問して公聴会などを開催し，翌1958年7月に報告書を提出した。とりわけナイジャー・デルタに係わる，その主な内容は，次の通りである。すなわち，①ナイジャー・デルタの人々は，その地勢の困難性に起因する特別な諸問題を抱えている。それゆえ，同地域は「特別な地域」として認識・規定されるべきである，②同地域の開発は，連邦政府および東部州政府の特別の配慮の下で行われる必要があり，連邦政府の管轄下において，州政府と協調しながら，連邦政府の直接的な財政支援を受けた特別機関を通じて行われるべきである，③同地域が「特別な地域」であるという規定は，同地域が十分に開発されるまでは放棄すべきではない，④ナイジャー・デルタから選出される代議員には，批判的な意見を有する人物も含まれるべきであり，また，少数部族の意見は無視されてはならず，彼らの反対行動もまた，連邦政府の軍事力によって抑圧されてはならない，⑤「特別な地域」という規定は，ナイジャー・デルタの人々（とりわけイジョ人）の発展のために行われるものであり，また，カラバル地域とエド言語集団の居住地域も「少数部族地域」として規定されるべきである，および⑥制定が予定されている独立憲法には，基本的人権の尊重に係わる条項を規定すべきである，というものであった。

　やや引用が長くなったが，要するに，石油開発が進行しつつあるナイジャー・デルタ（現バイェルサ，リヴァーズ両州とデルタ州の一部）は，環境汚染などの特別な諸問題を抱えているので，「特別な地域」として，特別な連邦機関による社会・経済開発が必要であり，また，デルタ中央部に居住するイジョ人のみならず，東部のカラバル地域（現クロス・リヴァー州）および西部のエド人居住地（現エド州）についても，少数部族地域として，開発の対象にすべきである，ということになる。これらの諸勧告のうち，特別の開発機関については，1960年にNDDBが設置されたが，同局は実質的な開発をほとんど実施しないうちにビア

第5表　ナイジェリアにおける新州の増設：1963年8月9日〜1996年10月1日

| 1960年10月1日 (独立・3州体制) | 1963年8月9日 (4州体制) | 1967年5月27日 (12州体制) | 1976年2月3日 (19州体制) | 1987年9月23日 (21州体制) | 1991年8月27日 (30州体制) | 1996年10月1日〜 (36州体制) |
|---|---|---|---|---|---|---|
| 1.北部 | 1.北部 | 1.北西部 | 1.ソコト | 1.ソコト | 1.ソコト | 1.ソコト |
| | | | | | | 2.ザムファラ |
| | | | | | 2.ケビ | 3.ケビ |
| | | | 2.ナイジャー | 2.ナイジャー | 3.ナイジャー*+ | 4.ナイジャー* |
| | | 2.クワラ | 3.クワラ | 3.クワラ | 4.クワラ* | 5.クワラ |
| | | | | | 5.コギ | 6.コギ+ |
| | | 3.ベヌエ・プラトー | 4.ベヌエ | 4.ベヌエ | 6.ベヌエ+ | 7.ベヌエ |
| | | | 5.プラトー | 5.プラトー | 7.プラトー | 8.プラトー |
| | | | | | | 9.ナッサラワ |
| | | 4.カノ | 6.カノ | 6.カノ | 8.カノ | 10.カノ |
| | | | | | 9.ジガワ | 11.ジガワ |
| | | 5.北東部 | 7.ボルノ | 7.ボルノ | 10.ボルノ | 12.ボルノ |
| | | | | | 11.ヨベ | 13.ヨベ |
| | | | 8.バウチ | 8.バウチ | 12.バウチ | 14.バウチ |
| | | | | | | 15.ゴムベ |
| | | | 9.ゴンゴラ | 9.ゴンゴラ | 13.アダマワ | 16.アダマワ |
| | | | | | 14.タラバ | 17.タラバ |
| | | 6.北央部 | 10.カドゥナ | 10.カドゥナ | 15.カドゥナ | 18.カドゥナ |
| | | | | 11.カッチナ | 16.カッチナ | 19.カッチナ |
| 2.西部 | 2.西部 | 7.ラゴス | 11.ラゴス | 12.ラゴス | 17.ラゴス | 20.ラゴス |
| | | 8.西部 | 12.オンド | 13.オンド | 18.オンド | 21.オンド |
| | | | | | | 22.エキティ |
| | | | 13.オグン | 14.オグン | 19.オグン | 23.オグン |
| | | | 14.オヨ | 15.オヨ | 20.オヨ | 24.オヨ |
| | | | | | 21.オスン | 25.オスン |
| | 3.中西部 | 9.中西部 | 15.ベンデル | 16.ベンデル | 22.エド | 26.エド |
| | | | | | 23.デルタ | 27.デルタ |
| 3.東部 | 4.東部 | 10.東央部 | 16.アナムブラ | 17.アナムブラ | 24.アナムブラ | 28.アナムブラ |
| | | | | | 25.エヌグ# | 29.エヌグ |
| | | | | | | 30.エボニィ# |
| | | | 17.イモ | 18.イモ | 26.イモ | 31.イモ |
| | | | | | 27.アビア# | 32.アビア |
| | | 11.リヴァーズ | 18.リヴァーズ | 19.リヴァーズ | 28.リヴァーズ | 33.リヴァーズ |
| | | | | | | 34.バイェルサ |
| | | 12.南東部 | 19.クロス・リヴァー | 20.クロス・リヴァー | 29.クロス・リヴァー | 35.クロス・リヴァー |
| | | | | 21.アクワ・イボム | 30.アクワ・イボム | 36.アクワ・イボム |
| 連邦首都領 (ラゴス) | 連邦首都領 (ラゴス) | 連邦首都領 (ラゴス) | 連邦首都領 (アブジャ) | 連邦首都領 (アブジャ) | 連邦首都領 (アブジャ) | 連邦首都領 (アブジャ) |

(注)　*，＋，＃：州増設の継承関係（分離・合併）を示す。①1991年8月27日：ベヌエ州とクワラ州の各々一部が分離し，ナイジャー州に合併。②1996年10月1日：クワラ州の一部が分離し，ナイジャー州に統合。ベヌエ州の一部が分離し，コギ州に統合。エヌグ州とアビア州の各々一部が分離し，エボニィ州を新設。

(出所)　(1)　*Africa Research Bulletin : Political, Social and Cultural Series*, Exeter, 各月号。
　　　　(2)　Oyewole, A. and J. Lucas, *Historical Dictionary of Nigeria*, 2nd ed., Lanham, The Scarecrow Press, 2000 より作成。

フラ戦争が勃発して，事実上，休眠状態になってしまった。

　他方，ウィリンク委員会は，上述の公聴会などによって，ナイジェリア各地の少数部族が独自の新州を要求していたことは認識していたが，新州の増設を認めるような勧告は行っていない。しかし，新州の増

設は，歴代の連邦政権にとって，極めて重要な政治的課題であった。第
5表に見られるように，3州体制で独立したナイジェリアは，その後
1963年8月～1996年10月に至る33年間に，合わせて6回もの州体制の
変更が行われてきたのである。

　1960年10月の独立当時，独自の新州を要求していた少数部族を幾つ
か挙げてみると，まず，西部州に居住していたエド（Edo）人やウルホ
ボ（Urhobo）人などが，ヨルバ人の支配を嫌っていた。エド人は，ヨ
ルバの諸王国とは一線を画していた，かつてのベニン王国の末裔であ
り，ウルホボ人も言語集団としてはエド語の亜集団に位置している。彼
らの新州増設の要求は，独立後の1964年に勃発した，ヨルバ人の政党
AGの内紛騒ぎに乗じて実現している。すなわち，1964年2月のAGの
党大会において，フラニ人でイスラーム教徒のバレワが主導する内閣に
は参加すべきではないと主張したO. アウォロウォ（Obafemi Awolowo）
が，連邦政府内での政治活動を主張した西部州知事のS. L. アキントラ
（Samuel Ladoke Akintola）を除名し，さらに同年5月の党大会では，彼
を西部州知事から失職させるとの決議を行った。このAGの内紛騒ぎが
西部州を二分する政治危機にまで発展したため，連邦政府は，西部州に
非常事態宣言を発して臨時行政府を設置するとともに，AGの資金悪用
と反連邦政府活動の罪状により，アウォロウォを逮捕・投獄した。こう
して，ヨルバ色の強いAGの勢力が衰退する中で，連邦政府はエド人や
ウルホボ人の要求に応じて，中西部州の分離・新設を認めたのである。

　他方，東部州では，とりわけイジョ人などが独自の新州を要求してい
たが，彼らの要求は，ビアフラ戦争の勃発を契機として実現した。す
なわち，1967年5月27日，東部州議会が同州知事のC. O. オジュクゥ
（Chukwuemeka Odumegwu Ojukwu）陸軍中佐に対して，「ビアフラ共
和国」の建国を宣言するよう委託した。これと同じ日に，Y. ゴウォン
（Yakubu Gowon）連邦国家元首は，国家非常事態宣言を発して全権を掌
握するとともに，東部州の連邦からの分離を牽制するため，東部州を3
分割するとともに，ナイジェリアを全12州に分割する「布告第13号」
を公布した。この時に，ゴウォン国家元首は，東部州のみならず，ハウ

## 第6表　旧リヴァーズ州の地方政府と言語集団

| 地方政府 | 首都 | 人口数[1]<br>(1,000人) | 言語集団[2] |
|---|---|---|---|
| A. 新バイエルサ州 | | | |
| 　1. サウス・イジョ | オポロマ | 247 | イジョーイゾン |
| 　2. サグバマ | サグバマ | 114 | イジョーイゾン |
| 　3. エケレモール | エケレモール | 124 | イジョーイゾン |
| 　4. ノース・イジョ | イェナゴア | 162 | イジョーイゾン, イジョーインランド, エドイド |
| 　5. ブラス | ネムベ | 383 | イジョーオルマ, イジョーネムベ, イジョーアカッサ, セントラル・デルタークグボ・オグビア, セントラル・デルターオグボゴロ |
| 　6. オグビア | オグビア | n.a.[3] | セントラル・デルタ |
| B. 新リヴァーズ州 | | | |
| 　7. アサリートル | ブグマ | 143 | イジョーインランド |
| 　8. アククートル | アボンネマ | 90 | イジョーインランド |
| 　9. デゲマ | デゲマ | 84 | イジョーカラバリ, イジョービレ, セントラル・デルターオグプロヌアグム, エドイド |
| 　10. アブアーオドゥアル | アブア | 131 | セントラル・デルタ |
| 　11. オビオーアクポール | ルムオドーマンヤ | 239 | セントラル・デルタ |
| 　12. ポート・ハーコート | ポート・ハーコート | 407 | セントラル・デルターオブロム, イジョーオクリカ, イグボイドーイクウェレ |
| 　13. エムオハ | エムオハ | 153 | イグボイド |
| 　14. オグバーエグベマーンドニ | オモク | 175 | イグボイド |
| 　15. エチェ | オケヒ | 211 | イグボイドーイクウェレ, イグボイドーエチェ |
| 　16. イクウェレ | イシオクポ | 115 | イグボイドーイクウェレ, イグボイドーエチェ |
| 　17. アホアダ | アホアダ | 178 | イグボイドーエクペイェ, イグボイドーオグバー, イグボイドーンドニ, セントラル・デルターアブアン, エグベマ |
| 　18. タイーエレメ | ンチア | 119 | イジョーオクリカ, イボ, オゴニ |
| 　19. ゴカーナ | クボール | 142 | オゴニ |
| 　20. カーナ | ボリ | 254 | オゴニ |
| 　21. オクリカ | オクリカ | 248 | オゴニ, イボ |
| 　22. アンドニーオポポ | ニゴール | 203 | ローワー・クロス |
| 　23. ボニー | ボニー | 62 | イジョーイバニ, ンコロ, イボ, ローワー・クロス |
| 　24. オイグボ | アファム | n.a.[3] | n.a.[3] |

(注) 1) 人口数は1991年センサスによる。 2) ハイフンの後は亜集団を示す。 3) 「n.a.」は不明。

(出所) (1) Alagoa, E. J. and T. N. Tamuno, eds., *Land and People of Nigeria : Rivers State*, Port Harcourt, Riverside Communications, 1989, pp. 42–51.

(2) National Population Commission, *Federal Republic of Nigeria : 1991 Population Census, Provisional Results*, Lagos, 6th May, 1992, p. 22 より作成。

　サーフラニ人の支配を嫌っていた北部州の多くの少数部族の要求に応えたのである。同国家元首は，北部州の少数部族アンガス（Angas）人であった。

　第5表に見られるように，その後も新州の分離・増設が相次ぎ，現在に至っている。その多くは，「三大部族」の政治的・経済的支配に対して反発する少数部族の要求に応えてきたものであるが，新州増設に係わる分離・統廃合がやや複雑な地域では，少数部族の地理的分布状況を反

映している。

　すでに触れたように、「地方政府」の増設もまた，ほぼ少数部族の分布状況に応じて行われてきた。第6表により，旧リヴァーズ州を例に取って，地方政府と域内の言語集団の分布を見てみると，少数部族の中でも比較的人口規模の大きい言語集団が複数の地方政府を，逆に，同規模の小さい言語集団は複数で一つの地方政府を形成しているが，おおよそ言語集団ごとに分布していることが窺えるであろう。

　1996年10月以降は，同表に見られる24の地方政府のうち，6政府が現在のバイェルサ州に，また18政府が同じくリヴァーズ州に編成されていくことになる ── 前掲第1表に見られるように，新州の設立に伴い，地方政府の数は各々増加されている ──。なお，旧リヴァーズ州に居住する言語集団は，いずれもナイジャー・コンゴ語系のアトランティック・コンゴ語系に属しているが，イジョ人はイジョイド語系，その他のエドイド，イグボイド，セントラル・デルタ，およびオゴニ人は，ボルタ・コンゴ語系の亜集団であるベヌエ・コンゴ語系に属している。その意味では，イジョ人と他の人々は，言語集団としては多少，疎遠であると思われる。後述するように，ナイジャー・デルタにおける様々な結社や武装集団は，少なくとも当初は，イジョ人を中心に部族集団の単位で組織化されていくことになる。

# II　ナイジャー・デルタにおける反政府闘争

　ナイジャー・デルタの少数部族による，連邦政府や外資系石油会社に対する異議申し立てについては，1960年代にまで遡ることができるが，その闘争が大衆化し，やがて武装闘争化していくのは，比較的最近の1990年代に入ってからのことである。1980年代までの異議申し立ては，強圧的な連邦軍事政権が長く続いたこともあり，地域住民が石油会社に対して，環境破壊などへの損害賠償をいわば個別的に要求するというものであった。だが，1990年代に入ると，K. B. サローウィワ（Kenule Beeson Saro-Wiwa）を中心とするオゴニ（Ogoni）人の「生存運動」が，当時の S. アバチャ（Sani Abacha）連邦軍事政権の下で果敢にも展開された。

　このオゴニ人による非武装の闘争を伏流水として，1999年5月に民政移管が実現して第四共和政の時代に入ると，今度はイジョ人の青年層を中心とする武装集団が，「石油戦争」を宣戦布告してきた。

　本節では，こうした連邦政府・石油会社に対する，ナイジャー・デルタの人々による闘争を歴史的に見ておきたい。

## ■1 「12日間の共和国」

　ナイジェリアの独立後，ナイジャー・デルタで最初に反政府闘争を行った人物として知られているのは，イジョ人の I. A. ボロ（Isaac Adaka Boro）である [16]。彼は，1938年9月10日，最初の商業量の原油が発見

---

(16)　以下のボロについては，Davis, S., *The Potential for Peace and Reconciliation in the Niger Delta*, Coventry, Coventry Cathedral, February 2009, pp. 55–56 ; International Crisis Group, *The Swamps of Insurgency : Nigeria's Delta Unrest*, Dakar, *Africa Report*, No. 115, 3rd August, 2006, p. 2 ; Frynas, J. G., *Oil in Nigeria : Conflict and Litigation between Oil Companies and Village Communities*, London, Lit Verlag, 1993, p. 46を参照。

されたオロイビリの町で生まれた。彼の父はミッション・スクールの校長をしていたが，彼自身もヌスカのナイジェリア大学に進学し，学生運動の議長になった。その後，彼は教員や警察官などを務めた後，ナイジャー・デルタ義勇軍（Niger Delta Volunteer Force, NDVF）を結成し，イジョ人の青年を中心とする150人ほどの兵士とともに，タイラー・クリークに軍事キャンプを設営した。

　NDVF は，ボロ，S. オウォナル（Sam Owonaru），および N. ディック（Nottingham Dick）を各々の連隊長とする 3 派に分かれて，1966年2 月23日，イェナゴアの警察署を襲撃して警察官を捕虜にするとともに，イジョ人の自己決定権とナイジェリア連邦からの分離・独立を主張して，「ナイジャー・デルタ人民共和国」の建国を宣言した。だが，これに共鳴するイジョ人は少なく，圧倒的な武力を誇る連邦政府軍によって武装蜂起は12日後に鎮圧され，ボロを始めとする NDVF の指導部は，ポート・ハーコートでの略式裁判により死刑の判決を受けた。

　ところが，他方では，1966年 1 月15日の未明にイボ人の中堅将校を中心とする軍事クーデターが勃発し，多数のハウサ－フラニ人の高級将校が殺害された。これに対しては，同じくイボ人の J. T. U. アギー－イロンシ（Johnson Thomas Umunankwe Aguiyi-Ironsi）陸軍少将が反乱軍を制圧して，同16日に連邦軍事政権を掌握した。だが，わずか半年後の1966年 7 月28日の夜半，今度は北部出身のハウサ－フラニ人を中心とする下士官たちが反乱を起こし，アギー－イロンシ国家元首を含む多数のイボ人高級将校が殺害された。少数部族のアンガス人ではあるが，北部出身の陸軍将校としては最古参のゴウォン陸軍中佐が反乱軍を説得して，同1966年 8 月 1 日に連邦軍事政権を掌握したのである。

　こうして，中央政界では民政から軍政に移行すると同時に，陸軍内部でさえイボ人とハウサ－フラニ人の対立が激化していた。さらに，北部のカノ，カドゥナ，ザリアなどの各都市では，イボ人の大量虐殺が始まっており，東部州知事のオジュクゥ陸軍中佐は，東部州のナイジェリア連邦からの離脱，ビアフラ共和国の建国を模索し始めていた。

　こうした中にあって，死刑判決を受けたボロに対しては，ゴウォン国

家元首によって，連邦軍のために働くという条件付きで特別恩赦が与えられた。そして，ビアフラ戦争の勃発後は，連邦軍の陸軍少佐として従軍したが，1968年5月9日，リヴァーズ州のオクリカ近郊において30歳で戦死した —— 暗殺との噂もある ——。

　このように，ボロの運命は数奇に充ちているが，イジョ人の間では，ナイジャー・デルタにおける反連邦政府運動の先駆者，あるいはビアフラ戦争の英雄という評価があり，現在でも彼の「12日間の共和国」が語り草になっている。ポート・ハーコート（リヴァーズ州の首都）の港の近くには，彼の名前を付した「アイザック・ボロ公園」があるが，様々なイベントが開催されるとともに，付設の競技場では，サッカーの試合なども行われているという。

## ② オゴニ人生存運動

　広い意味では，オゴニ人の運動も，ボロの影響を受けていると思われる。ただし，オゴニ人の運動は大衆的であり，非暴力主義を掲げていた[17]。

　1980年代末〜1990年代初頭は，旧ソ連・東欧諸国を始めとして，政治の民主化が世界的に高揚した時期である —— いわゆる「政治の民主化」と「経済の自由化」の時代の到来 ——。ナイジェリアにおいても，独立後第6回目の軍事クーデターにより1985年8月30日に連邦軍事政権を掌握した，北部ナイジャー州の出身でハウサ人のI. B. ババンギダ

---

[17]　以下のオゴニ人生存運動については，Osaghae, E. E., "The Ogoni Uprising : Oil Politics, Minority Agitation and the Future of the Nigerian State," *African Affairs*, Vol. 94, No. 376, July 1995, pp. 325–344 ; Ibeanu, O. O., *Insurgent Civil Society and Democracy in Nigeria : Ogoni Encounters with the State, 1990–1998*, Kano, Centre for Research and Documentation, 1999, pp. 1–25 ; Human Rights Watch, *Nigeria : The Ogoni Crisis, A Case-Study of Military Repression in Southeastern Nigeria*, New York, July 1995, pp. 1–44 ; MOSOP, *Oils of Injustice*, Bori, 2005, pp. 1–11 ; Do., *Whither Ogoni : Shell Reconciliation?*, Bori, 2006, pp. 1–40を参照。

（Ibrahim Badamasi Babangida）陸軍少将が，早くも翌1986年1月13日には民政移管へのスケジュールを公表していた。

　こうした内外の状況変化の中で，サロー・ウィワを中心とするオゴニ人の運動が高揚していった。彼は，1941年10月10日，オゴニ・ランドに位置する，現リヴァーズ州のボリの町で生まれた。ウムアヒアのカレッジを卒業後，ナイジェリアでは最高峰の名門であるイバダン大学で学んだ後，1973年までナイジェリア大学 —— 上述のボロの出身校でもある —— やラゴス大学で教鞭をとる傍ら，リヴァーズ州の教育庁，国土庁，および情報庁の各長官を歴任した。その後は，彼自身が設立したサロズ・インターナショナル社（Saros International Ltd.）を中心にして，創作・出版活動に専念していた。

　その後，1990年8月26日にオゴニ人生存運動（Movement for the Survival of the Ogoni People, MOSOP）が結成されると，サロー・ウィワはその中心的な活動家になった。そして1992年12月，サロー・ウィワたちは，ナイジェリア最大の産油会社であるシェル石油会社 —— 1979年8月に，シェル/BP石油開発会社のBPの出資分が国有化され，社名もシェル石油会社に変更されている —— と，同社と合弁事業を展開しているNNPCに対して，次のような書状を提出した。すなわち，①1958年以降の石油開発の代償と生態系破壊の補償として，100億ドルを支払うこと，②天然ガスの焼却など，環境破壊に繋がる企業行為を即時中止すること，③地表に露出している高圧のパイプラインの全てを被覆すること，④今後の石油開発と環境保全につき，オゴニ人と交渉すること，および⑤もし30日以内に返答がない場合には，石油事業を阻止する大衆行動に訴える，というものであった。

　これに対して，石油会社側は警備を固め，また，当時のババンギダ連邦軍事政権は治安維持の名目で国軍を派遣し，かつ，石油事業の妨害は死刑をもって処罰するとの「布告」を発した。だが，それにも拘わらず，1993年1月に数千人を超える大衆デモが敢行され，同年3月にはオゴニ・ランド全域の教会で徹夜の抗議行動が行われた。

　MOSOPの抗議行動は，1993年6月の大統領選挙のボイコット運動で

ピークに達したが，それ以後，奇妙な事件が相次いだ。まず，1993年の7月と9月に，オゴニ・ランドの10ヵ所以上の集落が何者かに武装襲撃を受けて1,000名以上のオゴニ人が殺害され，また，およそ3万人の家が焼かれた。さらに，同年12月には，ポート・ハーコートのオゴニ人居住区が襲撃されて，数百名が殺害された。連邦政府側は，オゴニ人に反目するオクリカ（Okrika）人などの仕業であると発表したが，それを信じる者は少なく，当のオクリカ人さえも，国軍と石油会社の陰謀であると認識していた。

その後，1994年5月21日，制憲議会議員候補で保守派の4名のオゴニ人指導者が自動車の中で焼死体となって発見された。その殺害容疑によって，サロ－ウィワを含む16名の MOSOP 活動家が逮捕・投獄された。そして，1年半の獄中生活の後，1995年11月10日に他の8名とともに，当時のアバチャ連邦軍事政権によって処刑された[18]。

なお，この間，1993年8月26日に民政移管（第三共和政）が実現して，ラゴス州出身のヨルバ人実業家でキリスト教徒の E. A. O. ショネカン（Ernest Adegunle Oladeinde Shonekan）が大統領に就任していたが[19]，わずか3ヵ月後の同年11月18日に軍事クーデターが勃発し，同月27日には，北部カノ州出身のハウサ人でイスラーム教徒のアバチャ陸軍大将が連邦軍事政権を掌握していたのである。

サロ－ウィワが世界的に著名な作家・人権活動家で，ノーベル「平和賞」の候補者でもあったことから，彼の処刑は国際的にも大きな反響を呼んだ。当時，国際会議「フォーラム21世紀への創造」に出席するため来日していた，ヨルバ人作家の A. O. ショインカ（Akinwande Oluwole

---

[18]　筆者は，1994年8月〜1995年7月にかけて，専修大学の長期在外研究員としてラゴスに滞在していたが，獄中のサロ－ウィワからのメッセージを掲載した週刊誌を現地で入手している。"I will Fight On", *Tell*, 5th June, 1995, pp. 13–14を参照。

[19]　ショネカンは，前述の UAC の後身会社であるナイジェリア UAC 社（UAC of Nigeria Plc.）の社長に就任していたが，1986年11月に同社を訪れた筆者は，同氏から貴重な諸資料を入手することができた。

Soyinka）の呼びかけに応じて，元ソ連大統領の M. S. ゴルバチョフ（Mikhail Sergeevich Gorbachev），大江健三郎，江崎玲於奈，および福井謙一の各ノーベル賞受賞者が「ナイジェリアの挑戦 —— 世界の良心に訴える」という抗議声明を発表し，また，折からニュージーランドのオークランドで開催中の第 14 回英連邦首脳会議は，ナイジェリアに対して，加盟国としての資格停止を決定した[20]。

　サロ—ウィワたちが求めていたものは，MOSOP によって 1990 年 8 月 26 日に採択された「オゴニ権利章典」（Ogoni Bill of Rights）に集約されている。付表 1 に見られるように，彼らの主張は，おおよそ次のようである。すなわち，①産油地帯のオゴニ・ランドにはおよそ 50 万人のオゴニ人が生活しているが，油田の開発により多くの農地を失い，また生態系が破壊されてきた。②過去 30 年間に，300 億ドル以上の石油収入がもたらされてきたにも拘わらず，オゴニ人の生活は貧しい。③石油収入の大半は，多数派部族が主導する連邦政府によって，産油地帯とは無縁の開発などに使われてきた。こうした中にあっては，④石油収入の正当な配分と政治的自治権を要求し，自らの生活と環境を守るのは当然の権利である，というものであった。この「オゴニ権利章典」は，ナイジェリア連邦政府，国連人権委員会（United Nations Commission on Human Rights, UNCHR），およびアムネスティ・インターナショナル（Amnesty International, AI）などに提出されたが，連邦政府や石油会社からはほぼ無視されたままであった。

　この「オゴニ権利章典」にあえて明記されているように，サロ—ウィワたちは，前述のボロによる「ナイジャー・デルタ人民共和国」や「ビアフラ共和国」のように，連邦からの分離・独立を主張したのではない。サロ—ウィワ自身，ビアフラ戦争を回顧した自著の中で，「ナイジェリアの如何なる部分も，連邦から分離することは不可能である。もし，誰かがそれをできるとしたならば，イボ人が最短距離にいた。しかし，彼らがそれに失敗した以上，如何なる人々も再び試みることはでき

[20]　『朝日新聞』1995 年 11 月 12 日。

ない」と語っている<sup>(21)</sup>。

　つまり，サローウィワたちは連邦制の枠内における政治的自治権を要求したのにすぎなかったにも拘わらず，アバチャ連邦軍事政権がサローウィワたちを強権的に処刑したのは，「オゴニ人生存運動」という〈部族性〉が前面に押し出されたからである。換言すれば，政治的・経済的に自立的な単位を〈部族〉に求めるサローウィワたちの主張は，多数派部族にとっては容易に承認し難い。何故ならば，それは彼らの政治権力と経済基盤の掘り崩しを意味し，さらには，連邦政府・州政府・地方政府という「三層構造」から成る連邦制の基盤そのものの否定に繋がるからである。産油地帯だけでも20部族，600万人とも言われる他の少数部族がオゴニ人と同様の主張を行えば，それは連邦国家それ自体の解体をも招きかねない。

　サローウィワたちの「オゴニ人生存運動」は，国際的には少数部族に対する人権侵害，石油開発に伴う環境破壊の問題として注目を集めたが，その背後には，ナイジェリアにおける連邦制の在り方を巡る，抜き差しならない鋭い意見の対立があったのである。

## ❸ 2003年総選挙とイジョ人武装集団の台頭

　多数派部族のそうした懸念は，イジョ人の青年層による武装闘争の展開という形で，現実のものになった。ただし，皮肉なことに，イジョ人の武装闘争が激化するのは，1999年5月29日の民政移管（第四共和政の成立）後のことである<sup>(22)</sup>。とりわけ陸軍を中心とする国軍が少なくとも政治の表舞台から後退すると，ある種の武力的な空白地帯が生じて，

---

<sup>(21)</sup>　Saro-Wiwa, Ken, *On a Darkling Plain : An Account of the Nigerian Civil War*, Port Harcourt, Saros International Publishers, 1989, p. 239.

<sup>(22)</sup>　以下の武装集団の結成については，Hazen, J. M. and J. Horner, "Small Arms, Armed Violence, and Insecurity in Nigeria : The Niger Delta in Perspective," Geneva, Small Arms Survey, *Occasional Paper*, No. 20, October 2007, pp. 1–155 ; Davis, S., *op.cit.*, pp. 59–83 を参照。

有力な政治家たちが自ら私兵集団を雇用し始めたからである。

　その直接的な契機になったのは，2003年の総選挙である。まず，第7表に見られるように，民政移管に向けた1999年1月の大統領選挙では，人民民主党（People's Democratic Party, PDP）から出馬したオバサンジョが当選した。すでに触れたように，オバサンジョは，かつての軍政時代に国家元首を務めた退役軍人である。また，彼の対抗馬として，全人民党（All People's Party, APP）と民主同盟（Alliance for Democracy, AD）の統一候補として戦った S. O. ファラエ（Samuel Oluyemisi Falae）は，南部オンド州の出身でババンギダ連邦軍事政権時代に連邦国務相を務めた人物である。両者とも南部出身のヨルバ人でキリスト教徒であるが，結局のところ，退役した高級軍人やかつての軍事政権を支えた人物が大統領選挙に登場したわけである。

　2003年4月に実施された民政移管後第2回目の大統領選挙は，字義通り「退役軍人の主導権争い」の様相を帯びていた。すでに触れたように，APP の後継政党で第1野党の全ナイジェリア人民党（All Nigeria People's Party, ANPP）の大統領候補者である，北部カドゥナ州出身のハウサ人でイスラーム教徒のブハリもまた，かつての連邦軍事政権担当者である[23]。さらに，東部のイボ人を中心として新たに結成された全進歩大同盟（All Progressive Grand Alliance, APGA）は，オジュクゥ元陸軍大将を大統領候補に立てた。これも触れたように，オジュクゥは，かつてのビアフラ共和国（1967年5月～1970年1月）の軍人大統領である。彼は，ビアフラ共和国が崩壊する直前の1970年1月にコート・ジヴォワールに向けて亡命していたが，その後，北部ソコト州出身のフラニ人

---

[23]　なお，すでに触れたように，その後2015年3月28～29日に実施された民政移管後第5回目の大統領選挙では，ブハリは，全進歩会議（All Progressives Congress, APC）から出馬して当選している。APC は，与党の PDP に対抗するため，主要野党の大同団結によって，2013年2月に結成された新政党である。この2015年の大統領選挙結果については，Independent National Election Commission, *Results for 2015 Presidential Elections*, Abuja（http://www.inecnigeria.org/, 2015年4月4日にアクセス）を参照。

第 7 表　ナイジェリアの第四共和政における選挙結果：1999〜2011 年

| | 州知事（人） | 連邦上院（人） | 連邦下院（人） | 大統領 候補者名・人数 | 得票率（%） | 得票数（万） |
|---|---|---|---|---|---|---|
| 1. 1999 年総選挙 | | | | | | |
| 人民民主党（PDP） | 21 | 59 | 206 | O. オバサンジョ | 62.8 | 1,874 |
| 全人民党（APP）[1] | 9 | 29 | 74 | S. O. ファラエ | 37.2 | 1,111 |
| 民主同盟（AD）[2] | 6 | 20 | 68 | – | – | – |
| 空席 | 0 | 1 | 12 | – | – | – |
| 合　計 | 36 | 109 | 360 | 2 | 100.0 | 2,985 |
| 2. 2003 年総選挙 | | | | | | |
| 人民民主党（PDP） | 28 | 76 | 223 | O. オバサンジョ | 62.0 | 2,446 |
| 全ナイジェリア人民党（ANPP） | 7 | 27 | 96 | M. ブハリ | 32.2 | 1,271 |
| 民主同盟（AD）[2] | 1 | 6 | 34 | – | – | – |
| 全進歩大同盟（APGA） | 0 | 0 | 2 | C. O. オジュクウ | 3.3 | 130 |
| その他 | 0 | 0 | 5 | 17 | 2.5 | 101 |
| 空席 | 0 | 0 | 0 | – | 0.0 | 0 |
| 合　計 | 36 | 109 | 360 | 20 | 100.0 | 3,948 |
| 3. 2007 年総選挙 | | | | | | |
| 人民民主党（PDP） | 25 | 87 | 263 | U. M. ヤラドゥア | 69.6 | 2,464 |
| 全ナイジェリア人民党（ANPP） | 7 | 14 | 63 | M. ブハリ | 18.7 | 661 |
| 行動会議（AC）[3] | 1 | 6 | 30 | A. アブバカール | 7.4 | 264 |
| 全進歩大同盟（APGA） | 1 | 0 | 0 | C. O. オジュクウ | 0.5 | 16 |
| 進歩人民同盟（PPA） | 1 | 1 | 3 | O. U. カル | 1.7 | 61 |
| 労働党（LP） | 1 | 0 | 1 | – | – | – |
| その他 | 0 | 1 | 0 | 20 | 2.1 | 74 |
| 空席 | 0 | 0 | 0 | – | – | – |
| 合　計 | 36 | 109 | 360 | 25 | 100.0 | 3,540 |
| 4. 2011 年総選挙 | | | | | | |
| 人民民主党（PDP） | 23 | 71 | 199 | G. ジョナサン | 58.9 | 2,250 |
| 全ナイジェリア人民党（ANPP） | 3 | 7 | 27 | I. シェカラウ | 2.4 | 92 |
| ナイジェリア行動会議（ACN） | 6 | 18 | 69 | N. リバドゥ | 5.4 | 208 |
| 全進歩大同盟（APGA） | 2 | 1 | 6 | – | – | – |
| 進歩変化会議（CPC） | 1 | 7 | 37 | M. ブハリ | 32.0 | 1,221 |
| 労働党（LP） | 1 | 4 | 8 | – | – | – |
| 民主人民党（DPP） | 0 | 1 | 2 | – | – | – |
| その他 | 0 | 0 | 6 | 16 | 1.3 | 50 |
| 空席 | 0 | 0 | 6 | – | – | – |
| 合　計 | 36 | 109 | 360 | 20 | 100.0 | 3,821 |

（注）1）2006 年に全ナイジェリア人民党に統合。2）2006 年に行動会議に統合。3）2010 年にナイジェリア行動会議に名称変更。

（出所）(1)　Economic Intelligence Unit, *Country Report, Nigeria*, London, 2nd Quarter, 1999, p. 15 ; May 2003, pp. 12–14 ; May 2007, pp. 13–14 ; May 2011, pp. 11–13.

(2)　TRIPOD, *African Elections Database, Elections in Nigeria*（http://africanelections. tripod.com/ng.htm/, 2014 年 7 月 31 日にアクセス）.

(3)　European Union, Election Observation Mission, *Nigeria : Final Report, General Elections*, April 2011, pp. 49–51, 121–127.

(4)　"Presidential Elections, 1999–2011 in Figures," *Vanguard*, Lagos, 23rd April, 2011 より作成。

でイスラーム教徒の S. A. U. シャガリ（Shehu Aliyu Usman Shagari）文民政権時代の1982年6月に特別恩赦を受けて，12年半ぶりに帰国していた。

　この2003年の総選挙では，PDP が州知事，連邦上・下両院選挙のいずれにおいても圧勝した。2003年4月に実施された大統領選挙は合計20政党の間で戦われたが，オバサンジョ大統領が2,446万票（62.0％）を獲得して再選された（同上表を参照）。

　ところで，ナイジェリアでは，「選挙前」「選挙後」という用語が，一種独特の意味合いを持っている。すなわち，選挙前には政敵に対する選挙妨害，ひいては運動員同士の殺傷事件が発生し，選挙後には，必ずと言ってよいほど，敗北した陣営が選挙の無効を訴えて，それを巡っての抗争や，選挙のやり直しが少なからず生じるからである[24]。つまり，総選挙自体が人々を混乱の渦に巻き込むのであるが，その主たる理由は，選挙での勝敗が —— とりわけ石油収入への接近において ——，少なくとも一部の人たちにとっては，「全てか皆無か」を意味するからである。

　2003年3月〜4月の総選挙時には，与党 PDP の全国議長を務めていた T. アネニヘ（Tony Anenihe）がナイジェリア大同盟（Grand Alliance of Nigeria, GAN）という選挙運動組織を創設してアブジャで全国会議を開催し，全国のとりわけ青年層に活動資金を手渡して，オバサンジョ大統領の再選を工作した[25]。

　こうした状況は，大統領選挙に留まらず，州知事選挙や地方議会選挙でもほぼ同様である。ナイジャー・デルタについて言えば，2003年4月のリヴァーズ州知事選挙において，現職の知事で PDP 党員の P. オディリ（Peter Odili）の意向を受けた，当時は同州国務長官の職にあっ

[24]　例えば，2007年4月に実施された民政移管後第3回目の総選挙時には，2007年1月13日〜3月31日にかけて，党内対立を含む選挙がらみの抗争事件が合計478件も発生し，200名が殺害されたとの報告がある。Hazen, J. M. and J. Horner, *op.cit.*, p. 61 ; International Crisis Group, *Nigeria : Failed Elections, Failing State ?*, Brussels, *Africa Report*, No. 126, 30th May, 2007, p. i を参照。

[25]　Davis, S., *op.cit.*, p. 61.

た A. セキボ（Abiye Sekibo）が，イジョ青年会議（Ijaw Youth Council, IYC）の議長をしていた M. D. アサリ（Mujahid Dokubo Asari）と，同じくイジョ人の青年組織であるアイスランダー（Icelandar）議長の A. トム（Ateke Tom）に，オディリ州知事の再選に向けた選挙協力と身辺の護衛を依頼して，多額の運動資金と武器を手渡した。アサリがデゲマ，アククートル，およびアサリートル地区，トムがオクリカ，オグ－ボロ，およびポート・ハーコート地区を各々分担して警備するという契約であった。アサリとトムは，この運動資金をもって，さらにアバの武器市場からピストルやカラシニコフ AK-47 型ライフル銃を，また陸軍からは闇取引で SMG 型サブ・マシンガンなどの武器を調達して，一種のギャング団を結成した。

　オディリ州知事は，彼らの支援・防護の中で再選を果たしたが，選挙後，オバサンジョ大統領に対する評価や選挙後の IYC のメンバーに対する処遇 —— 何らかの就職を約束されていたが，反古にされた —— などに関して，オディリ州知事とアサリとの間で意見の対立が生じた。アサリは，購入した武器を返却することなく，IYC の主たるメンバーを引き連れて，新たにナイジャー・デルタ人民義勇軍（Niger Delta People's Volunteer Force, NDPVF）を結成して議長に就任した。他方，トムもアサリからは離れて，アイスランダーを改称したナイジャー・デルタ自警サービス（Niger Delta Vigilante Services, NDVS）の議長に就任した。こうして，当初はオディリ州知事の単なる私兵集団にすぎなかったアサリとトムの組織が，その後，各々独自の武装闘争に向かうことになったのである —— ただし，後述するように，武装闘争に係わる両者の理念には，かなりの相違が見られるが ——。


## ４ イジョ人武装集団の系譜

　第 2 図は，ナイジャー・デルタにおける主なイジョ人武装集団の簡単な系譜を示したものである。もちろん，ナイジャー・デルタにおける武装集団は，同図に見られるもの以外にも複数存在しているが，JTF 幹

第 2 図　ナイジャー・デルタにおける主な武装集団

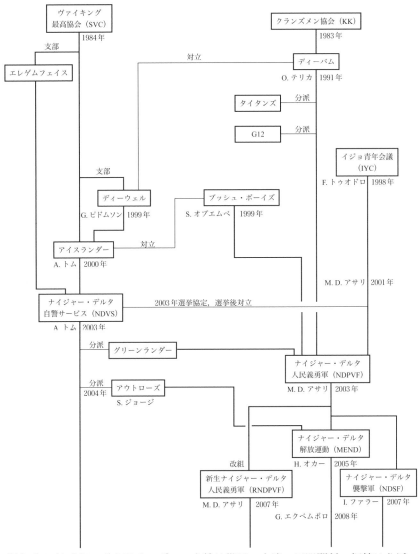

(注)　年は結成年，氏名はリーダー，太線は継承・合流・同盟関係，細線は分派・
　　　対立関係を示す。

(出所)　Hazen, J. M. and L. Horner, "Small Arms, Armed Violence, and Insecurity in Nigeria
　　　: The Niger Delta in Perspective," Geneva, Small Armes Survey, *Occasional Paper*,
　　　No. 20, October 2007, pp. 78, 80, 109–135 より作成。

部のある陸軍准将が2007年7月に作成した内部文書では，同図に見られるナイジャー・デルタ解放運動（Movement for the Emancipation of the Niger Delta, MEND），NDPVF，およびIYCを含む合計7集団を列挙しつつも，「現時点では，MENDが最も強力で，最もよく組織化されており，武装行為の主たる犯人である」と述べている[26]。

　ともあれ，イジョ人武装集団の系統は，大きく見れば，①イジョ青年会議（IYC）派と，②いわば「リヴァーズ州政府御用派」とでも言うべき，二つの流れがあったように思われる[27]。

## ⑴ イジョ青年会議派
### （i）イジョ青年会議（IYC）

　イジョ青年会議派で注目されるのは，その結成当初の理念である。IYCは，1998年12月11日，バイェルサ州のカイアマで開催されたイジョ人青年組織の全国会議で設立されたが，それと同時に，「カイアマ宣言」が採択された。その内容は付表2に示した通りであるが，同宣言の全体の流れや主張点が，すでに触れたMOSOPの「オゴニ権利章典」に酷似しているのが読み取れる。

　すなわち，①イギリスによる植民地支配と独立後の歴代連邦政権の諸政策によって，イジョ人が少数部族として分断統治されてきた歴史を回顧した後，②多国籍石油会社による産油活動と，その同盟者である連邦政権の圧政によって，イジョ・ランドの生態系と人々の生活が破壊され，③国家予算の70％以上がイジョ・ランドで派生してきたにも拘わらず，イジョ人は徹底的に無視され，抑圧されて，かろうじて死を免れうるだけの状態に置かれてきた。その一方では，④歴代の連邦政権担当者とその取り巻きたちは，膨大な石油収入を横領してきた。こうした中

---

[26]　*Brief for Chief of Defence Staff*, Warri, July 2007（http://www.adakaboro.org/，2014年8月29日にアクセス），pp. 2–3.

[27]　以下の武装集団については，Hazen, J. M. and J. Horner, *op.cit.*, pp. 6–23, 72–87, 109–135を参照。

にあって，⑤イジョ人が，自分たちの土地・天然資源の所有と支配に係わる自己決定権を要求するのは当然の権利であり，⑥ナイジェリアの連邦制は，平等性と社会的正義を土台とする，少数部族を含む諸部族から成るものに再生されねばならない，というものであった。

こうした認識の上にたって，IYC は，①イジョ・ランドの全ての土地と天然資源がイジョ人に帰属する以上，②土地・天然資源の所有と支配に係わる問題が解決するまで，全ての石油会社と連邦軍はイジョ・ランドから撤退すべきであり，③1998年12月30日までに撤退を完了しないならば，我々は大衆行動に訴える，と宣言している。また，最後に，イジョ人が連邦内に留まることをあえて付言しているのも，「オゴニ権利章典」と全く同じである。

こうして，IYC の少なくとも当初の，あるいは表面上の活動方針は「平和的」であったが，アバチャ病死後の1998年6月8日に政権を引き継いだ，北部ナイジャー州出身のイスラーム教徒でハウサ人の A. アブバカール（Abdulsalami Abubakar）連邦軍事政権は，バイェルサ，デルタの両州に1万5000名の JTF と海岸部に2隻の軍艦を派遣することをもって，これに応じた。

その後，1999年1月3日，イジョ人青年の集団がデルタ州のオピア，イケニャン両村の近郊で産油活動をしていたシェブロン－テキサコ石油会社（ChevronTexaco Nigeria Ltd.）を訪れ，環境破壊などに対する損害賠償を請求した。同社はこれを断るとともに，JTF に通報したが，翌4日，イジョ人の武装集団が同石油基地を襲撃した。他方では，同4日，JTF が100名の部隊とヘリコプターによってオピア，イケニャン両村を襲撃し，およそ60名が殺害され，また家屋のほぼ全てが破壊・焼却された。その後，しばらく経った1999年3月，シェブロン－テキサコ石油会社は両村の共同体に対して各々5,500ドルずつ賠償すると申し入れたが，共同体側はこれを拒否して，130万ドルを再請求した。この事件は，その後，シェブロン－テキサコ石油会社が各々8,300ドルずつの賠

償金に増額して，一応の収拾を見たようである[28]。

IYC の初代議長は，前掲第2図に見られるように，F.トゥオドロ（Felix Tuodolo）であったが，内部闘争の末，2001年にアサリが後継の議長に就任した。この時に，アサリ側を支援したのがオディリ州知事であるとも言われているが，ともあれ，上述のように，アサリ率いる IYC は，2003年4月の州知事選挙ではオディリ州知事側の私兵集団を形成したのである。

(ii) ナイジャー・デルタ人民義勇軍（NDPVF）

すでに触れたように，同上の選挙後，オディリ州知事と袂を分かつことになったアサリは，2003年7月に IYC の議長を降りて，英国籍のC.エピバデ（Columbus Epibade）とともに，新たに NDPVF を結成して議長に就任した。その組織名からも明らかなように，アサリは前述のボロの影響を強く受けており，NDPVF のある幹部は「アサリは，ボロが足を止めた地点から出発した」とも述べている[29]。

換言すれば，NDPVF の闘争理念は，上述の「カイアマ宣言」そのものであり――より具体的に言えば，自己決定権の獲得，石油収入のより公正な分配，および青年層に対する雇用機会の創出――，その実現のために武力を用いる，ということであった。こうした理念は，武装集団に付き物のレトリックにすぎないとする向きもあるが，しかし，こうした明快な理念を持つが故に，その拠点をリヴァーズ州のカラバリに置いているにも拘わらず，NDPVF が単なるイジョ人の集団に留まらず，バイェルサ州やデルタ州など，ナイジャー・デルタ各地の少数部族青年層の支持を得ている，という事実を見逃すべきではないであろう。

NDPVF を支持する政治的基盤は，未登録のナイジャー・デルタ人民救済前衛党（Niger Delta People's Salvation Front, NDPSF）であるが，NDPVF のメンバーの多くは，IYC あるいは NDVS から分派したグリー

---

（28）以上の1999年の事件については，Davis, S., *op.cit.*, pp. 62–63 を参照。

（29）Hazen, J. M. and J. Horner, *op.cit.*, p. 127.

ンランダー（Greenlander）などから移籍した者である。NDPVF は，5,000名の兵士を抱えていると公言していたが，2004年9月29日に「石油戦争」を宣言したアサリが，その後2005年9月20日に逮捕・投獄されると，アサリの奪還を目指して，より激しい武闘を志向する改革派（Reformed）とクリーク派（Creeks）に分かれた。その後，2007年6月14日に，同年5月29日に発足したばかりのヤラドゥア連邦政権によってアサリが恩赦・釈放されると，本体の NDPVF は，ポート・ハーコートなどの都市部を中心に，より穏やかな闘争を行うようになったとも言われている。ただし，他方では，改革派の新生 NDPVF（Reformed Niger Delta People's Volunteer Force, RNDPVF，アサリが議長に就任）は，後述する MEND，ディーバム（Deebam），ブッシュ・ボーイズ（Bush Boys），あるいはグリーンランダーなどの武闘派と連携・共闘している。

(iii) ナイジャー・デルタ解放運動（MEND）

　アサリの逮捕・投獄後の2005年末，NDPVF を母体として MEND が結成された。MEND の闘争理念・要求もまた，自己決定権の獲得，社会的正義の実現，産油地域に対する石油収入の50％分の配分，JTF のナイジャー・デルタからの撤退などであったが，同時に，アサリの釈放を強く要求した。

　MEND が単一の組織なのか，それとも複数の武装集団の連合体であるのかについては，意見が分かれているが，1984年創刊のラゴスの有力紙『ヴァンガード』（Vanguard）は，MEND のリーダーとして，H. オカー（Henry Okah）の名前を度々挙げている[30]。オカーは，1965年にラゴス州のイコロドゥで海軍士官を父として生まれたが，家族の故郷はバイェルサ州である。彼の弟の C. オカー（Charles Okah）の話によると，兄オカーは，19歳で初めて母の故郷を訪れた時，ラゴスでの豊かな生

---

[30]　例えば，"Henry Okah freed, jets out tomorrow for medical care," Vanguard, 14th July, 2009 を参照。

活と故郷の悲惨な状況との格差に愕然として，ナイジャー・デルタの闘争に参加するようになったという[31]。オカーの MEND 創設当時の年齢は40歳であり，おおよそ20代が多いメンバーの中では，かなりの年長者になる。

　ただし，MEND が連合組織であるという説も根強く，オカーに加えて，釈放後のアサリ，および A. ナベナ（Akpos Nabena）派の3派から構成されており，こうした，いわば柔軟な組織体故に，武装闘争の迅速な展開が可能になっているとも言われている[32]。また，MEND は，RNDPVF あるいは NDVS から分派したアウトローズ（Outlaws）以外にも，グリーンランダー，合同革命評議会（Joint Revolutionary Council, JRC），軍事行動連合（Coalition for Militant Action, COMA），殉教者旅団（Martyrs Brigade）などと連携・共闘しており —— これら諸組織の実態は必ずしも明らかではないが ——，ナイジャー・デルタにおける武装集団の一大ネット・ワークを形成しているものと思われる[33]。上述の JTF が MEND を「武装集団中の最強軍団」と位置付けている所以である。

　(iv) ディーバム

　2003年7月の NDPVF の結成に参加した有力な武装集団の一つとして，ディーバムが挙げられる。ディーバムは，1983年にクロス・リヴァー州のカラバル大学で結成された，在郷友愛組織であるクランズ

---

[31]　Africa Confidential, *Who's Who*（http://www.africa-confidential，2014年9月1日にアクセス）を参照。

[32]　Hazen, J. M. and J. Horner, *op.cit.*, p. 124 ; Hanson, S., *MEND : The Niger Delta's Umbrella Militant Group*, New York, Council on Foreign Relations, 22nd March, 2007, pp. 1–5.

[33]　Hazen, J. M. and J. Horner, *op.cit.*, p. 80 ; Ikelegbe, A., "Popular and Criminal Violence as Instruments of Struggle in the Niger Delta Region," in Obi, C. and S. A. Rustad, eds., *op.cit.*, 2011, p. 128を参照。なお，MEND 自体が合同革命評議会（JRC）の傘下にあるとも言われているが，この JRC の実態が不明である。おそらく，JRC は，武装闘争を現実に担う組織体ではなく，複数の武装集団のリーダーや幹部から構成される，連絡・調整のための会議体ではないかと推測される。

メン協会（Klansmen Konfraternity, KK）を源流としている。この KK の下部組織として，1991年に O. テリカ（Onengiye Terika）をリーダーにディーバムが結成された。テリカは，リヴァーズ州のデゲマ地区ブグマ村の出身であるが，彼は，当該地域で産油活動を行っていたシェル石油会社やその他の石油会社に対して，環境破壊などの補償を要求する団体としてディーバムを組織した。テリカは，ポート・ハーコート大学の大学院を卒業後，10年間，このディーバムの運営に携わっていたが，2003年10月，トム指揮下の NDVS によって暗殺された。そのため翌2004年末に，トムビア青年会議（Tombia Youth Council, TYC）の議長を務めていた G. イゴド（Glad Igodo）がディーバムを指揮するようになった。このイゴドが，2007年4月のリヴァーズ州知事選挙に立候補した。イゴドもまた PDP の党員であるが，オディリ州知事派との確執は明らかであり，麻薬取引・石油会社員誘拐の嫌疑により，他の13名のディーバムのメンバーとともに逮捕状が出され，そして，州知事選挙直後の2007年6月，イゴドは暗殺された。彼の後任のリーダーになった I. オワカ（Ichechi Owaka）もまた，暗殺されている。おそらく，両者とも，激しい敵対関係にあったディーウェル（Deewell），あるいは NDVS のメンバーによって殺害されたものと思われる。

　ディーバムは，その勢力をデゲマ地区で5,500名，ポート・ハーコートで6,000名と公言していたが，実態は不明である。ただし，タイタンズ（Titans）や G12 などの分派が生じているので，ディーバムの勢力は弱体化し，また，メンバーの一部は NDPVF に合流している。

　(v) ブッシュ・ボーイズ

　ブッシュ・ボーイズもまた，NDPVF の結成に参加している。ブッシュ・ボーイズは，リヴァーズ州のオクリカ地区の共同体を母体として，元々は近隣のエレメ地区との抗争に対処するため，1999年に S. オプエムベ（Sunny Opuembe）をリーダーとして創設された。1983年に，ポート・ハーコート近郊のエレメ地区にナイジェリアで最初の製油所が建設され，さらに1988年に第2製油所が建設されると，近隣の農地の

多くが失われて，オクリカ，エレメ両者間の土地争いが絶えなかった。このポート・ハーコート製油所の処理能力は，現在では日産21万バーレルで，ワリおよびカドゥナの両製油所を含むナイジェリア全体の製油能力の47.2％を占めているが，様々な武装集団が製油所を攻撃対象にしたのも，こうした背景があったからである。

　オクリカの首長たちは，共同体の防衛のために，各家庭から2名ずつの青年男子を徴用して自警団を組織していたが，この集団が次第に武装化し，同じくポート・ハーコート地区を活動拠点の一つとしていた，トムの率いるアイスランダーと対立するようになった。2000年末に両者の対立が激化すると，IYCのアサリが仲裁に立ったが，アイスランダーはブッシュ・ボーイズの多くのメンバーとその家族を殺害した。この光景を目撃したアサリは，トムに対して一歩身を引くようになり，上述したように，2003年4月のリヴァーズ州知事選挙後に，両者は決定的に対立していくことになるのである。

　オクリカ共同体の自警団として出発したブッシュ・ボーイズは，IYCのような明確な政治的理念を有しておらず，主な資金源も，おおよそ20万人と言われる同共同体からの寄付金である。また，ブッシュ・ボーイズは，アイスランダーとは異なり，政治的立場は中立的であるが，前リヴァーズ州知事のA. ジョージ（Ada George），あるいは2007年選挙時の知事候補であるS. アウセ（Sergeant Awuse）から資金援助を受けているとも言われている。しかし，これは，すでに述べてきたことからも窺えるように，むしろ政治家の側が様々な武装集団を選挙時に利用するという，ある種独特の政治構造の現れであろう。

　ブッシュ・ボーイズは，勢力3,000名と公言していたが，とりわけ上記のアイスランダーとの抗争を通じて徐々に弱体化し，グリーンランダーやアサリのNDPVFと連携・共闘しつつも，メンバーの一部はNDPVFに合流していった。

　(vi) アウトローズ
　アウトローズは，トムの率いるNDVSから分派して，MENDの結成

に参加した。すでに触れたように，アイスランダーは，2003年7月に
NDVS に改称したが，2004年末，抗争相手の NDPVF のメンバーが殺
害された事件が起こった時，トムは NDVS のナンバー・ツーの幹部で
あった S. ジョージ（Soboma George）を警察当局に差し出した。これに
怒ったジョージが，ポート・ハーコートの刑務所を脱走後，アウトロー
ズを創設したのである。その当時27歳であったジョージは，リヴァー
ズ州カラバリ出身のイジョ人で敬虔なキリスト教徒であるが，前述の
MEND の主要幹部の一人でもある。

　アウトローズは，その結成後，NDVS やディーウェルのメンバーの一
部，あるいは，ポート・ハーコートを拠点としていたアウォロウォ・
ボーイズ（Awolowo Boys, AB）やゲットー（Getto）など非武装の「カ
ルト集団」（一種の秘密結社）から無職の青年層を取り込んで急速に拡
大した。メンバーの大半はイジョ人であるが，イビビオ（Ibibio）人，
オゴニ人，オグバ（Ogba）人などの言語集団も含んでおり，リヴァー
ズ州だけで4,000人のメンバーを擁するようになったとも言われている。

### ⑺ ナイジャー・デルタ襲撃軍（NDSF）

　ナイジャー・デルタ襲撃軍（Niger Delta Strike Force, NDSF）は，2007
年の総選挙後の同年6月に，I. ファラー（Ipallibo Farah）をリーダーと
して，NDPVF から分派して結成された，比較的新しい武装集団であ
る。その結成の背景はやや複雑であるが，おおよそ，以下のようであ
る[34]。

　すでに述べたように，2003年4月のリヴァーズ州知事選挙後，再選
されたオディリ州知事から離れたアサリは，同年7月に NDPVF を創
設していたが，その1年後にはかなりの勢力を誇る武装集団に成長し
ていた。2004年9月，アサリはトムと一時的な休戦協定を結びつつ，
NDPVF を母体にしてイジョ中央軍団（Ijaw Central Command, ICC）を
創設して，ポート・ハーコートの州議会の建物や州知事の官舎を取り囲

---

[34]　Davis, S., *op.cit.*, pp. 70–74 ; Hazen, J. M. and J. Horner, *op.cit.*, pp. 130–132.

み，およそ8時間に互って，付近一帯を制圧した。

　このアサリとオディリ州知事との抗争に，当時のオバサンジョ大統領が仲裁に入った。2004年9月30日，アブジャに飛んだアサリは，オバサンジョ大統領と5時間に互る個別会談の末，NDPVFの一部の武装解除に応じた。その数日後，同じくトムもアブジャでオバサンジョ大統領と会談し，NDVSの部分的な武装解除に同意した。これを受けたオディリ州知事が，2004年10月にアサリ，2005年6月にトムに対して多額の補償金を支払いつつ，多数の「小型武器類」（Small Arms）を返却させ，廃棄処分にした。

　アサリがこの時に受け取った補償金は —— アサリ自身の言葉によると —— 400万ナイラと言われているが[35]，その後，NDPVF内部において，この補償金の分配を巡って意見の対立が生じた。ファラーは，補償金はブッシュ・ボーイズ，グリーンランダー，あるいはディーバムなど，アサリと共に闘っている他の武装集団の補強費として使うよう主張したが認められず，独自のNDSFを創設するに至ったのである。

　リヴァーズ州のカラバリを主たる活動拠点とするNDSFの闘争理念は，ナイジャー・デルタの人々の人権擁護であり，この点，IYCの伝統を引き継いでいる。ただし，組織の規模は小さく60名程度と推測され，ファラー以外に名前の知られているメンバーは，当時14歳のL.ドン（Last Don）だけであるとも言われている[36]。

　NDSFの主な資金源は盗油とその販売であるが，2007年4月のリヴァーズ州知事選挙時に反PDP派の行動会議（Action Congress, AC）から立候補した，T.プリンスウィル（Tonye Princewill）などの政治家からも，資金援助を受けているという。また，ファラー自身はイジョ人であるが，その闘争理念から，他の部族・言語集団に属するメンバーも多い。NDSFは，相対的に自立した活動を行っているが，MEND，アウトローズ，ディーバムなどと連携・共闘もしている。

---

[35]　"They paid for our Guns : Asari Dokubo," *Elendu Reports*, 14th November, 2005.

[36]　Hazen, J. M. and J. Horner, *op.cit.*, p. 131.

## (2)「リヴァーズ州政府御用派」

　さて，ナイジャー・デルタにおける武装集団のもう一つの大きな流れ
は，上述のトムをリーダーとする「リヴァーズ州政府御用派」とも言う
べき系統である。NDVS のトムは，NDPVF のアサリ，MEND のオカー
とともに，連邦政府や JTF にとっては，「三大お尋ね者」の一人であっ
た。

　この武装集団の系統は，ヴァイキング最高協会（Supreme Vikings
Confraternity, SVC）を源流としている。SVC は，1984年にリヴァーズ
州のポート・ハーコート大学で結成された「カルト集団」であるが，そ
の後，ナイジェリア各地に支部を設置するようになった。この SVC の
組織力に着目したリヴァーズ州政府が，トムを含む5名から成る「5賢
者会議」なるものを設置して資金的援助を与えると同時に，州政府庁舎
内で組織活動などに係わる指導にあたった。アイスランダーは，同じく
SVC の支部組織として G. ピドムソン（Gabriel Pidomson）の指揮下で
1999年末に結成されていた，ディーウェルのメンバーの一部と合流し
つつ，SVC の支部組織として，トムを中心に2000年半ばに創設された
ものである。

　トムは，リヴァーズ州のオクリカ生まれで，政治家の護衛をしてい
た経歴を持っている。トム自身が PDP の党員で，彼の言葉によると
「我々は州政府の子供である。我々は全員，PDP 党員である。我々は州
政府を攻撃しない。我々は州政府を守る」と公言している [37]。それ故，
アイスランダーの主要な資金源は明らかにリヴァーズ州政府であり，と
りわけ，オディリ州知事と州運輸相のセキボであると言われている。そ
の他の資金源としては，アイスランダーの本部のあるオクリカ近郊での
盗油とその販売，石油基地での荷役労働，および地元首長層や政治家の
護衛手数料などである。

　アイスランダーの精神的な故郷はオクリカ島のオチョチリであるが，
メンバーの出身地はリヴァーズ州と隣のバイェルサ州に及んでいる。

---

[37]　*ibid.*, p. 120.

幹部の全員がイジョ人であるが，兵士の中には，イクウェレ（Ikwere）人，エクペイェ（Ekpeye）人，オゴニ人など他の言語集団も含まれている。兵士の勧誘・調達は，主に都市部のスラム街で行われ，20代の無職の青年男子層をリクルートするのは比較的容易であるという。トム自身は，一時期，メンバー数はおよそ1万人であると公言していたが，6,000人という推定が一般的であった。

　こうして，いわばリヴァーズ州政府御用派であるアイスランダーは，PDP擁護以外には明確な理念を持っていないと言われているが，政治的反対派や敵対する他の武装集団との闘争においては，極めて武力的な戦術を用いていた。アイスランダーは，そうした強圧的な武装集団というイメージを変えて新規の兵士を調達するため，総選挙後の2003年7月に，やはりSVCの支部組織であったエレゲムフェイス（Elegemface）の一部のメンバーを取り込みつつ，NDVSに改組・改称した。

　だが，NDVSは，2005年にトムに逮捕状が出て彼が地下に潜ったこともあり──彼は2008年3月11日に逮捕・拘束されている──，また，上述のアウトローズ以外にも，グリーンランダーが分派して新組織を結成したため，一時，その勢力を減退させたとも言われているが，その実態は不明である。なお，アウトローズとの対立はその後も続いて，2006年11月と2007年3月には，アウトローズの幹部を各々殺害している。


## 5 「石油戦争」の展開

　これまでも触れてきたように，ナイジャー・デルタにおける武装闘争は，武装集団による石油会社への襲撃に留まらず，近隣の村民・部族同士，あるいは武装集団同士の抗争を含んでいる。これがまた，事態を複雑化させているのであるが，以下では，(1)村民・部族同士，武装集団同士の抗争，(2)国軍・連邦警察の小型武器類の装備状況，および(3)ナイジャー・デルタにおける武装集団の同装備状況を概観した後に，(4)とりわけ2005年末のMEND結成後に激化していく「石油戦争」について見ていきたい。

## (1) 部族間抗争と武装集団間抗争

近隣の村民・部族同士の抗争は土地問題を巡るものが大半であり，武装集団同士の抗争は，NDVS 派と IYC 派の流れを汲む諸集団との抗争が最も多い。

このうち，村民・部族同士の抗争事件を見てみると，1999年1月～2012年12月までの14年間で17件発生し，合計の死者は538名に達している [38]。この17件のうち，5件が1999年に，6件が2003年に集中して発生している。いずれも総選挙が実施された年であるが（前掲第7表を参照），土地問題を巡る抗争に加えて，選挙運動に係わる抗争が増えたものと思われる。これらの抗争事件は，デルタ，リヴァーズ，およびバイェルサの各州に及んでいるが，イジョ人とイツェキリ（Itsekiri）人，およびこれにウルホボ人を加えた部族対立が最も多い。

なお，部族対立に国軍が介入すると事態は逆に混乱を増して，死者が増加する傾向にある。例えば，1999年6月2日にデルタ州のワリで発生した上記3部族間の抗争では，200名もの死者を出している。村民・部族同士の抗争事件における1件当たりの死者数は32名弱で，後述の武装集団による襲撃事件の同2名弱を大きく上回っている。貧困者同士の抗争・対立が更なる貧困を生じさせるという，悲惨な状況がここにはある。なお，この「ワリ事件」を契機として，これまで触れてきた，国軍と警察の合同部隊である JTF が設置されて，ナイジャー・デルタに常駐するようになった。

他方，武装集団同士の抗争事件は，上記の14年間で5件発生し，死者は39名に達している。通常，武装集団同士の抗争事件は，よほどの大事件でもない限り，内外のジャーナリズムや各種の国際機関などによって取り上げられることは少ないが ── これまで見てきた，NDVS 派と IYC 派との対立構造から判断して ──，実際にはその数倍に達し，その多くは闇に葬り去られたものと考えられる。

---

[38]　後掲第8表に示した出所から算出。

## (2) 国軍・連邦警察の武力装備

　ナイジャー・デルタにおける武装集団が保有している武器類は，一般に「小型武器類」（small arms）と呼ばれているが，その数は，国軍・警察や民間人の所有を含めると，2001年時においておよそ300万丁で，その80％が非合法の入手と推測されている[39]。ナイジェリア国軍の勢力は，陸軍が6万7000名，空軍が1万名，および海軍が8,000名，合計で8万5000名と言われている。これらの国軍がどれほどの小型武器を装備しているのかは不明であるが，その大半は輸入に頼っていると思われる。

　何故なら，ナイジェリアにおける唯一の武器製造公社であるナイジェリア防衛産業公社（Defence Industires Corporation of Nigeria, DICN）が1964年に北部のカドゥナで設立されていたが，同公社はその後ほとんど休眠状態になっていたからである。このため，ナイジャー・デルタでの武装闘争が激化した2006年に，オバサンジョ大統領はこのDICNの復興のために10億ナイラ（約800万ドル）を投じた。さらに，2007年度予算案では，DICNに対して4億1370万ナイラ（約330万ドル）の予算が組まれたが，しかし，その3分の2はDICNの社員の給与などに消えてしまう。DICN自身は，カラシニコフAK-47型ライフル銃などの生産能力は70％にまで回復したと述べているが，その実態は不明である。また連邦政府は，2007年初頭に，ナイジャー・デルタの武装集団を制圧するため，20億ナイラ（約1,600万ドル）相当の小型武器を輸入すると発表している。

　他方，ナイジェリアの警察組織としては，連邦警察が存在するだけであり，全ての警察官は連邦警察庁長官の指揮下に入っている。これは，「1999年共和国憲法」の第214〜216条にも規定されているが[40]，かつて

---

[39]　以下の小型武器については，Hazen, J. M. and J. Horner, *op.cit.*, pp. 25–51 を参照。

[40]　*The Constitution 1999*, Chapter VI, The Executive, Part III, Supplemental, B, Nigeria Police Force, 214, Establishment of Nigeria Police Force, 216, Delegation of Powers to the Inspector General of Police, Abuja を参照。

の州警察や地方政府警察が，とりわけ総選挙時において，特定の有力政治家によって利用されてきたからである。連邦警察庁長官の下，全国が12地域に分けられ，各地域警察には2〜4名の地域本部長が置かれる。この各地域本部の下に，1〜2名の部長を持つ10ヵ所の地区警察が設置される。さらにその下に，各々11ヵ所の警察署が配置され，最後に，多数の交番が設置されている。民政移管後，ナイジェリア全土における連邦警察力は，1999年の16万人から2007年には30万人に増強されているが，上記のような高度に中央集権化された位階的組織のため，逆に，その機動性を欠いているとも言われている。

　この連邦警察が保有する小型武器類は，2006年時点において，カラシニコフ AK-47型などの各種ライフル銃が6万5000丁，リボルバー38型などのピストル類が8,524丁，およびライフル銃の弾薬が18万4000発と推定されているが，連邦警察の幹部は，向こう5年間に，さらに51万500丁の各種ライフル銃，2万丁のピストル類，および510万発のライフル用弾薬が必要であると，オバサンジョ政権に訴えている。同政権は，警察改革に係わる大統領諮問委員会を設置して，こうした問題を検討しているが，必要なのは，小型武器類の増強よりはむしろ，警察官としての教育・訓練ではないのか，との声も聞かれるという。

## (3) 武装集団の武力装備

　ナイジェリアにおける民間人の小型武器類の製造と所有は認可制になっているが，その大半は非合法下で行われていると思われる。国内において小型武器類の製造地として知られているのは，ナイジャー・デルタ地域に関して言えば，ワリ，アサバ（以上，デルタ州），ポート・ハーコート（リヴァーズ州），オウェリ（イモ州），アバ（アビア州），ベニン・シティー（エド州）などである。

　各武装集団が所有する小型武器類の中には国産品も含まれているが，その多くは密輸によって入手した外国産の武器である。ナイジェリアにおけるその密輸ルートは，南部のワリとカラバル（クロス・リヴァー州），南西部のイディ－イコ（オグン州）とセメ（ラゴス州），および北

部国境地帯のカッチナ（カッチナ州），マイガタリ（ジガワ州），ングル（ヨベ州），およびマラム・ファロリ（ボルノ州）など，多数あると言われている。

　小型武器類の種類と数量の詳細は不明であるが，「国軍と十分に戦える装備」とも言われている[41]。その一端は，後述するように，連邦政府の「アムネスティ計画」への合意後に押収された時点で窺い知ることができるが，上述の2004年10月のオディリ州知事との和平時にNDPVFのアサリが引き渡した小型武器類は，急襲用ライフル銃（ソ連製AK-47，チェコ製SA-Vz58，ドイツ製HK-G3，フランス製FN-FAL）が778丁，散弾銃が19丁，軽機関銃（イタリア製Beretta-12S，フランス製MAT-49，チェコ製Model-26，イギリス製Sten-MK2）が12丁，機関銃（チェコ製Model-59，ドイツ製MG-36）が3丁，狩猟用ライフル銃が3丁，短銃（ピストル，リボルバー）が13丁，国内手工業銃（散弾銃，リボルバー）が17丁，および空気銃が1丁の合計846丁であった[42]。これらの武器類の製造元が多国籍に及んでいるのは，それだけ，武器商人の闇市場が世界的な規模で存在しているからであろう。なお，前述のJTFの内部文書によると，武装集団のキャンプ基地の人数は150～200名と推定されているので[43]，この合計数は，おそらく4～5ヵ所分のキャンプ基地の武装解除に相当するものと思われる。

　これらの小型武器類のうち，ソ連製AK-47（1947年式カラシニコフ）は，かつてのソ連軍の標準装備銃であるが，最初の製造から半世紀以上を経た今日でも，ナイジェリアを含む多くの発展途上国で使用されている。ナイジェリアにおけるその闇価格は，2006年12月時点で1,500～

---

[41]　"Divided tongues over militants," *Vanguard*, 11st October, 2009.

[42]　Best, S. G. and D. V. Kemedi, "Armed Group and Conflict in Rivers and Plateau States, Nigeria," in Florquin, N. and E. G. Berman, eds., *Armed and Aimless : Armed Groups, Gun, and Human Security in the ECOWAS Region*, Geneva, Small Arms Survey Publication, 2005, p. 24.

[43]　*Brief for Chief of Defence Staff*, p. 5.

2,500 ドルであった ⁽⁴⁴⁾。ナイジェリアにおける最低賃金が月額7,500ナイ
ラ（約50ドル）に満たない中にあって，カラシニコフは，かなり高価
な武器である。機関銃の類は —— あるいは後述する手榴弾発射器や防弾
チョッキなどは ——，それよりも遥かに高価であろう。国民の相当数が
1日1ドルで生活している一方で，「高価な石油戦争」が行われていた
のである。

⑷「石油戦争」の展開

　さて，第8表は，2003年1月〜2013年12月における，武装集団によ
る襲撃事件を示したものである。同表に見られるように，この11年間
で合計356件の襲撃事件が発生し，659名が殺害され，901名が誘拐され
ている。通常，武装集団が石油会社に対して行う襲撃の現実的な目的
は，外国人社員を誘拐して身代金を請求すること，あるいはパイプラ
インからの盗油や石油施設を損傷させて産油活動を中断させることにあ
る。従って，最初から殺戮を目的とする襲撃はほとんどなく，同表に見
られる死者の大半は，石油会社が雇用している私兵やJTFとの銃撃戦
の結果として生じたものであり，659名の死者には —— 判明するものだ
けであるが ——，JTFおよび石油会社の私兵が188名，武装集団側が149
名含まれている。

　また，誘拐された外国人社員などの多くは後に解放されており，誘
拐後に殺害された事例は，少なくとも報道はされていないようであ
る。合計158件（901名）の誘拐事件のうち，解放日が判明する85件の
内訳は，1週間以内が41件，2週間以内が12件，1ヵ月以内が21件，
1ヵ月以上が11件となっている。最も長期間に亙ったのは，おそらく，
シェブロン－テキサコ石油会社のイギリス人社員の9ヵ月である。

　身代金の金額や支払いの有無についてはほとんど報道されていない
が，判明する幾つかの事例では，2006年12月7日にMENDによって
アジップ石油会社（Agip Nigeria Plc.）の社宅から4人が誘拐された時

⁽⁴⁴⁾　Hazen, J. M. and J. Horner, *op.cit.*, p. 43.

第8表　ナイジャー・デルタにおける武装集団の襲撃：2003～2013年

| 年 | 件数 | 誘拐数(人) | 死者数[1](人) | 襲撃対象[2] | | | 地域（州） | | | | |
|---|---|---|---|---|---|---|---|---|---|---|---|
| | | | | 石油会社 | その他 | 不明 | リヴァーズ | バイェルサ | デルタ | その他 | 不明 |
| 2003 | 7 | 34 | 6 | 5 | 1 | 1 | - | 2 | 2 | - | 3 |
| 2004 | 9 | 20 | 28 | 3 | - | 6 | - | 1 | 2 | - | 6 |
| 2005 | 10 | 50 | 36 | 5 | 2 | 3 | 1 | 2 | - | 1 | 6 |
| 2006 | 58 | 151 | 109 | 36 | 13 | 9 | 23 | 7 | 5 | 1 | 22 |
| 2007 | 89 | 294 | 145 | 50 | 18 | 21 | 44 | 16 | 9 | 3 | 17 |
| 2008 | 62 | 84 | 159 | 34 | 15 | 13 | 24 | 10 | 4 | 3 | 21 |
| 2009 | 35 | 54 | 51 | 17 | 16 | 2 | 6 | - | 2 | 3 | 24 |
| 2010 | 42 | 82 | 68 | 17 | 13 | 12 | 7 | 2 | 2 | 5 | 26 |
| 2011 | 14 | 66 | 14 | 8 | 2 | 4 | 1 | 1 | - | 2 | 10 |
| 2012 | 21 | 50 | 28 | 16 | 4 | 1 | 2 | 2 | - | 2 | 15 |
| 2013 | 9 | 16 | 15 | 6 | 1 | 2 | 1 | - | 3 | 2 | 3 |
| 合計 | 356 | 901 | 659 | 197 | 85 | 74 | 109 | 43 | 29 | 22 | 153 |

(注）1）死者には国軍兵士，警察官を含む。2）石油会社には関連会社，その他には船舶，自動車，住宅等を含む。

(出所）(1) Osaghae, E., et al., *Youth Militias, Self Determination and Response Control Struggles in the Niger-Delta of Nigeria*, Leiden, Leiden African Studies Center, University of Leiden, August 2007, pp. 18–21.

(2) Okwechime, I., "Environmental Conflict and Internal Migration in the Niger Delta Region of Nigeria," Ile-Ife, Obafemi Awolowo University, *Working Paper*, No. 119, 2013, pp. 24–29.

(3) Frhd, N. and V. C. Iwuoha, "Combating Terrorism : Approximating the Operation and Intelligence Vulnerability of the Nigerian Police Force, 1999–2010," *Public Policy and Administration Research*, Vol. 2, No. 2, 2012, pp. 38–44.

(4) Ikelegbe, A., "The Economy of Conflict in the Oil Rich Niger Delta Region of Nigeria," *African and Asian Studies*, Vol. 5, No. 1, 2006, pp. 37–38.

(5) Zelinka, P., "Conceptualizing and Countering the Movement for the Emancipation of the Niger Delta," *Defence and Strategy*, No. 2, 2008, pp. 81–83.

(6) Okumagba, P., "Ethnic Militants and Criminallity in the Niger-Delta," *African Research Review*, Vol. 3, No. 3, April 2009, pp. 329–330.

(7) *Timeline Nigeria*（http//www.timelines.ws/countries/NIGERIA.HTML，2014年 7 月13日にアクセス).

(8) *Vangard*, Lagos, 15th January, 2009–17th September, 2014 より作成。

には，54万5000ドルが要求され，24日後に全員が解放されている（支払金額は不明)。また，2012年12月17日に，バイェルサ州ブラスの石油関連施設の建設現場から韓国企業の現代重工業会社（Hyundai Heavy Industries Company）の社員4人が誘拐された時には，18万7000ドルを支払って，5日後に全員が解放されている。この時には，一人当たりの身代金額は4万6750ドルという計算になる[45]。

---

[45]　*Timeline Nigeria*（http://www.timelines.ws/countries/NIGERIA.HTML，2014年 7 月

　襲撃の対象になった石油会社については，197件のうち，シェル石油会社が66件で最も多く，アジップ石油会社の23件，シェブロン－テキサコ石油会社の21件がこれに続いて，これらの３社で全体の半数以上を占めているが，モービル石油会社（Mobil Producing Nigeria UnLtd.）とトータル石油会社（Total Nigeria Plc.）も各々７件と６件を占めており，外資系石油会社と同関連企業の全てが襲撃の対象になっている。

　襲撃の発生した地域を州別でみると，不明を除く203件のうち，リヴァーズ州が109件と全体の半数以上を占め，これにバイェルサ州の43件，デルタ州の29件が続いている。リヴァーズ州の中では，ポート・ハーコート地区が63件（判明分のみ）と圧倒的に多い。ポート・ハーコートは，リヴァーズ州の首都であるのみならず，その近郊には油田，石油ターミナル，製油所などが密集しており（前掲第１図を参照），すでに見てきたように，武装集団の多くが活動の拠点にしていたからである。

　さて，同上表から，改めて襲撃事件の発生年を見てみると，2006～2008年の３年間に急増しているのが明らかである。これもすでに述べてきたように，2003年４月の州知事選挙で武器類を入手した多くの武装集団が，同選挙後には，NDVSを例外として，州知事や有力政治家の庇護の下からいわば自立して独自の道を歩み始め，2005年末頃までには，武装集団としてかなりの成長を遂げていたからであろう。

　この点において，2005年末のMENDの結成が大きな画期になった。換言すれば，1990年代末頃から展開されてきた各武装集団の統廃合・系列化が，MENDの結成をもっておおよそ落着して，2007年４月の総選挙を挟んで，各武装集団が全面的な闘争に向かったと思われるのである。

　ただし，上記356件の襲撃事件のうち，如何なる武装集団がこれを実行したのかについては，その大半が不明である。通常，多くの武装集団は犯行声明を出さないからである。しかし，MENDは，犯行声明を含

13日にアクセス）を参照。

む様々な情報を公表してきた。そのスポークスマンの名前がJ. グボモ（Jomo Gbomo）であり，このグボモがオカーと同一人物とみなされてきた。ただし，オカーの逮捕・拘禁中にも同名の人物によって声明が出されており，MEND の幹部の一人である E. V. ベン（Ebikabowei Vitor Ben）によると，グボモは「架空の人物」である，ということにもなろう[46]。

MEND が最初の犯行声明を出した襲撃事件は，2006年1月11日のシェル石油会社に対するものである。バイエルサ州のブラス・クリークにある同社の海上石油基地を襲い，パイプラインを破壊して，4名のイギリス人・アメリカ人社員を誘拐した。この襲撃により，シェル石油会社は日産10万6000バーレルの原油を喪失し，4名は20日後に解放された —— 喪失原油の総量，身代金の有無は不明 ——。この時，海軍の5隻の軍用ボートと2機のヘリコプターが現場に駆け付けたが，襲撃を阻止することができなかった。後日，海軍司令官の G. アデケイェ（Ganuyi Adekeye）海軍中将は，「連邦政府の支援には感謝しているが，我々の武力は貧弱すぎる」と語っている[47]。つまり，MEND がかなりの武力を装備していたことが窺える。また，この襲撃事件に対しては，JTF が上記4名の解放後の同年2月に，MEND のメンバーが潜伏しているとして，イジョ人が居住する村落を攻撃した。こうした JTF の行動は村民の連邦政府に対する反発を強めた一方で，MEND の結束をさらに強化させたと言われている[48]。

なお，同上表の襲撃事件には，いわゆる「海賊」も含まれているが，第9表に見られるように，ギニア湾における海賊行為は，ナイジェリア領海内におけるものが圧倒的に多い。2003～2011年にかけて，15ヵ国で合計428件の海賊行為が発生しているが，そのうち，ナイジェリアが235件（全体の54.9％）を占めている。MEND の襲撃事件の中には，石油ターミナルに停泊中のタンカーのみならず，沖合を航行中のタンカー

---

[46]　"MEND : Battle ready or showing off!," *Vanguard*, 14th February, 2012.

[47]　Davis, S., *op.cit.*, p. 76.

[48]　Hazen, J. M. and J. Horner, *op.cit.*, p. 123.

第9表　ギニア湾における海賊行為：2003～2011年

| 国名 | 2003 | 2004 | 2005 | 2006 | 2007 | 2008 | 2009 | 2010 | 2011 | 合計 | (％) |
|---|---|---|---|---|---|---|---|---|---|---|---|
| ナイジェリア | 39 | 28 | 16 | 12 | 42 | 40 | 29 | 19 | 10 | 235 | (54.9) |
| ギニア | 4 | 5 | 1 | 4 | 2 | – | 5 | 6 | 5 | 32 | ( 7.5) |
| ガーナ | 3 | 5 | 3 | 3 | 1 | 7 | 3 | – | 2 | 27 | ( 6.3) |
| ベナン | 1 | – | – | – | – | – | 1 | – | 20 | 22 | ( 5.1) |
| アイボリー・コースト | 2 | 4 | 3 | 1 | – | 3 | 2 | 4 | 1 | 20 | ( 4.7) |
| カメルーン | 2 | 4 | 2 | 1 | – | 2 | 3 | 5 | – | 19 | ( 4.4) |
| コンゴ民主共和国 | – | – | – | 3 | 4 | 1 | 2 | 3 | 4 | 17 | ( 4.0) |
| セネガル | 8 | 5 | – | – | – | – | – | – | – | 13 | ( 3.0) |
| アンゴラ | 3 | – | – | 4 | 1 | 2 | – | – | 1 | 11 | ( 2.6) |
| トーゴ | 1 | – | – | 1 | – | 1 | 2 | – | 6 | 11 | ( 2.6) |
| シエラ・レオネ | – | 3 | – | 2 | 2 | – | – | – | 1 | 8 | ( 1.9) |
| リベリア | 1 | 2 | – | – | 1 | 1 | – | 1 | – | 6 | ( 1.4) |
| コンゴ | – | – | – | – | – | 1 | – | 1 | 3 | 5 | ( 1.2) |
| 赤道ギニア | – | – | – | – | – | 1 | – | – | – | 1 | ( 0.2) |
| ギニア・ビサウ | – | – | – | – | – | – | 1 | – | – | 1 | ( 0.2) |
| 合　計 | 64 | 56 | 25 | 31 | 53 | 59 | 48 | 39 | 53 | 428 | (100.0) |

（注）単位は発生件数。誤植については修正を加えた。
（出所）Onuoha, F. C., *Piracy and Maritime Security in the Gulf of Guinea : Nigeria as a Microcosm*, Mecca, Al Jazeera Centre for Studies, June 2012, p. 7 より作成。

を狙った海賊行為も 6 件含まれているが，上記のアデケイェ海軍司令官が連邦政府に海軍の装備不足を訴える所以であろう。

　こうした襲撃事件は，その後も繰り返されることになるが，2006年 1 月～2012年12月にかけて，MEND が犯行声明を出した襲撃事件は合計で40件である。件数としては全体の12％を占めるにすぎないが，個々の襲撃は相対的に大規模で，その大半が産油活動の停止と外国人社員の誘拐を狙ったものであり，また JTF との交戦も多い。

　MEND は，2007年 5 月 9 日に「大混乱の月」なる声明を発して，さらに武装闘争を強化させていった。これに対しては，2007年 5 月29日に就任したばかりのヤラドゥア大統領が，同年 6 月 4 日に MEND との会談を持ちかけ，MEND は 1 ヵ月間の停戦に合意すると同時に，アサリが釈放された。他方では，2007年 9 月に，MEND のオカーが潜伏先のアンゴラで逮捕・拘束された。その後，2008年に入ると， 2 月14日にオカーがアンゴラから送還され，また， 3 月11日には，NDVS のト

ムが逮捕・拘束された。これに対して，オカーから引き継いで MEND
のリーダーになった G. エクペムポロ（George Ekpemupolo）が2008年 9
月14日に「石油戦争」を宣言して，主としてシェル石油会社を対象と
した襲撃事件を頻発させた。

　こうして，2008〜2009年の 2 年間だけで，多数の石油基地と400ヵ
所以上のパイプラインが襲撃されて，ナイジェリアの産油量は激減し
た[49]。第10表は，2004〜2010年におけるナイジェリア原油の生産・輸
出・価格動向を示したものであるが，同表に見られるように，2004〜
2005年時点では，毎月の産油量・輸出量が日産20万バーレル前後の水
準であったが，2006年末〜2010年の半ば頃には同16万〜19万バーレル
前後に減少した。連邦政府のある高官は，2007年 7 月18日に「武装集
団の襲撃によって，2006年以降，毎日数千バーレル，毎月10億ドルを
失っている」と述べ，また，2008年 9 月17日には「産油量は40％の削
減を余儀なくされている」とも述べている[50]。

　こうした産油量・輸出量の激減によって，ナイジェリア産「ボニー・
ライト」原油の価格も，2008年 5 月にはバーレル当たり128ドルを超え
た。ボニー・ライトは，硫黄分の少ない良質原油で，元々欧米市場では
相対的に高値で取引されてきたが，この時期における産油量の激減が市
場価格を大きく引き上げたことは明らかであろう。2008年末以降には，
その反動によってボニー・ライトの世界市場競争力が低下して需要が減
退したため，価格も同50ドル前後に急落している。こうして，連邦政
府の「石油収入」もまた，一時，激減した。

　これらを背景として，2009年 6 月25日，ヤラドゥア大統領は「石油
戦争」を終焉させるべく，「アムネスティ計画」を大統領令として公布
するに至ったのである。その詳細については，改めて後述することにし
たい。

---

[49]　"At least 400 pipelines vandalized in Niger Delta," *Vanguard*, 30th November, 2009.

[50]　*Timeline Nigeria, ibid.* を参照。

第10表　ナイジェリア原油の価格・輸出量・生産量：2004～2010年

| 年　月 | | 価格* <br> (ドル / バーレル) | 輸出量 <br> (万バーレル / 日) | 生産量 <br> (万バーレル / 日) |
|---|---|---|---|---|
| 2004 | 2 | 31.82 | 20.0 | 20.0 |
| | 5 | 38.63 | 20.0 | 20.8 |
| | 8 | 43.02 | 21.0 | 21.4 |
| | 11 | 42.63 | 18.7 | 20.3 |
| 2005 | 2 | 47.27 | 17.2 | 18.8 |
| | 5 | 49.15 | 20.6 | 21.3 |
| | 8 | 65.91 | 19.3 | 21.3 |
| | 11 | 55.90 | 20.3 | 21.1 |
| 2006 | 2 | 60.55 | 18.3 | 18.9 |
| | 5 | 71.00 | 17.9 | 19.4 |
| | 8 | 72.08 | 18.4 | 20.4 |
| | 11 | 61.55 | 19.4 | 19.2 |
| 2007 | 2 | 60.22 | 16.2 | 17.7 |
| | 5 | 70.90 | 17.3 | 16.6 |
| | 8 | 73.32 | 17.3 | 18.7 |
| | 11 | 94.73 | 18.1 | 18.5 |
| 2008 | 2 | 98.94 | 17.3 | 16.5 |
| | 5 | 128.48 | 17.3 | 17.4 |
| | 8 | 114.72 | 16.6 | 17.9 |
| | 11 | 53.10 | 16.8 | 17.6 |
| 2009 | 2 | 45.20 | 15.7 | 15.8 |
| | 5 | 60.23 | 18.7 | 18.3 |
| | 8 | 72.79 | 18.2 | 18.4 |
| | 11 | 78.04 | 17.8 | 19.4 |
| 2010 | 2 | 75.82 | 18.5 | 18.3 |
| | 5 | 74.66 | 18.5 | 19.2 |
| | 8 | 77.61 | 18.9 | 21.3 |
| | 11 | 87.41 | 19.5 | 20.0 |

(注)　＊ボニー・ライトの本船渡し価格。

(出所)　(1)　*Petroleum Intelligence Weekly*, New York, 各週号。

　　　　(2)　Nigerian National Petroleum Corporation, *Annual Statistical Bulletin*, Abuja, 各年版より作成。

# Ⅲ 「石油戦争」の構造的要因

　これまでも時折，触れてきたように，ナイジャー・デルタにおける「石油戦争」の歴史的・構造的要因はかなり複雑であるが，以下では，産油活動に伴う環境破壊，石油収入の配分と貧困問題，および政治汚職・公金横領などの視点から見てみたい。

## ■ 石油開発と環境破壊

### (1) 石油開発の展開

　すでに触れたように，1956年1月に商業量の原油を掘り当てたシェル石油会社は，その後，陸上で3万8830km²，沖合で1万200km²の最有望地について石油試掘権または石油採掘権（Oil Mining Lease）を獲得した[51]。このため，ナイジェリアの独立後，1960年代末までにはエッソ石油会社（Standard Oil of New Jersey Ltd.）を除く「石油メジャーズ」6社が参入したものの，石油採掘権の有効期限が30年間で，かつ最大で30年間の更新が可能であったために，ほぼ今日に至るまで，ナイジェリアの石油産業におけるシェル石油会社の圧倒的な支配が続いてきた。これが，とりわけMENDがシェル石油会社を襲撃の主要な対象にした所以である。

　第11表は，最近の15年間における石油会社別の産油量を示したものであるが，同表に見られるように，2004年時点においてさえ，操業会社としてのシェル石油会社の産油比率はナイジェリア全体の40%を超えており，これにモービル石油会社とシェブロン－テキサコ石油会社を加えた上位3社では同75%を占めている。ただし，2007年前後には，

---

[51]　Pearson, S.R., *Petroleum and the Nigerian Economy*, Stanford, Stanford University Press, 1970, pp. 16–17.

第11表　ナイジェリアにおける石油会社別産油量：1998～2013年

（単位：%, 万バーレル／日, ヵ所）

| 石油会社・企業体名* | 1998 | 2001 | 2004 | 2007 | 2010 | 2013 | 油田数* | 油井数* |
|---|---|---|---|---|---|---|---|---|
| A. 合弁事業（出資比率, 国籍） | 97.1 | 94.2 | 92.8 | 72.4 | 79.8 | 62.2 | 225 | 1,575 |
| シェル（30, 蘭）/トータル（10, 仏）/アジップ（5, 伊）/NNPC（55） | 35.6 | 35.3 | 40.4 | 16.9 | 29.7 | 16.4 | 93 | 700 |
| モービル（40, 米）/NNPC（60） | 28.0 | 24.0 | 21.5 | 24.7 | 18.2 | 24.5 | 31 | 221 |
| シェブロン（40, 米）/NNPC（60） | 19.2 | 18.6 | 13.7 | 15.8 | 16.3 | 11.8 | 34 | 324 |
| トータル（40, 仏）/NNPC（60） | 5.6 | 6.4 | 8.4 | 9.9 | 8.1 | 6.1 | 17 | 130 |
| アジップ（20, 伊）/フィリップス（20, 米）/NNPC（60） | 5.8 | 6.7 | 7.3 | 4.9 | 6.4 | 3.1 | 38 | 174 |
| テキサコ（20, 米）/シェブロン（20, 米）/NNPC（60） | 2.8 | 1.6 | 0.7 | 0.3 | 0.6 | 0.4 | 6 | 26 |
| パンオーシャン（40）/NNPC（60） | 0.2 | 0.6 | 0.8 | 0.0 | 0.5 | – | 6 | n.a. |
| B. 生産分与契約 | 2.5 | 1.0 | 1.6 | 24.0 | 16.2 | 30.1 | 26 | 119 |
| アダックス（加） | – | 1.0 | 1.6 | 4.8 | 3.8 | 3.5 | 19 | 106 |
| シェル（蘭） | – | – | – | 9.2 | 7.3 | 5.6 | 1 | n.a. |
| エッソ（米） | – | – | – | 9.3 | 4.5 | 5.4 | 1 | 13 |
| スター・ディープ・ウォーター（米） | – | – | – | – | – | 7.9 | 1 | n.a. |
| サウスアトランティック | – | – | – | – | – | 4.7 | 1 | n.a. |
| その他 | – | – | – | – | – | – | 3 | n.a. |
| C. 独立系石油会社等 | 0.4 | 4.8 | 5.6 | 3.6 | 4.0 | 7.7 | 32 | 4 |
| 石油開発公社 | 0.4 | 0.3 | 0.3 | 2.0 | 3.4 | 3.4 | 9 | n.a. |
| その他 | – | 4.5 | 5.3 | 1.6 | 0.4 | 4.3 | 23 | 4 |
| 総　計 | 100.0 | 100.0 | 100.0 | 100.0 | 100.0 | 100.0 | 283 | 1,698 |
| （万バーレル／日） | (208.5) | (236.6) | (231.3) | (220.0) | (237.0) | (219.0) | – | – |

(注)　＊筆頭の石油会社が操業会社。NNPC は, ナイジェリア国営石油公社。国籍に記載がない会社は, ナイ
　　　ジェリア国籍。出資比率および油田数と油井数は, 2013年時点。トータル石油は, 2008年に社名をエ
　　　ルフ石油から変更。モービル石油は, 1999年にエクソン石油と合同。テキサコ石油は, 2000年にシェ
　　　ブロン石油と合同。エッソ石油は, エクソン－モービル石油の子会社。スター・ディープ・ウォー
　　　ター石油は, シェブロン－テキサコ石油会社の子会社。石油開発公社は, NNPC の子会社。「－」は未
　　　記載または該当なし。「n.a.」は不明。

(出所)　(1)　Nigerian National Petroleum Corporation, *op.cit.*, 各年版。
　　　　(2)　Do., *Joint Venture Operation*（http://www.nnpcgroup.com/NNPCBusiness/UpstreamVentures.aspx, 2014年
　　　　　　9月11日にアクセス）。
　　　　(3)　Shell Companies of Nigeria, *Shell Interests in Nigeria*, Lagos, April 2014, p. 2 より作成。

　上述の MEND による集中的な襲撃を受けたため, シェル石油会社の産
油比率はほぼ半減した。これを契機として, シェル石油会社は —— およ
びその他のメジャーズ各社も ——, とかく紛争の絶えない陸上油田から
沖合油田の開発にこれまで以上に向かうようになり, また, 操業形態も
従来の合弁事業から生産分与契約に移行しつつある。
　ちなみに,「合弁事業」は, 当時のゴウォン連邦軍事政権による石油

事業への参加政策の一環として，1971年4月，トータル石油会社の前身会社である，サフラップ石油会社（Safrap Nigeria Ltd.）の35％の持ち分を取得したことから始まった。フランス国籍の同社は，ビアフラ戦争勃発のために1967年7月以降操業を停止していたが，フランス政府がビアフラ側を支援していたいきさつから，内戦後の操業再開の条件として提示された35％参加の要求を受け入れざるを得なかったのである。その後，1970年代に入ると，OPECの資源ナショナリズムの高揚を背景として，ナイジェリア連邦政府は他の石油会社に対しても事業参加を要求し，かつその参加比率を徐々に高めながら今日に至っている。この合弁事業協定においては，出資比率に応じて各々が必要資金を分担するが，将来の投資や操業などについては各々が発言権を持ち，また，政府取得原油の一定量が買い戻し原油として，合弁相手の石油会社に売り渡されることなどが規定されている。すなわち，ナイジェリア連邦政府が石油事業に介入しうる道が開けたのである。

　他方，「生産分与契約」は，1973年6月に同じくゴウォン連邦軍事政権とアシュランド石油会社（Ashland Oil Nigeria Company）との間で初めて調印された。この契約では，石油会社側は石油開発に係わる経費の全額を負担する代わりに，原油が発見された暁には，負担した操業費，鉱区地代，およびロイヤルティーの全額が産油量の一定割合から支払われ，残りの産油量を一定の比率で双方が取得することになる。また，石油会社側は，一定の手数料で政府取得原油を販売することもできるという，一種の開発請負契約である。なお，アシュランド石油会社の利権は，1998年にアダックス石油会社（Addax Petroleum Development Nigeria Ltd.）によって買収されている。

　さて，同上表から油田・油井数を見てみると，ナイジャー・デルタ全体で油田数が283ヵ所，油井数が1,698ヵ所にも達している。石油開発を行っている会社は，ナイジェリア民族資本などの独立系会社を含めると全体で39事業体を数えている。これらの石油会社に対して，陸上と沖合の全土がモザイク状の石油鉱区に分割され開放されている。ちなみに，上述のシェル石油会社が獲得した石油利権の面積は，陸上だけでも

ナイジャー・デルタ9州の総面積の35％に相当している。

## (2) 環境問題

　こうした石油開発が様々な環境破壊をもたらすことは，しばしば指摘されてきた。ナイジャー・デルタの環境問題については，国連機関も強い関心を示して，2006年に国連開発計画（United Nations Development Programme, UNDP）が『ナイジャー・デルタ人間開発報告』，2011年に国連環境計画（United Nations Environment Programme, UNEP）が『オゴニ・ランド環境評価報告』を各々公表している[52]。

　UNDPの報告書では，石油開発に伴う環境破壊について，石油基地・運河建設，原油の漏出，および天然ガスの焼却などの視点から，おおよそ次のように述べている。すなわち，①多数の石油基地とそれに通じる道路の建設それ自体が広範な森林の伐採を伴い，また人工運河の建設は海水と淡水の混合比を変化させて生態系に悪影響を与え，農地の減少や漁業の縮小を引き起こすことになる。また，②原油の漏出が1976～2001年の25年間に6,817回発生して，300万バーレルを失った。漏出した地域は，陸上で6％，低湿地で25％，および水上で69％の割合であったが，その70％は回収されてこなかった。地表で漏出した原油は，多くの場合に焼却処分されるが，その跡には大きな穴があいて凝結したタールが残るため，二度と農地には使えなくなる。他方，③産出された天然ガスの75％が焼却処分にされてきたが，計り知れないほど多量の炭素酸化物，窒素酸化物，および硫黄酸化物などが排出されて，大気汚染や酸性雨をもたらしてきた。また，これに昼夜を問わない高温の炎風・騒音と照明が加わって，近隣住民の生活を大きく脅かすと同時に，動植物に危害を与えてきた。さらに，④石油開発に伴う人々の流出・流入のため，当該地域社会が変容しつつあり，とりわけ環境破壊に抵抗で

---

[52]　United Nations Development Programme, *Niger Delta Human Development Report*, Abuja, 2006 ; United Nations Environment Programme, *Environmental Assessment of Ogoniland*, Nairobi, 2011 を参照。

きない伝統的首長層の権威が弱体化して，青年層を中心とする社会運動が活発化している，というものである。

　もちろん，石油会社が油田の開発などを行う時には，地域の共同体と「合意文書」が取り交わされ，また，環境汚染などに対する損害賠償も行われている。第12表は，損害賠償の判例の一部であるが，とりわけ軍政時代の1990年代には，請求額に対する判決額の割合は極めて低く，いわば住民側に不利な判決になっている。また，こうした訴訟を行うためには，各州の首都に設置されている連邦高等裁判所まで出かけねばならないが，農村部の住民にとっては，それ自体，重い負担になる。

　これ以上の環境破壊を防ぐためには，原油の漏出と天然ガスの焼却を取り止めることが喫緊の課題になっている。第13表は，NNPCが公表している原油漏出の記録であるが，同表に見られるように，2004〜2013年までの10年間で合計2万3127件が発生し，299万6000トン，2,176億8900万ナイラを喪失している。2005年以降に，とりわけナイジャー・デルタ地域での発生件数が急増しているのは，これまで見てきた武装集団の襲撃によるものである。ただし，ラゴスに近いモシミ地区や北部のカドゥナ地区での漏出件数も相当数に達しており，盗油活動はナイジェリア全土でいわば日常化していることが窺える。なお，NNPCは，2005年以降，ナイジャー・デルタにおける原油漏出件数の全てを破壊行為によるものと記載しているが，これはやや信じがたい。と言うのは，シェ

第12表　石油開発に係わる損害賠償の判決事例：1994〜2004年

| 年 | 被告 | 原告 | 請求額<br>（ナイラ） | 判決額<br>（ナイラ） | 同比率<br>（%） |
|---|---|---|---|---|---|
| 1. 1994 | エルフ石油会社* | シロ，他 | 1,348,000 | 288,000 | 21.4 |
| 2. 1995 | シェル石油会社 | ファラー，他 | 26,490,000 | 4,621,307 | 17.5 |
| 3. 1996 | シェル石油会社 | ティエボ，他 | 64,146,000 | 6,000,000 | 9.4 |
| 4. 1997 | シェル石油会社 | トゥアガイェ，他 | 61,126,500 | 30,000,000 | 49.0 |
| 5. 2000 | シェル石油会社 | J. アマロ，他 | 15,392,889 | 30,288,861 | 196.8 |
| 6. 2004 | シェル石油会社 | S. セレ，他 | 20,000,000 | 18,329,350 | 91.6 |

（注）＊2008年に社名をトータル石油会社に変更。
（出所）United Nations Development Programme, *Niger Delta Human Development Report*, Abuja, 2006, p. 82 より作成。

第13表　ナイジェリアにおけるパイプラインからの原油漏出*：2004〜2013年

| 地区（州） | 2004 | 2005 | 2006 | 2007 | 2008 | 2009 | 2010 | 2011 | 2012 | 2013 | 合計 |
|---|---|---|---|---|---|---|---|---|---|---|---|
| **A. 件数** | | | | | | | | | | | |
| ポート・ハーコート（リヴァーズ） | 895 (76) | 2,237 (21) | 3,674 (9) | 3,244 (20) | 2,285 (33) | 1,453 (27) | 836 (24) | 2,768 (19) | 2,230 (26) | 3,505 (19) | 23,127 (274) |
| ワリ（デルタ） | 396 (33) | 1,017 ( 0) | 2,091 ( 0) | 1,631 ( 0) | 557 ( 0) | 382 ( 0) | 142 ( 0) | 336 ( 0) | 393 ( 0) | 616 ( 0) | 7,561 ( 33) |
| モシミ（オグン） | 241 (25) | 769 ( 0) | 662 ( 0) | 306 ( 0) | 745 ( 0) | 280 ( 0) | 161 ( 0) | 548 ( 0) | 495 ( 0) | 315 ( 0) | 4,522 ( 25) |
| カドゥナ（カドゥナ） | 147 ( 5) | 194 (15) | 480 ( 6) | 459 (20) | 516 (14) | 605 ( 4) | 184 ( 7) | 463 ( 5) | 479 ( 2) | 1,078 ( 5) | 4,605 ( 83) |
| ゴンベ（ゴンベ） | 110 (12) | 237 ( 6) | 176 ( 0) | 126 ( 0) | 110 (19) | 100 (23) | 240 (15) | 571 (14) | 622 (24) | 634 (14) | 2,926 (127) |
|  | 1 ( 1) | 20 ( 0) | 265 ( 3) | 702 ( 0) | 357 ( 0) | 85 ( 0) | 109 ( 2) | 850 ( 0) | 241 ( 0) | 862 ( 0) | 3,492 ( 6) |
| **B. 漏出量（1,000トン）** | | | | | | | | | | | |
| ポート・ハーコート（リヴァーズ） | 396 | 662 | 535 | 242 | 191 | 110 | 194 | 157 | 182 | 327 | 2,996 |
| ワリ（デルタ） | 150 | 337 | 336 | 96 | 151 | 0 | 0 | 0 | 6 | 2 | 1,070 |
| モシミ（オグン） | 73 | 145 | 16 | 0 | 22 | 0 | 46 | 14 | 0 | 16 | 332 |
| カドゥナ（カドゥナ） | 157 | 146 | 183 | 141 | 13 | 110 | 144 | 127 | 163 | 269 | 1,453 |
| ゴンベ（ゴンベ） | 3 | 17 | 0 | 5 | 5 | 0 | 4 | 16 | 13 | 40 | 103 |
|  | 13 | 17 | 0 | 0 | 0 | 0 | 0 | 0 | 0 | 0 | 30 |
| **C. 損失額（100万ナイラ）** | | | | | | | | | | | |
| ポート・ハーコート（リヴァーズ） | 19,660 | 41,615 | 36,646 | 17,240 | 14,594 | 8,195 | 6,848 | 12,526 | 21,484 | 38,881 | 217,689 |
| ワリ（デルタ） | 7,765 | 20,591 | 21,885 | 5,333 | 12,289 | 0 | 0 | 0 | 684 | 244 | 68,863 |
| モシミ（オグン） | 3,148 | 9,854 | 1,052 | 0 | 1,589 | 0 | 2,671 | 1,434 | 0 | 1,785 | 21,533 |
| カドゥナ（カドゥナ） | 8,011 | 9,251 | 13,709 | 10,634 | 681 | 8,195 | 3,797 | 9,903 | 18,958 | 31,364 | 114,503 |
| ゴンベ（ゴンベ） | 163 | 990 | 0 | 273 | 35 | 0 | 380 | 1,189 | 1,842 | 5,488 | 10,360 |
|  | 573 | 929 | 0 | 0 | 0 | 0 | 0 | 0 | 0 | 0 | 1,502 |

（注）＊破壊行為による漏出。件数のカッコ内は、劣化・磨滅など操業に起因する漏出での内数。
（出所）Nigerian National Petroleum Corporation, *Annual Statistical Bulletin*, Abuja, 2013, pp. 67-68 より作成。

ル石油会社・本社の『年次報告書』では，2004〜2013年にかけて，ナイジェリアで操業する同社の原油漏出件数・数量のうち，襲撃事件によるものが合計1,266件で３万8500トン，劣化・磨滅など操業に起因するものが447件で１万7100トンと報告しているからである[53]。

　他方，原油生産に随伴する天然ガスの焼却比率については，上述のUNDPの報告書では，2000年代前半時点で75％と記載しているが，その後，この比率は大きく改善されている。第14表に見られるように，石油開発の当初の15年間は，生産された天然ガスの90％以上が焼却処分にされており，1990年代半ばにおいてもその比率は75％前後に達していた。しかし，同年代の後半以降に入ると，NNPCの子会社であるナイジェリア液化天然ガス公社（Nigeria LNG Ltd., NLNG）のボニー島のLNG工場が1999年９月に操業を開始し，また，エスカルボスから隣国

第14表　ナイジェリアにおける天然ガスの
生産と焼却：1965〜2013年

（単位：10億 m$^3$,％）

| 年 | 生産量 | 利用量 | 焼却量 | 同比率 |
|---|---|---|---|---|
| 1965 | 2.8 | 0.1 | 2.7 | 95.9 |
| 1970 | 8.1 | 0.1 | 8.0 | 98.6 |
| 1975 | 18.7 | 0.3 | 18.3 | 98.3 |
| 1980 | 24.6 | 2.3 | 22.2 | 90.5 |
| 1985 | 18.6 | 4.6 | 13.9 | 75.0 |
| 1990 | 28.4 | 6.0 | 22.4 | 78.8 |
| 1995 | 35.1 | 8.1 | 27.0 | 76.9 |
| 2000 | 42.7 | 18.5 | 24.3 | 56.8 |
| 2005 | 59.2 | 36.3 | 23.0 | 38.8 |
| 2010 * | 67.0 | 50.7 | 16.3 | 24.3 |
| 2013 * | 65.1 | 53.7 | 11.5 | 17.7 |

（注）　＊ 1 f$^3$ ＝ 0.028 m$^3$ として換算。
（出所）　Nigerian National Petroleum Corporation, *op.cit.*, 2009, p. 17 ; 2013, p. 53 より作成。

---

[53]　なお，襲撃事件による原油漏出のうち，2006年の600トン，および2007年の700トンはナイジェリア以外での発生である。Royal Dutch Shell Plc., *Sustainability Report*, Hague, 2013, p. 36を参照。

ベナンのコトヌ，トーゴのロメ，およびガーナのエファスに至る全長
678 km の「西アフリカ・パイプライン」が2010年に完成して輸出が始
まり，さらには，北部のニジェールを経由してアルジェリアに至る「サ
ハラ横断天然ガス・パイプライン」の建設が計画されるなど，ナイジェ
リアの天然ガス事情は，ここ数年の間に大きく変わりつつある[54]。ちな
みに，2013年に利用された天然ガス537億 m³のうち（同上表を参照），
33.3％は再注入されたが，第三者向け販売が31.6％，上記の NLNG やナ
イジェリアガス公社（Nigerian Gas Company Ltd.）などの NNPC 関連会
社への供給が25.8％，国内燃料市場への供給が6.7％などとなっている。

　さて，先に触れた UNEP は，オゴニ・ランドを対象として，かなり
詳細な環境調査を実施した。同調査は，ナイジェリア連邦政府の要請に
応じて実施されたものであるが，UNEP を中心とする国際的な調査団が
編成され，これにリヴァーズ州立大学の研究者・学生，そして多数の地
域住民などが参加したという点において，極めて注目すべきものであ
る。257頁に及ぶ『オゴニ・ランド環境評価報告』の巻末には，同環境
評価の参加者として，UNEP 職員84名，イギリスなど海外の研究者10
名，リヴァーズ州立大学の研究者・学生112名，およびボランティアで
参加した地域住民147名の氏名を列挙している。これに加えて，賛辞を
表明した人々として，連邦政府，リヴァーズ州政府，オゴニ・ランド地
方政府，国連の各関係者89名の氏名を挙げている。つまり，総計で442
名の氏名が記載されているが，同環境評価が如何に重要視されていたか
を窺い知ることができよう[55]。

　この UNEP の調査は，14ヵ月間以上に互って，200ヵ所の地点調査に
基づく4,000以上の地質・水質・大気サンプル検査，122 km に及ぶパイ

---

[54]　National Technical Working Group, *Report of the Vision 2020 on Energy Sector*, Abja,
July 2009, pp. 38–53 ; Nigerian National Petroleum Corporation, "Gas Production"
（http://www.nnpcgroup.co/NNPCBusiness/UpstreamVentures/GasProduction.aspx,
2014年9月14日にアクセス）を参照。

[55]　厳密に言えば，ボランティア参加者は，賛辞表明者の中に記載されている。
UNEP, *op.cit.*, pp. 246–257を参照。

プラインの原油漏出点検，264ヵ所での2万3000人との公聴会，5,000人の健康カルテ作成などを行いつつ，おおよそ以下のような調査結果を報告している。

　すなわち，①ナイジャー・デルタ南東部に位置するオゴニ・ランドは，面積1,000 km²，4つの地方政府に83万2000人（2006年センサス）を擁しているが，そのほぼ全域の土壌・地下水に原油汚染が広がっており，環境の多様な局面に深刻な影響を与えている。詳細な調査を行った69地点のうち，49地点において，ナイジェリアの石油産業法に定める基準値を上回る炭化水素類の汚染が少なくとも地下5 mの土壌にまで及んでいる。また，住民が使用している地下水についても，41地点において同基準を上回る汚染が検出され，エレメ地方政府のンシシオケン−オガレ地区の最悪のケースでは，地下水に8 cmの層をなして精製油が浮いている。他方では，過去2年間に各地で急増した原油の不法精製がさらなる環境悪化を招いている。②原油による汚染は，キャッサバなどの食糧作物の生産や漁業を困難にしており，また，とりわけボニー地区の低湿地帯・クリークでは，2007〜2011年にかけて，30万7400 m²（全体の10%）のマングローブ林が死滅している。③住民の多くは大気や飲料水に含まれる炭化水素類の汚染に晒されている。原油漏出地に隣接する10の共同体の28ヵ所の井戸水から炭化水素類が検出され，そのうち7ヵ所の井戸からは，ナイジェリア政府が定める基準値の1,000倍を超える炭化水素類が含まれていた。また，エレメ地区の飲料水からは，世界保健機構（World Health Organization, WHO）の定める基準値の900倍を超える発癌物質のベンゼン —— コールタールから採出される —— が検出された。このベンゼンはオゴニ・ランド各地の大気中からも検出され，WHOが1万人に1人の割合で発癌するとしている基準値を上回っている。および④オゴニ・ランドにおける環境の回復は可能であろうが，そのためには，25〜30年の歳月を必要とするであろう，というものである。

　第15表は，UNEPが勧告した，最初の5年間で改善すべき喫緊の課題とその費用を試算したものである。同表に見られるように，勧告の内

第15表　環境の回復と必要経費

(単位：1,000ドル)

| 勧告項目 | 必要経費 |
|---|---|
| 1. 緊急措置（安全な飲料水の確保に80％を充当） | 63,750 |
| 2. 汚染土壌の浄化 | 611,466 |
| 3. ベンゼン，MTBE＊の除去。ンシシオケン－オガレ地区対策 | 50,000 |
| 4. 沈殿土砂の浚渫 | 20,000 |
| 5. 手工業的製油所の修復・閉鎖 | 99,453 |
| 6. マングローブ林の再生 | 25,500 |
| 7. 環境保全の監視 | 21,468 |
| 8. オゴニ・ランド復興局 | 44,000 |
| 9. 優秀復興センター | 18,600 |
| 10. 手工業的製油者に対する雇用創出 | 10,000 |
| 合　計 | 964,237 |
| 11. 第三者検証，勧告実施に対する国際的専門家支援 | 48,212 |
| 総　計 | 1,012,449 |

（注）　＊MTBE：メチル・ターシャリー・ブチル・エーテル
（出所）United Nations Environment Programme, *Environmental Assessment of Ogoniland*, Nairobi, 2011, p. 227 より作成。

容は，安全な飲料水の確保，土壌の浄化，マングローブ林の再生，不法製油所の整理，オゴニ・ランド復興局などの行政的措置，および雇用の創出など10項目に及んでいるが，第三者検証などに係わる支出を含めて，最初の5年間における必要経費をおよそ10億1245万ドルと見込んでいる。ちなみに，この金額は，2011年度のナイジェリアの石油収入8兆8790億ナイラの1.7％強に相当している ── 1ドル＝154ナイラとして換算 ── [56]。オゴニ・ランドは，ナイジャー・デルタ全体から見れば，面積で1.0％，人口数で2.7％を占めるにすぎないが，他の汚染地域においても環境の回復を図ろうとするならば，長い年月と膨大な予算を必要とするであろう。ただし，後述するように，これまた莫大な金額に達してきた政治汚職・公金横領がなかったならば，またそれが今後ないとすれば，ナイジャー・デルタの環境回復・保全は過去において可能

[56]　2011年の石油収入と為替レートについては，Central Bank of Nigeria, *Annual Report*, Abuja, 2011, pp. 121, 190を参照。

だったのであり，また将来においても可能になるであろう。


## ② 石油収入の配分と貧困問題

### (1) 石油収入の配分

　すでに述べたように，オゴニ人の「権利章典」やイジョ人の「カイア
マ宣言」，そして IYC や MEND などの武装集団は，「派生主義に基づく
石油収入の正当な配分」を繰り返し主張してきた。石油収入は，早く
も1970年代後半以降には輸出総額の95％前後，連邦歳入の70～80％を
占めて（前掲第4表を参照），今日に至っている。問題なのは，そうし
た石油収入が，連邦政府・州政府・地方政府という「三層構造」に対し
て，いかなる方式によって配分され，そして最終的に人々の生存のため
に使用されてきたのか否か，という点である。

　まず，独立後の歴代連邦政権による国家歳入の配分方式を見てみる
と ── 詳細については，第Ⅱ部を参照 ──，N. アジキィウェ（Nnamdi
Azikiwe）政権からオバサンジョ連邦軍事政権の前半までの間（1960～
1977年）は，輸入税，輸出税，関税，消費税，あるいは鉱区地代・ロ
イヤルティーなどの項目ごとに配分比率が細かく決められていた。こ
れは，明らかに植民地時代から受け継いだ配分方式であるが[57]，同上の
期間における鉱区地代・ロイヤルティーに限定してみると，第16表に
見られるように，「ビーンズ委員会」，M. R. ムハンメド（Murtala Ramat
Muhammed）連邦軍事政権，および「アボヤデ専門委員会」は「派生主
義」を否定しているものの，「レイスマン委員会」とゴウォン連邦軍事
政権の二つの「布告」はそれを認めて，鉱区地代・ロイヤルティー収入

---

[57]　植民地時代の歳入配分方式については，Teriba, O., "Nigerian Revenue Allocation
　　Experience, 1952–1965 : A Study in Inter-Governmental Fiscal and Financial Relations,"
　　*Nigerian Journal of Economic and Social Studies*, Vol. 8, No. 3, November 1966, pp.
　　361–382 および本書の第Ⅱ部第Ⅰ節第2項を参照。

第16表　ナイジェリアの歴代政権における国家歳入の配分方式：1960～2012年　（単位：％）

| 期間 | 歴代連邦政権 | | | | 国家歳入の配分[1] | | | | | 委員会勧告・布告等 |
| | 政体 | 政権担当者 | 出身州 | 出身部族 | 連邦政府 | 州政府 | 地方政府 | 特別基金 | 派生主義 | |
| --- | --- | --- | --- | --- | --- | --- | --- | --- | --- | --- |
| 1960～1966 | 民政 | N. アジキウェ | ナイジャー | イボ | 20 | 50[2] | | 30 | 50[2] | レイスマン委員会 |
| 1966 | 軍政 | J. アギ―イ―イロンシ | アビア | イボ | | | | | | ビーンズ委員会 |
| 1966～1969 | 軍政 | Y. ゴウォン | プラトー | アンガス | 15 | 50 | - | 35 | - | 布告第13号 |
| 1969～1974 | | | | | 5 | 45[2] | - | 50 | 45[2] | 布告第6号 |
| 1975 | | | | | - | 20[2] | - | 80 | 20[2] | 布告第7号 |
| 1975～1976 | 軍政 | M. ムハンメド | カノ | ハウサ | 20 | - | - | 80 | - | |
| 1976～1977 | 軍政 | O. オバサンジョ | オグン | ヨルバ | | | | | | |
| 1978～1979 | | | | | 57 | 30 | 10 | 3 | - | アボヤデ専門委員会 |
| 1979～1981 | 民政 | S. シャガリ | ソコト | フラニ | 55 | 35 | 10 | - | 2[3] | 歳入配分法 |
| 1982～1983 | | | | | 55 | 35 | 10 | - | 2[3] | 歳入配分法 |
| 1984～1985 | 軍政 | M. ブハリ | カッチナ | ハウサ | 55.0 | 32.5 | 10.0 | 2.5 | 2[3] | 布告第36号 |
| 1985～1989 | 軍政 | I. ババンギダ | ナイジャー | ハウサ | 55 | 35 | 15 | 5 | 1[4] | 布告第7号 |
| 1990～1992 | | | | | 50 | 30 | 20 | 5 | 1[4] | 布告第80号 |
| 1992 | | | | | 50 | 25 | 20 | 5 | 1[4] | 布告第106号 |
| 1992～1993 | 民政 | E. ショネカン | ラゴス | ヨルバ | 48.5 | 24.0 | 20.0 | 7.5 | 1[4] | |
| 1993 | 軍政 | S. アバチャ | カノ | ハウサ | | | | | | |
| 1993～1998 | 軍政 | A. アブバカール | ナイジャー | ハウサ | | | | | | |
| 1998～1999 | 民政 | O. オバサンジョ | オグン | ヨルバ | | | | | | |
| 1999～2002 | | | | | 56 | 24 | 20 | - | 14[5] | 1999年憲法「13％条項」 |
| 2002 | | | | | 54.68 | 24.72 | 20.60 | - | 13[6] | 大統領行政令 |
| 2002～2004 | 民政 | U. ヤラドゥア | カッチナ | ハウサ | | | | | 13[6] | 大統領行政令 |
| 2005～2007 | 民政 | G. ジョナサン | バイエルサ | イジョ | 47.19 | 31.10 | 15.21 | 6.50 | 13[6] | 歳入動員配分財政委員会 |
| 2007～2010 | | | | | | | | | | |
| 2010～2012 | | | | | | | | | | |

(注) 1) 1960～1977年は、陸上鉱区の地代・ロイヤルティー収入の配分。1978～2012年は、連邦会計からの配分。2) 州政府に配分される陸上鉱区の地代・ロイヤルティー収入の当該比率が、その主産油州に配分される。3) 州政府から産油州への直接配分。4) 特別基金から産油州への直接配分。5) 産油州に対する法定の13％および特別基金から産油州への直接配分1％を含む。6) 産油州に対する法定の13％。

(出所) (1) Revenue Mobilisation Allocation and Fiscal Commission, *Report of Revenue Allocation Formula*, Abuja, December 2002, pp. 8-25.
(2) Do, *Commission Law Brochure*, Abuja, May 2005, pp. 1-48.
(3) Do, *Fiscal Monitor*, Abuja, Vol. 1, No. 1, January 2013, pp. 16-17.
(4) Teriba,O., "Nigerian Revenue Allocation Experience, 1952–1965 : A Study in Inter-Governmental Fiscal and Financial Relations," *Nigerian Journal of Economic and Social Studies*, Vol. 8, No. 3, November 1966, pp. 364-371.
(5) Oyovbaire, S. E., "The Politics of Revenue Allocation," in Panter-Brick, K., ed., *Soldiers and Oil : The Political Transformation of Nigeria*, London, Frank Cass, 1978, pp. 224-249.
(6) Ikein, A. A. and C. Briggs-Anigboh, *Oil and Fiscal Federalism in Nigeria : The Political Economy of Resource Allocation in a Developing Country*, Aldershot, Ashgate, 1998, pp. 106-217.
(7) Uche, C. U. and O. C. Uche, *Oil and the Politics of Revenue Allocation in Nigeria*, Leiden, African Studies Centre, 2004, pp. 1-47 より作成。

の各々50%，45%，および20%を州政府に直接配分している[58]。

　その後は，石油収入が国家歳入の80%前後を占めるに至り，また軍政時代が長く続いたという事情も加わって —— すでに触れたように，ショネカンの民政時代（第三共和政）はわずか3ヵ月間しか持たなかった ——，1999年に至るまでの24年間は，石油収入の相当部分を産油地域に還元するという「派生主義」が大きく後退していった。同上表に見られるように，産油州に直接配分される石油収入の割合は，わずか1～2％に抑えられてきたのである。

　この「派生主義」が復活するのは，第四共和政に入ってからのことである。1999年5月5日に公布された「1999年共和国憲法」において，歳入配分問題に係わる幾つかの規定が盛り込まれているが，最も注目すべきなのは，第162条(2)の規定である[59]。そこでは，①連邦会計からの配分方式については，国会が決定権を有する，②恒常的な歳入動員配分財政委員会を設置する，および③石油・天然ガスを含む全ての天然資源からの収入の13％分に対して派生主義を適用する（いわゆる「13％条項」）という，極めて重要な規定が盛り込まれたのである。

　また，2004年2月の国会決議によって，「1999年共和国憲法」上の「13％条項」は沖合油田からの石油収入にも適用されることになった。これまでは，沖合油田からの石油・天然ガス収入については，歴代連邦政府のいわば排他的な収入として，歳入配分の俎上にさえ載せられてこなかったものである。

　この国会決議を受ける形で，上述の「1999年共和国憲法」の規定により，1999年9月に発足した歳入動員配分財政委員会（Revenue

---

[58]　「レイスマン委員会」は，J. レイスマン（Jeremy Raisman）を委員長として1957年に，また，「ビーンズ委員会は」，K. J. ビーンズ（K. J. Binns）を委員長として1964年に発足した歳入配分検討委員会である。*ibid.*, pp. 368–372 ; Adedeji, A., *Nigerian Federal Finance : Its Development, Problems and Prospects*, London, Hutchinson, 1969, pp. 231–251 を参照。

[59]　*The Constitution 1999*, Chapter VI, The Executive, Part I, Federal Executive, C, Public Revenue, 162, Distributable Pool Account, Abuja を参照。

Mobilization Allocation and Fiscal Commission, RMAFC）が2004年9月に行った勧告は，これまでの勧告・布告などと比較して，①「13％条項」を国家全体の歳入配分の中に明確に位置付けたこと，および②最下位の行政単位である「共同体」への歳入配分を明記したこと，などにおいて特に注目される。この勧告案は，2004年9月にオバサンジョ大統領の承認を得た後，翌2005年1月に国会でも承認された。その大枠は，少なくとも2012年度末まで実施されてきた歳入配分方式である。

　それでは，ナイジェリアの国家歳入の構造と石油収入の配分方式は，現実にはどのようになっているのであろうか。第3図から，2014年度予算案を例に取って見てみると[(60)]，産油9州に対する直接的な配分項目

第3図　ナイジェリアにおける国家歳入の配分構造：2014年度予算案

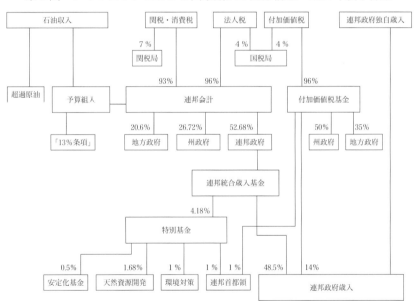

（出所）Federal Ministry of Finance, *Citizen's Guide to the Federal Budget 2014*, Abuja, 2014, p. 8 より作成。

---

[(60)]　Federal Ministry of Finance, *Citizen's Guide to the Federal Budget 2014*, Abuja, 2014, p. 8を参照。

としては，石油収入の13％分，連邦会計および付加価値税基金からの州政府・地方政府への配分，ということになる —— なお，天然資源開発費や環境対策費の配分は，「派生主義」には基づいていないが，その相当部分が産油地域に向けられるものと思われる ——。

　一見すると，分かりやすい構造になっているが，幾つかの問題点が残る。その一つは，石油収入の実際の行方が必ずしも明快ではない，という点である。「連邦会計」は，中央銀行内に開設された連邦政府の口座として存在しているが，この口座に毎月，石油収入が振り込まれ，そして1ヵ月単位で，連邦政府，各州政府，および各地方政府の口座に移転される —— 従って，石油収入の動向としては，年間収入というよりは，月間収入が重要になる ——。国営石油公社であるNNPCは，主として外資系石油会社と合弁事業を経営する企業体であり，当然のことながら，独自の企業会計を有している。政府取得原油の輸出・販売などにも責任を負っているが，企業収入の如何なる割合を石油収入として連邦会計の口座に振り込むのか否かということは，NNPCの経営的判断に委ねられる余地がある，ということになる —— なお，公的資金の横領者の中に，中央銀行総裁や連邦石油資源相が名前を連ねていたのは，印象的である（後掲第18表参照）——。

　また，国家歳入の恩恵が人々の手元に届くまでには，現実には長い道程を経ねばならない。例えば，連邦会計から各地方政府への配分が1兆ナイラを超える（2010年度）としても，歳出の大半は行政府の人件費や間接費などに使われ，経済・社会・共同体などの開発費に支出されるのは，およそ30％前後である[61]。もちろん，特別基金や「13％条項」，あるいはナイジャー・デルタ開発委員会（NDDC）などを通じた様々な開発計画も実施されているが，ここにおいても，各種の公的機関，下請団体，そして地元のボスなどを経由せねばならないのである。

---

[61]　地方政府の財政収支については，Central Bank of Nigeria, *Annual Report*, Abuja, 2011, pp. 277–279 を参照。

## (2) 貧困問題

アフリカ最大，OPEC 第 6 位（2013年末現在）の石油大国でありながら，ナイジェリアの多くの人々はかなり貧しい。あるいは，富裕層と貧困層との経済的・政治的・社会的格差が，あまりにも大きいのである。

では，まず，2009年に UNDP が公表した『ナイジェリア人間開発報告』[62] に基づきながら，ナイジェリアの貧困状況について概観しておきたい。同報告書は，人間開発報告書としては初めて，ナイジェリアの州別の統計を活用しているが，これは，貧困削減に係わる連邦政府・州政府・地方政府という「三層構造」の相互連携が必要である，との認識によるものである。

また，同報告書のサブ・タイトルは「平等性を伴う成長の実現」となっているが，これは，UNDP とナイジェリア人関係者との相談の上で付されたものであるという。このサブ・タイトルに象徴されるように，同報告書の基本的な政策理念は，「貧困者のための経済成長」であり，「成長・貧困・不平等」というトライアングルの負の連鎖を解明しつつ，政策提言を行うことが課題になっている。

同報告書における UNDP の主張は，おおよそ次のようである。すなわち，ナイジェリアの国内総生産（Gross Domestic Product, GDP）は，1991〜2000年に実質の年率で 5 %，および2001〜2007年に同 6 %の割合で成長したにも拘わらず，貧困と失業は緩和されていない。「持続可能な人間開発」の達成のためにも，「まずは経済成長，その後に平等化」という発展戦略ではなく，経済的効率性の向上に社会的富の公平な再配分を加えた「パッケージ戦略」が必要である。

ナイジェリアでは，こうした発展戦略を困難にしている多様な国内的要因を抱えている。すなわち，①農業部門と石油部門に偏重した経済構造，②社会的インフラストラクチャーの未整備，③貧弱な教育制度や保健・医療制度などに起因する人的資本の未発達，④環境保全などに対す

[62]　United Nations Development Programme, *Human Development Report, Nigeria, 2008–2009 : Achieving Growth with Equity*, Abuja, November 2009 を参照。

る貧弱な政策，および⑤諸資源の誤った利用と政治汚職，などである。

　例えば，ナイジェリアのGDPは，その60％が農業・石油部門で占められているが，雇用創出効果の高い製造業が長期的な停滞を続けており，GDPに占めるその比率は，1985年の6％から1990〜2007年には4〜5％に低下している。社会的インフラストラクチャーも脆弱性を抱えており，道路の50％は補修が必要であり，ナイジェリア鉄道公社（Nigerian Railway Corporation, NRC）は事実上破産状態で，国内輸送量のわずか5％しか貢献していない。港湾の混雑も甚だしく，ラゴス港では通関手続きに平均21日間も必要としている。電力事情については，6,000mWの供給能力があるにも拘わらず，稼働率は50％に留まり，国内需要の1万mWを大きく下回っている。また，就学率については，2004年時点において，無料の小学校は99％に達しているが，中学校では35％と大きく低下し，文盲率はナイジェリア全体で31％に及んでいる。しかも，イスラーム圏の北部諸州を中心に，女子の就学率が平均を下回っている。保健・医療についても，同時点において，病気の時に医師に相談するのは44％にすぎず，11％の人々は薬剤の利用のみに留まっている。

　他方，政府の諸政策や政治的汚職については，同報告書は具体的な数値例は挙げていないが，予算執行の透明性を強めるとともに，行政費を削減しつつ効率性を高めること，既存の反汚職法を実効性の高いものにするため，機構改革を行うこと，市民社会の側からの監視体制を強化すること，などの勧告を行っている。

　さて，第17表は，ナイジェリアにおける貧困状況や所得格差，あるいは失業率などの基本的指標について，地域別に示したものである。なお，同表に見られる南南部の全6州と，南東部の2州，および南西部の1州が「ナイジャー・デルタ」の産油9州に含まれることになる。まず，1人当たりGDPの規模を見てみると，南南部が3,617ドルで最も高く，南東部と北東部はその10分の1にも満たない。南南部での数値が高いのは，GDPへの寄与率が高い産油地帯であるからであり，また，北央部にはカノをはじめとする工業都市があり，南西部はナイジェリア

第17表　ナイジェリアにおける州別基本指標：2004〜2008年

| 地域　（州数）[1] | 人口数<br>(1,000 人)<br>2007年 | GDP/人<br>（ドル）<br>2007年 | HDI<br>(指数)<br>2008年 | 貧困比率[2]<br>（%）<br>2004年 | 自己認識[3]<br>（%）<br>2007年 | 所得格差<br>（ジニ係数）<br>2004年 | 失業率<br>（%）<br>2006年 | GDI<br>(指数)<br>2007年 |
|---|---|---|---|---|---|---|---|---|
| 北西部（7州） | 33,235 | 896 | 0.420 | 71.2 | 72.0 | 0.371 | 2.2 | 0.376 |
| 北央部（7州） | 12,206 | 1,899 | 0.490 | 67.0 | 80.0 | 0.393 | 5.1 | 0.478 |
| 北東部（6州） | 15,627 | 343 | 0.332 | 71.2 | 81.3 | 0.469 | 3.9 | 0.250 |
| 南西部（6州） | 25,387 | 1,310 | 0.523 | 43.0 | 71.5 | 0.554 | 5.5 | 0.507 |
| 南南部（6州） | 17,516 | 3,617 | 0.471 | 35.1 | 74.8 | 0.507 | 8.8 | 0.575 |
| 南東部（5州） | 17,180 | 297 | 0.573 | 26.7 | 77.6 | 0.440 | 6.8 | 0.455 |
| 全　国（37州） | 121,151 | 1,393 | 0.513 | 54.4 | 75.5 | 0.488 | 5.3 | 0.440 |

（注）1）連邦首都領を含む。2）1日1.25ドル以下で生活する人口の全人口に対する比率。3）貧困状態にあると自己認識している人口の全人口に対する比率。
（出所）United Nations Development Programme, *Human Development Report, Nigeria, 2008–2009 : Achieving Growth with Equity*, Abuja, November 2009, pp. 10, 48, 64, 85, 93, 98, 138, 151 より作成。

最大の商業都市ラゴスを抱えているので，「1人当たりGDP」という統計値は当然，大きくなる。

　そうとは言え，ナイジェリアが世界でも貧しい国の一つであることには変わりがない。同上表によれば，2004年時点で，国民の54.4%が1日1.25ドル以下で生活している。この貧困率を世帯主の就業別で見ると，農業などの一次産業が最も高くて67.0%，これに次いで高いのが「行政職」の45.3%になっている[63]。やや意外とも思えるが，ここに，ナイジェリアの公的機関における「汚職」の一端を垣間見ることもできよう。

　なお，世界銀行（World Bank, WB）の『世界開発指標』によると，ナイジェリアの貧困率は2010年にはさらに悪化して，68.0%に上昇している。統計の対象とされた124ヵ国のうち，世界で7番目に貧しい国ということになる[64]。ただし，同上表に見られるように，地域的には大きな

[63]　*ibid.*, p. 66.

[64]　ちなみに，最も貧しい国はコンゴ民主共和国で，全人口に占める貧困者（1日1.25ドル以下での生活者）の比率は87.7%，以下，リベリアの83.8%，マダガスカルとブルンジの81.3%，マラウィの73.9%，ザンビアの68.5%が続いている。World Bank, *World Development Indicators*, Washington, D. C., 2013, pp. 28–33 を参照。

格差が生じており，北部諸州における貧困比率が67.0〜71.2％であるのに対して，南部諸州は26.7〜43.0％，南南部6州は35.1％に留まっている。つまり，ナイジェリア全体で言えば，ナイジャー・デルタ地域は相対的に「豊か」なのである。また，「自らが貧困であると認識しているか否か」という質問に対しては，2007年時点で，全国平均で75.5％の人々が「自分は貧困である」と答えており，南南部6州でも74.8％に達している。この数値は，上述の世界銀行の報告書に見られる貧困率68.0％を上回っているが，ナイジャー・デルタの人々は，「原油という豊かな天然資源があるにも拘わらず，何故に生活が向上しないのか」という想いが強いのであろう。

　そうした人々の想いに拍車をかけているのが，一向に縮小しない社会的格差の存在である。同上表によれば，2004年時点のジニ係数は全国平均値で0.488に達しており，しかも1985年時点の0.430よりさらに格差が拡大している。おおよそ，上位20％の富裕層が国家全体の資産の65％を占有していることになるが，この点においても，ナイジェリアは世界で最も不平等な国の一つになっている。しかも，この所得格差という点では，むしろ南部諸州の方が北部諸州よりも大きい。ラゴスを抱える南西部では0.554，また南南部では0.507であり，全国平均値を上回っている。換言すれば，ナイジャー・デルタ域内においても石油収入の不平等な分配が行われており，他方，北部では，──伝統的首長層や一部の政治家・高級官僚・実業家などを除いて──，イスラームに特有の「パトロン・クライアント関係」の中にあって，人々の多くがほぼ一様に貧しい，ということになろう。

　社会的不平等は，こうした所得格差に留まらず，保健・医療機関，有料となる中・高等教育，就業機会，政治的発言権などへのアクセスにおいても生じている。貧しいが故に排除され，それがまた貧困を生じさせるという，「悪循環の罠」から抜け出すことは容易ではない。同上表に見られる人間開発指数（Human Development Index, HDI）は，所得，教育，および平均寿命の各要素，またジェンダー開発指数（Gender Development Index, GDI）は，これらの要素に男女間格差を考慮して作

成されたものであるが，この二つの指数においても，ナイジェリアは低い水準に留まっている。例えば，2013年時点において，ナイジェリアのHDIは，統計の対象にされた世界187ヵ国中152位に留まっている。これは，保健・医療や教育などの社会的サービスにおいても，ナイジェリアがなお低水準に留まっていることを物語っているが，同上表に見られるように，ここにおいてもまた，南北格差が生じている。すなわち，HDIでは，南部諸州が0.471～0.573の水準であるのに対して，北部諸州では0.332～0.490というさらに低い水準に留まっている。ちなみに，北東部の0.332という数値は，2013年の世界で最下位であるニジェールの0.337をも下回っている。また，GDIにおいても，とりわけ北東部と北西部の数値が0.250および0.376と極端に低いが，これは明らかに，男女平等を否定的に捉えるイスラームの影響を反映している。

　他方，失業率（15歳以上）については，明らかに南部諸州の方が高いのが読み取れる。とりわけ南南部のナイジャー・デルタが8.8%で最も高い。なお，15～24歳の失業率では，男性で14.7%，女性で13.3%になっており，若者の失業が深刻な社会問題になっていることが窺える。すでに述べてきたように，ナイジャー・デルタの青年たちにとっては，武装集団それ自体が，一つの「就職先」になっていたのである。

### ❸ 政権担当者と公金の横領

　上述のUNDPの報告書は，おそらくはその立場上，「政治汚職」の問題には深入りしていないが，歴代の政権担当者とその取り巻きによる政治腐敗・公金横領こそが，ナイジェリアにおける社会的不平等・貧困の最も重要な原因の一つであると言わざるをえない。

　第18表は，第四共和政が発足する以前の，連邦軍事政権時代に行われた公的資金の横領事件を示したものである。同表の内容は，1999年7月23日付のロンドンの金融紙『ファイナンシャル・タイムズ』（*Financial Times*）によって暴露されたものであるが，驚くべきことに，1975～1999年に至る歴代の連邦軍事政権を担当した国家元首の全員と

第18表　ナイジェリアにおける公的資金の横領：銀行口座別：1999年時点

| 氏　名 | 主な役職等 | 任期期間（年） | イギリス（億ポンド） | スイス（億フラン） | アメリカ（億ドル） | ドイツ（億マルク） | ナイラ換算（10億ナイラ） |
|---|---|---|---|---|---|---|---|
| 1. I. B. バパンギダ | 国家元首 | 1985～1993 | 62.56 | 74.16 | 20.00 | 90.00 | 2,463.50 |
| 2. S. アバチャ | 国家元首 | 1993～1998 | 50.10 | 40.90 | 8.00 | 30.10 | 1,210.70 |
| 3. A. アバチャ | アバチャ国家元首子息 | – | 7.00 | 12.10 | 9.00 | 4.17 | 338.40 |
| 4. M. アバチャ | アバチャ国家元首子息 | – | 3.00 | 12.00 | 1.50 | 5.35 | 210.70 |
| 5. I. バマイイ | 陸軍司令官 | 1996～n.a. | 1.20 | 8.00 | n.a. | n.a. | 940.00 |
| 6. U. ディッコ | 連邦運輸相 | n.a. | 44.00 | 14.60 | 7.00 | 3.45 | 894.65 |
| 7. M. アキルグベ | 海軍司令官 | 1994～1998 | 12.40 | 24.26 | 6.71 | 90.00 | 805.90 |
| 8. J. ウセニ | 連邦首都領相 | 1994～1998 | 30.40 | 20.10 | 10.30 | 9.00 | 805.90 |
| 9. B. ダルハツ | 連邦動力鉄鋼相 | 1993～1997 | 29.00 | 10.90 | 3.60 | 16.60 | 688.95 |
| 10. D. エティエベット | 連邦石油資源相 | 1994～1995 | 25.00 | 10.60 | 7.00 | 3.61 | 567.47 |
| 11. G. ウシシ | 連邦運輸相 | 1979～1982 | 23.00 | 10.00 | 16.10 | 14.30 | 555.49 |
| 12. I. ゴウォン | n.a. | n.a. | 10.30 | 20.00 | 10.40 | 7.00 | 501.76 |
| 13. A. アブバカール | 国家元首 | 1998～1999 | 11.31 | 23.30 | 8.00 | 160.00 | 493.80 |
| 14. T. Y. ダンジュマ | 陸軍司令官 | 1975～1979 | 13.60 | 10.20 | 3.00 | 1.90 | 342.70 |
| 15. D. エテテ | 連邦石油資源相 | 1993～1998 | 11.20 | 10.30 | 4.00 | 17.20 | 327.43 |
| 16. T. イキミ | 連邦外務相 | 1998 | 4.00 | 13.90 | 1.53 | 3.71 | 255.30 |
| 17. W. ナス | n.a. | n.a. | 3.00 | 13.20 | n.a. | 3.00 | 237.40 |
| 18. M. ムスタファ | 連邦公安局長 | n.a. | 6.00 | 10.01 | n.a. | 2.10 | 199.98 |
| 19. H. アダム | 連邦鉱業動力省次官 | 1993 | 3.00 | 2.00 | 7.00 | n.a. | 131.50 |
| 20. P. オグウマ | 中央銀行総裁 | 1993～1999 | 3.00 | 14.20 | 2.00 | 5.00 | 35.00 |
| 合　計 | – | – | 353.07 | 354.73 | 125.14 | 466.49 | 12,006.53 |

（注）「n.a.」は不明。各国通貨のナイラへの換算は、1999年の平均為替レート（例えば、1ドル＝96.12ナイラ）による。
（出所）(1) Subair, K., "On the Consistency of Economic Growth with Corruption in Nigeria," *Kamula-Raj Journal of Economics*, Vol. 4, No. 2, 2013, p. 191（原資料は、*Financial Times*, London, 23rd July, 1999).
　　　　(2) Nigerian International Biographical Centre, *The New Who's Who in Nigeria*, Lagos, March 1999.
　　　　(3) Economist Intelligence Unit, *Country Report : Nigeria*, London, 各季刊号より作成。

その配下の閣僚が名を連ねている。さらに驚くのは，彼らが横領したその金額の大きさである。とりわけ，ババンギダ国家元首個人の横領額が突出して凄まじいが，同表に見られるものだけでも，20名の全体で総額12兆ナイラ，1999年時点の為替レートで換算するとおよそ1,248億ドル強に達している。この金額は，2014年度国家予算案の10兆4534億ナイラを上回る金額である[65]。

## (1)「アバチャの公金横領事件」

実は，同上紙がこれらの公金横領の記事を載せる前年の1998年に，「アバチャの公金横領」なる事件が発覚していた[66]。アバチャ国家元首は心臓疾患で1998年6月8日に54歳で死亡したが，その後，未亡人のM. J. アバチャ（Mariam Jidah Abacha）が北部のカノ空港からサウジアラビアに飛び立とうとした時に，米ドルや英ポンドなどの外国紙幣を詰め込んだ38個のスーツ・ケースを運ぼうとして，同空港で逮捕された。このため，後継者のアブバカール国家元首は特別調査委員会を設置して調査に当たらせ，1998年9月6日の記者会見の席上で，少なくとも50以上の国内外の銀行の150の個人口座に数百万ドルの公金が預金されていたと公表した。これらの公金は，アバチャとその部下数名によって，中央銀行の金庫室から直接持ち出され，同銀行の防弾車によって，アバチャあるいは彼の子息や友人の元に搬送されたものであった。1995年2月15日〜1997年12月18日にかけて，合計29回に互って持ち出された公金は，数百万ドルどころか，少なくとも20億ドル以上であった。アブバカール国家元首は1999年5月29日に政権を移譲するまでの間に，アバチャの家族から8億2500万ドル分を返金させたが，残りの13億ド

---

[65]　2014年度予算案については，Budget Office, Federal Ministry of Finance, *Understanding Budget 2014*, Abuja, 2014, pp. 3–4を参照。

[66]　「アバチャの公金横領事件」については，Enweremadu, D. U., *Anti-Corruption Campaign in Nigeria, 1999–2007*, Leiden, African Studies Centre, 2012, pp. 62–75を参照。

ルはスイス，イギリス，ルクセンブルグ，およびリヒテンシュタインな
ど海外の銀行口座に凍結されたままであった。ただし，この返金も，そ
の大半は土地，建物，株式，会社，自動車などの資産の形態によるもの
であり，国内の銀行口座に預金されていた現金は，アバチャの家族や友
人によって「任意」に返還されることになったという。

　また，同上表に見られる20名のうち ―― その在任期間からも明らか
なように ――，P. オグウマ（Paul Ogwuma）中央銀行総裁や2名の石油
資源相を含む少なくとも9名は，アバチャ連邦軍事政権の閣僚などであ
る。これにアバチャ本人と2名の子息を加えると，合計で12名が「ア
バチャ・ファミリー」ということになる。ババンギダ国家元首個人に加
えて，アバチャ時代の政治腐敗が如何に凄まじいものであったかが，窺
えるであろう。

　アバチャが横領した公金の大半は海外の銀行口座に振り込まれてい
たにも拘わらず，アブバカール国家元首がその回収に向かわなかった
のは，第四共和政への移行を巡って国内の政治状況が混沌としていた
のに加えて ―― 同上表によれば ――，同国家元首自身が4,938億ナイラ
（1999年当時の為替レート[67]換算で約51億3733万ドル）の公金を横領
していたからであろう。また，同表からは，ババンギダ連邦軍事政権
以前の公金横領の詳細については窺い知ることができないが，後述す
る経済金融犯罪防止委員会（Economic and Financial Crimes Commission,
EFCC）元委員長の N. リバドゥは，1960年の独立から1999年に至るま
での40年間に，3,800億ドル以上の公金が横領・悪用されたと推定して
いる[68]。

　それでは，第四共和政への移行後はどうであろうか。オバサンジョ大
統領は，まず，アバチャの海外口座に預金されていた公金をナイジェリ

---

[67]　1999年平均の為替レートは，1ドル＝96.12ナイラである。Central Bank of
Nigeria, *Annual Report and Statement of Accounts*, Abuja, 1999, p. 20を参照。

[68]　Human Rights Watch, *Corruption on Trial ? : The Record of Nigeria's Economic and
Financial Crimes Commission*, Geneva, January 2011, p. 6.

ア連邦政府に返還するよう，先進7ヵ国を含む国際社会に訴えた。しかし，スイスでは，政府が中立（孤立）外交政策を採っていた上に，国内に342行あると言われる全ての銀行が，如何なる顧客であれ，その個人情報を完全に守秘する「金融天国」を形成していたため，オバサンジョ大統領の要請には冷ややかであった。また，イギリスでは，国内の銀行に預金された，汚職に係わる海外の公金をその派生国に返還するための法的整備がなされていなかった。

　ところが，2001年9月11日，アメリカで同時多発テロ事件（「9.11事件」）が勃発すると，アメリカを始めとする国際社会は，国境を越えた違法な「マネー・ロンダリング」の規制強化に乗り出した。これを受けて，2001年11月，スイスのローザンヌで先進7ヵ国首脳会議が開催され，「アバチャの公金横領事件」を含むマネー・ロンダリングの国際的な規制問題が議論された。こうした国際世論の圧力が強まる中で，スイスやイギリスの政府も，「アバチャの公金横領事件」に対して柔軟な姿勢を採るようになったのである。

　その後の調査によって，アバチャが横領した公金は60億ドルに達すると推計されたが，オバサンジョ大統領による強い返還要請はとりあえず好意的に受け止められ，2005年5月までに，所在が確認された30億ドルのうちの19億3000万ドルがナイジェリア連邦政府に返還された。その内訳は，スイスの11銀行120口座から7億5000万ドル，ルクセンブルグ（銀行・口座数は不明）から6億3000万ドル，イギリスの11銀行20口座から4億5000万ドル，およびリヒテンシュタインの3銀行（口座数は不明）から1億ドルであった。

　もちろん，こうした公金の返還は，ナイジェリア連邦政府と各国政府との間で，①横領した人物を特定して起訴すること，および②返還された公金の使用には透明性を約束することなどの，一定の条件が付された「外交文書」が交換された上で行われたのである。

　オバサンジョ大統領は，こうした国際的な約束を果たすため，アバチャの家族に対しては，イギリスなど海外の銀行口座で凍結されていた11億ドルの公金をナイジェリア連邦政府に返還する代わりに，法律上

は無罪放免とし，かつ1億ドルは保有してもよいと提案して合意を取り付けたが，長男の A. アバチャ（Abdullahi Abacha）は —— 公金横領の罪で逮捕されていたが，その後に釈放されていた ——，これを拒絶して裁判闘争に訴える構えをみせた。これに対しては，オバサンジョ大統領のやや軟弱な態度に国内でも批判が高まり，さらなる情報の公開や説明義務が強く求められた。

　いずれにせよ，オバサンジョ大統領は，こうした「アバチャの公金横領事件」を通じて，国内における汚職の防止をいわば本気で取り組まざるを得なくなったのである。

## ⑵　汚職防止委員会の設置

　政治腐敗と公金横領が絶えなかったナイジェリアでは，その共和国憲法において，「国家の基本的な理念・目的」の一つとして，汚職と権力の悪用の防止が謳われてきた。その条文は，シャガリ文民政権時代の「1979年共和国憲法」および現行の「1999年共和国憲法」の各々第15条第5項に規定されている。しかし，憲法違反としての汚職は，その後も続いてきた。

　オバサンジョ大統領は，こうした汚職を防止するため，二つの重要な委員会を設置した。その一つは，2000年9月に設置された独立汚職等防止委員会（Independent Corrupt Practices and Other Related Offences Commission, ICPC）であり，もう一つは，先に触れた，2003年4月に設置された EFCC である[69]。

　上述のような内外の状況を背景として，オバサンジョ大統領は，就任後4ヵ月にも満たない1999年7月13日，「ICPC 関連法案」[70]を国会に提出した。同法案は，公共部門における全ての形態の汚職を違法とし，

---

[69]　この二つの汚職防止委員会については，Enweremadu, D. U., *op.cit.*, pp. 15–30を参照。

[70]　Federal Republic of Nigeria, *The Corrupt Practices and Other Related Offences Act 2000*, Abuja, 13th June, 2000 を参照。

ICPC 設立の法的枠組みを定めた法案であるが，その成立までにはおよそ 1 年間を費やした。反対派の主張は，主として条文解釈に係わるものであった。例えば，オンド州出身のある議員は，顧問弁護士を通じて「国会は汚職に係わる立法権を有していない」として最高裁判所に提訴したが，これは退けられた。おそらくは，身に覚えのある国会議員がこれに追随したのであろうが，ともあれ，2000 年 6 月 13 日，同法案はほぼ無修正で承認された。

　これを受けて，同法の第 3 条に基づき，2000 年 9 月に ICPC が発足した。その主たる権限は，国民などから摘発された被疑者に係わる調査・査問・財産の押収・逮捕などであり（第 6 条，第 27〜42 条），逮捕権については，既存の警察法の枠内で行われることになった（第 4 条）。また，汚職の定義は，賄賂・詐欺・その他の犯罪を含むとされており（第 2 条），犯罪の内容に応じて，1〜10 年間の入監（保釈金制度あり）が事細かに規定されている（第 8〜26 条）。

　こうして，ICPC の設置は，汚職防止策としては，過去に例を見ないほど画期的であったが，二つの限界を抱えていた。その一つは，同法が成立する以前の過去の汚職については対象外になることであり（第 6 条），二つ目は，汚職の対象が公務員に限定され，民間人は除かれていたことである（第 2 条）。これらの限界に対して，世論の批判が集中した。

　そこで，オバサンジョ大統領は，EFCC の設立に向かうことになったのである。今度は，議会における反対意見はほとんど見られなかった。その理由は，先進諸国を中心として 1989 年に結成されていた，主としてマネー・ロンダリングの撲滅に係わる金融活動作業部会（Financial Action Task Force, FATF）など，国際世論の圧力があったことと，国会議員たちが，「419 号事件」として悪名の高い詐欺事件や銀行業界における不正取引の防止に繋がると，考えたからである。

　EFCC は，2003 年 4 月 11 日に発足したが，ICPC と比べて特徴的なのは，①過去に発生した汚職についても適用されること，②公務員・民間人を含むすべての個人や機関に対して適用されること，および③委員構

成が広範囲に及んでいることである[71]。

　このうち，最後の委員構成を見てみると（同法第2条），汚職防止に係わる，少なくとも15年以上の経験者を委員長として，中央銀行総裁（または代理者，以下，同じ），連邦外務相，連邦財政相，連邦法務相，国家薬物取締局長，国家情報局長，国家保安委員会委員長，企業委員会委員長，証券取引委員会委員長，預金保険企業会長，保険委員会委員長，郵政局長，情報委員会委員長，国税局長，移民局長，警察庁長官，金融・銀行・法律・会計の専門家が各1名，および事務長の合計22名が列挙されている。また，EFCCの下部組織として，組織強化，金融犯罪，その他の経済犯罪，情報，全般的実施，法律相談に係わる6つの専門部会が設置され，発足当初の職員数は500名を超えていた。

　これらを維持する予算措置については，初年度が7億ナイラ（約500万ドル），第2年度が11億ナイラ（同800万ドル）であった。2000〜2004年の5年間で5億ナイラ（同300万ドル）の支出であったICPCとは雲泥の差である。

　それでは，ナイジェリアから汚職は一掃されたのであろうか。第19表は，EFCCによって2005〜2011年に告発された主な公金横領事件を示したものであるが，在任期間や告発日からも窺えるように，州知事や連邦政府の閣僚を含む政治家・高級官僚による公金の横領がなおも続いている。これらの事件のうち，例えば，プラトー州知事のJ.ダリィェ（Joshua Dariye）の場合には，2004年9月2日，外遊中のロンドンで未申告の9万ポンド（約11万7900ドル）を所持していた罪でロンドン警視庁によって逮捕された。同警視庁は，同州知事がマネー・ロンダリングをしているとの情報をすでに持っていたが，取り調べの結果，8つの銀行口座に200万ポンド（同260万ドル）を不正預金しているのが発覚して，同預金は凍結された。ダリィェは保釈されて帰国したが，EFCCの調査によって，7億ナイラの公金横領が発覚したのである。

---

[71]　Federal Republic of Nigeria, *Economic and Financial Crimes Commission (Establishment, Etc) Act*, Abuja, 4th June, 2004（2002年法の改定版）。

第19表　経済金融犯罪防止委員会により告発された主な政治家・官僚：
2005～2011年

| 氏名 | 主な役職 | 在任期間<br>（年） | 横領金額<br>（億ナイラ） | 告発日<br>（年月） |
|---|---|---|---|---|
| 1. T. バログン | 連邦警察庁長官 | 2002～2005 | 130 | 2005. 4. |
| 2. D. アラミエイェセイグハ | バイェルサ州知事 | 1999～2005 | 1.9[2] | 2005.12. |
| 3. A. アウドゥ | コギ州知事 | 1999～2003 | n.a.[3] | 2006.12. |
| 4. J. ダリィェ | プラトー州知事 | 1999～2007 | 7 | 2007. 7. |
| 5. O. カル | アビア州知事 | 1999～2007 | 50 | 2007. 7. |
| 6. S. トゥラキ | ジガワ州知事 | 1999～2007 | 360 | 2007. 7. |
| 7. J. ニャメ | タラバ州知事 | 1999～2007 | 13 | 2007. 7. |
| 8. C. ンナマニ | エヌグ州知事 | 1999～2007 | 53 | 2007. 7. |
| 9. J. イボリ | デルタ州知事 | 1999～2007 | 92 | 2007.12. |
| 10. A. ファヨセ | エキティ州知事 | 2003～2006 | 12 | 2007.12. |
| 11. L. イグビネディオン | エド州知事 | 1999～2007 | 43 | 2008. 1. |
| 12. I. オバサンジョーベロー[1] | オグン州議員 | 2007～2011 | 0.1 | 2008. 4. |
| 13. A. グランジェ | 連邦保健相 | 2007～2008 | 3 | 2008. 4. |
| 14. G. アドゥク | 連邦国務相 | 2007～2008 | 3 | 2008. 4. |
| 15. B. ボリシャデ | 連邦航空相 | 2005～2006 | n.a.[3] | 2008. 7. |
| 16. F. ファニーカヨデ | 連邦航空相 | 2006～2007 | 2.5 | 2008. 7. |
| 17. M. ボトマング | プラトー州知事 | 2006～2007 | 15 | 2008. 7. |
| 18. B. ハルナ | アダマワ州知事 | 1999～2007 | 2.54 | 2008. 8. |
| 19. R. ラドジャ | オヨ州知事 | 2003～2007 | 60 | 2008. 8. |
| 20. O. ジョージ | 連邦港湾局長 | 1999～2003 | 1,000 | 2008. 8. |
| 21. N. ウグバネ | 連邦上院動力委員長 | n.a.[3] | 52 | 2009. 5. |
| 22. N. エルメル | 連邦下院動力委員長 | n.a.[3] | n.a.[3] | 2009. 5. |
| 23. I. パウリヌス | 連邦下院農村開発委員長 | n.a.[3] | n.a.[3] | 2009. 5. |
| 24. J. モハンメド | 連邦下院動力副委員長 | n.a.[3] | n.a.[3] | 2009. 5. |
| 25. A. バファラワ | ソコト州知事 | 1999～2007 | 150 | 2009.12. |
| 26. A. アダム | ナッサラワ州知事 | 1999～2007 | 1 | 2010. 3. |
| 27. N. エルールファイ | 連邦首都領相 | 2003～2007 | n.a.[3] | 2010. 5. |
| 28. H. ラワル | 連邦労働住宅相 | 2008～2010 | 750 | 2011. 5. |
| 29. D. バンコレ | 連邦下院議長 | 2007～2011 | n.a.[3] | 2011. 6. |
| 30. U. ナファダ | 連邦下院副議長 | 2007～2011 | 244 | 2011. 6. |

（注）1）オバサンジョ元大統領の娘。2）単位は100万ドル。3）「n.a.」は不明。
（出所）(1)　Human Rights Watch, *Corruption on Trial?*, January 2011, pp. 1–10.
　　　　(2)　Mohammed, U., "Corruption in Nigeria : A Challenge to Sustainable Development in the Fourth Republic," *European Scientific Journal*, Vol. 9, No. 4, February 2013, pp. 130–131 より作成。

　また，2005年9月17日には，産油州であるバイェルサ州知事の D. ア
ラミエイェセイグハ（Diepreye Alamieyeseigha）が，同じくロンドンで
未申告の10万ドルを所持していて逮捕された。彼のロンドン市内の別

宅から100万ドルの現金，そして銀行口座からは80万ポンド（同104万8000ドル）の不正預金が見つかった。彼もまた保釈後に帰国したが，EFCCの告発によりラゴスの高等裁判所で査問され，1999〜2005年の7年間で10億ドル以上のマネー・ロンダリングをした罪で有罪判決を受けた。

　なお，その発足から2006年までの間に，ICPCは1,846件，EFCCは5,400件の汚職事件を受理し，そのうち185件と300件について有罪が確定した。両委員会が回収した横領金は，各々39億ナイラと7,250億ナイラ，合計で7,289億ナイラに達している。また，EFCCが2003年4月〜2006年6月までの3年間で逮捕・査問した人数は3,000人以上に上っている[72]。

　こうした，官民を問わず蔓延する汚職事件に対する批判が，ナイジャー・デルタにおける武装集団にとっては，自己正当化の理由の一つになっていたのであり，また，ナイジェリアにおける貧困問題が容易に緩和・解消されないことの大きな原因でもある。これらの被告人の中に，オバサンジョ大統領の娘であるI. オバサンジョ−ベロー（Itabo Obasanjo-Bello）が含まれていたことは，同大統領にとって痛恨の極みであったに相違ない。

---

[72]　Enweremadu, D. U., *op.cit.*, p. 98を参照。

# Ⅳ　「アムネスティ計画」とその展望

　連邦政府によるアムネスティ（特別恩赦）の提示は，これが初めてではない。すでに触れたように，1966年2月にNDVFを率いて「12日間の共和国」を闘ったボロは，死刑の判決を受けながらも，ゴウォン国家元首によって特別恩赦を与えられて，連邦政府軍のためにビアフラ戦争に従軍した。また，2004年9〜10月には，オバサンジョ大統領の仲裁によって，NDPVFのアサリとNDVSのトムが，多額の補償金と引き換えに一部の武装解除に応じている。

　だが，2009年6月25日にヤラドゥア大統領が公布した「アムネスティ計画」は，ナイジャー・デルタにおける武装集団の大半がこれに応じたという点において，極めて画期的であった。以下では，その具体的な内容と，そこに含まれる幾つかの問題点について考察してみたい。

## ■1 大統領特権による「特別恩赦令」の提示

「1999年共和国憲法」の第175条第1項には，「大統領は，如何なる罪状を持つ如何なる人物に対しても恩赦を与え，その法的状態から自由にすることができる」という，大統領の特権が規定されている[73]。

　ヤラドゥア大統領は，この大統領特権に基づき，「特別恩赦令」を公布した。その全文が日刊紙『ヴァンガード』に掲載されたが，その内容は，付表3に見られる通りである。それによると，①連邦政府がこれまでナイジャー・デルタの持続可能な発展のために十分な諸政策を実施してこなかったことを率直に認めた上で，②ナイジャー・デルタの武装闘争が国家の平和，安全，秩序を乱し，また経済を危機的状況に追いやっ

---

[73]　*The Constitution 1999*, Chapter VI, The Executive, Part I, Federal Executive, D, The Public Service of the Federation, 175, Prerogative Mercy, Abuja を参照。

ているので，③2009年10月4日までに武装を解除した者に対して無条件の特別恩赦を与え，また，④この特別恩赦は，現在入獄中の者にも適用される，というものであった。

　この特別恩赦は，単なる恩赦に留まらず，①武器の引き渡し（Disarmament）と②武装集団の解体（Demobilization）に加えて，③社会復帰（Reintegration）の3段階を含むものであった。すなわち，ナイジャー・デルタの社会・経済開発を念頭に置いたものであり，「アムネスティ計画」，あるいは上記の頭文字を採って「DDR作戦」とも呼ばれている[74]。

　ただし，武装集団が無条件にこのDDR作戦に応じることは考えられず，武装解除者に対しては，社会に復帰するまでの間，1日当たり1,500ナイラの日当と，それに加えて月額2万ナイラの住宅手当など，合計で月額6万5000ナイラが支給されることになった[75]。最低賃金が月額7,500ナイラの水準であるナイジェリアにおいては，破格の待遇であると言ってよい。連邦政府は，当初，武装集団のキャンプ地はナイジャー・デルタ各地に50ヵ所，投降者の人数は1万人と予測しており，これに応じて，連邦議会は，関連経費を含めて102億ナイラもの巨額の予算措置を承認したのである[76]。

　なお，連邦政府は，このDDR作戦を実施するためのアムネスティ委員会を設置し，ナイジャー・デルタ開発委員会（NDDC）の前委員長であるT. アライベ（Timi Alaibe）を委員長兼大統領特別補佐官に任命した。なお，ヤラドゥア大統領が2009年11月23日に病気療養のため出国し，2010年2月9日以降，副大統領のジョナサンが大統領代行を務め

---

[74]　Ibaba, I. S., "Amnesty and Peace-Building in the Niger Delta : Addressing the Frustration-Aggression Trap," *Africana*, Special Issue : *The Niger Delta*, Vol. 5, No. 1, 2011, p. 246を参照。

[75]　"Amnesty : FG declares N20,000 monthly stipend for Repentant Militants," *Vanguard*, 18th July, 2009.

[76]　"Ex-militants get N10.2bn, JTF warns MEND," *Do.*, 9th October, 2009.

ていたが，同年5月5日のヤラドゥア大統領の病死に伴い，「1999年共和国憲法」第136条第1項の規定 (77) によって，ジョナサンが同6日に大統領に就任している。

## ② 武装集団の対応

### (1) 武器の引き渡し

「DDR作戦」の第1段階である「武器の引き渡し」は，2009年8月6日〜10月4日にかけて実施された。連邦政府は，当初，一人につき1丁の武器を回収することを考えていたが，現実には，武器の数よりも兵士の人数の方が多いこと，また兵士の中には「偽兵士」が含まれることが予想されたので，武装集団ごとに，各リーダーが所属兵士の名簿を作成して，その名簿と一緒に武器が引き渡されることになった。2009年10月4日の期限までに2万182名が投降してアムネスティ委員会に登録されたが，その州別内訳については，第20表に示した通りである。同表に見られるように，リヴァーズ州が6,997名（全体の34.7%）と最も多く，これにバイェルサ州の6,961名（34.5%），デルタ州の3,361名（16.7%）が続いており，この3つの州で全体の85.8%を占めている。また，女性兵士も133名含まれているが，その主な役割は，武器庫の管理や軍事キャンプ周辺の監視などであったという (78)。武装集団側からの強い要請により追加の投降が認められて，アライベの後を引き継いだアムネスティ委員会のK.クク（Kingsley Kuku）委員長の発言によると，最終的な投降者数は2012年10月時点で3万名になった (79)。この数は，

---

(77) *The Constitution 1999*, Chapter VI, The Executive, Part I, Federal Executive, A, The President of the Federation, 136, Death, etc, of President-elect before Oath of Office, Abuja を参照。

(78) "Tales from repentant female militants : We were as daring as the men," *Vanguard*, 28th March, 2013.

(79) "Nigeria enlists 30,000 ex-militants in Presidential Amnesty Programme, says Kuku," *Premium Times*, 24th December, 2012.

第20表　アムネスティ計画に合意した投降者：2009年
10月4日時点

（単位：人）

| 州 | 男性 | 女性 | 合計 |
|---|---|---|---|
| リヴァーズ | 6,958 | 39 | 6,997 |
| バイェルサ | 6,900 | 61 | 6,961 |
| デルタ | 3,361 | 0 | 3,361 |
| オンド | 1,198 | 2 | 1,200 |
| エド | 450 | 0 | 450 |
| イモ | 297 | 3 | 300 |
| アクワ・イボム | 155 | 8 | 163 |
| クロス・リヴァー | 159 | 1 | 160 |
| 不明 | 571 | 19 | 590 |
| 合　計 | 20,049 | 133 | 20,182 |

（出所）Amnesty Committee, *Amnesty Programme*, Abuja
　　　　（http://www.nigerdeltaamnesty.org/, 2011年9月10日
　　　　にアクセス）より作成。

連邦政府が当初に予想した人数の3倍である。
　第21表は，2009年10月4日までに投降した武装集団の主たるリー
ダーと武器類について示したものであるが，同表に見られるように，ア
サリの率いるRNDPVFを除き，MENDなどの主たる武装集団が投降に
合意して，武器類を引き渡している。武器類の総数とその種類の詳細に
ついては明らかではないが，2009年10月4日時点において，機関銃類
が3,454丁，ライフル類が2,909丁，ダイナマイト類が1,853個，弾薬類
が29万5,203個に達したと言われている[80]。少なくとも弾薬数において
は，連邦警察の装備を上回っている。これらの武器類はエヌグ州エヌグ
の陸軍基地に輸送されて廃棄処分にされる予定であるが，「高価な武器
類を廃棄するのはもったいない。連邦警察や国軍の装備に再利用すべき
である」との意見も出された[81]。また，これだけの武器類と3万人の兵

---

[80]　"FG destroys ex-militants weapons today," *Vanguard*, 25th May, 2009.

[81]　"Akpososo urges FG not to destroy arms surrendered by ex-militants," *Do.*, 2nd
November, 2009.

第21表　主な投降者：2009年7月3日～10月4日

| 投降日[1] | リーダー格の投降者 | 武装集団[2][3] | 投降地（州） | 部下[3] | 引き渡された主な武器類（数）[3] |
|---|---|---|---|---|---|
| 7月3日 | A. オウェイ | MEND | バイェルサ | n.a. | 汎用機関銃 (3), AK47・ポンプ式ライフル (50), 短銃, ダイナマイト (多数), 弾薬 (多数), 高速ボート (17) |
| | L. ジャクソン | MEND | アクワ・イボム | <0 | n.a. |
| | J. マッキーヴァー | MEND | バイェルサ | 300 | 汎用機関銃 (15), AK47等ライフル (100), 手榴弾発射器 (7) |
| | E. オグンボス | NDVF | バイェルサ | n.a. | n.a. |
| 13日 | H. オカー | MEND | 獄中より釈放 | — | — |
| 8月13日 | S. ジョージ | アウトローズ | リヴァーズ | 20 | 汎用機関銃 (4), ライフル (40) |
| | S. テグベラ | MEND | リヴァーズ | <0 | n.a. |
| 20日 | S. ソディ グバレ W.J. オチン | n.a. | リヴァーズ | <9 | 銃器類 (50), 弾薬 (1,000) |
| 22日 | E. V. ベン | MEND | バイェルサ | 1,000 | 汎用・他機関銃 (51), AK47等ライフル (136), 迫撃砲 (25), 手榴弾発射器 (13), 手榴弾 (105), ダイナマイト (34), 弾薬 (95,970), 武器運搬車 (49), 武装ボート (14), 他銃器類 (295), 防弾チョッキ (25) |
| 9月2日 | R. オコボ | NDFF | エド | <0 | 機関銃 (11), AK47等ライフル (9), 弾薬 (115), ダイナマイト (4) |
| 29日 | E. アサバンベウェイ | MEND | デルタ | 250 | 機関銃・ライフル (71), ダイナマイト |
| | J. トーゴ | MEND | デルタ | n.a. | 汎用・他機関銃 (21), AK47等ライフル (17), 弾薬, 高速ボート (30) |
| 10月3日 | A. トム | NDVS | リヴァーズ | 5,000 | 汎用・他機関銃, ライフル, 手榴弾, 手榴弾発射器 (6), AK47・FN・G3等ライフル (105), ダイナマイト (20) |
| 4日 | G. エクペムポロ | MEND | デルタ | 5,000 | 汎用・他機関銃 (21), 手榴弾発射器 (20), 対空高射砲, 迫撃砲, 防弾チョッキ (多数) |

(注)　1）投降に合意した日、または武器類を引き渡した日。2）MEND：ナイジャー・デルタ解放運動、NDVF：ナイジャー・デルタ自警軍、NDFF：ナイジャー・デルタ自由国土団、NDVS：ナイジャー・デルタ自警サービス。3）部下の単位は人、「n.a.」は不明、「-」は該当なし。

(出所)　(1) Vanguard, 3rd July; 14th July; 21st August; 22nd August; 24th August; 28th August; 29th September; 1st October; 4th October; 5th October, 2009.

(2) Gilbert, L. D., "Youth Militancy, Armed and Security in the Niger Delta Region of Nigeria," in Ojakorotu,V. and L. D. Gilbert, eds., Checkmating the Resurgence of Oil Violence in the Niger Delta of Nigeria. Abuja, Integrity, December 2011, pp. 59-61 より作成。

士があれば，国軍と十分に戦えるとも言われ，エド州出身の上院議員である R. オウェイ（Rowland Owei）などは，「彼らは下手な組織よりも訓練を積んでおり，また武器の扱いにも慣れている。州警察や沿岸警備隊を新設して，彼らの再就職先にすべきである」と，連邦政府に進言しているほどであった[82]。

　武装集団の投降と武器の引き渡しは，ある種の「セレモニー」として実施された。例えば，2009年8月22日，MEND のバイェルサ州指揮官を務めていたベンは6人の幹部とおよそ1,000人の兵士とともに投降し，同上表に見られるような多数の武器類を引き渡した。その時，投降の「証し」として MEND のロゴ入りの防弾チョッキをバイェルサ州の上級職員に手渡した。これを受け取った同州知事の T. シルヴァ（Timipre Sylva）は，この8月22日を同州の毎年の「平和回復の祝日」にすると宣言した[83]。

　また，2009年10月3日，NDVS のトムは，軍事キャンプのあるクリークから20隻の武装ボートの船団を率いてポート・ハーコート市に上陸し，トムを称える歌をオクリカ語で合唱しながら市内の目抜き通りを行軍し，5,000人とも言われた配下の兵士や，リヴァーズ州知事の C. R. アマエチ（Chibuike Rotomi Amaechi）たちが同席する海岸部の引き渡し場所に到着している。トムは，「武装解除後は故郷のオクリカに帰って，人々のために尽くしたい。だが，政治家にはならない。政治家たちは，嘘をついて，大衆を扇動するから」と語っているが，いわゆる「リヴァーズ州政府御用派」と目されてきた彼の，政治家に対するこの発言は極めて印象的である。

　セレモニーとしての極め付きは，同年10月4日の投降期限当日に行われた，MEND の最高幹部であるエクペムポロの投降であった。彼は，入獄中のオカーの後継者と目されていたが，前日にアブジャでヤラドゥ

[82] "Ex-militants : Owei tasks FG on establishment of state police," *Do.*, 9th October, 2009.

[83] "Amnesty : militants surrender 520 arms, 14 gunboats in Bayelsa," *Do.*, 22nd August, 2009.

ア大統領と個別会談を終えた後，アブジャからナイジェリア空軍機でデルタ州のオスビ空軍基地に降り立った。同空軍機には，デルタ州知事のE. ウドゥアガン（Emmanuel Uduaghan），連邦国防相でアムネスティ委員会武装解除部会長の G. アッベ（Godwin Abbe）元陸軍少将，および大統領特別補佐官のアライベが同乗していた。同空軍基地には，「我々の英雄トムポロ（Tompolo）」——トムポロは，エクペムポロのコマンド名——と染め抜かれた T シャツを着た5,000人とも言われた配下の兵士や多数の一般人が待ち受けており，その面前で，エクペムポロがアッベ連邦国防相に武器を引き渡したのである。

　ちなみに，同空軍基地に参集していた，エクペムポロの実弟でデルタ州ワリ南西地方政府議会議長を務めている H. G. エクペムポロ（Hon. George Ekpemupolo）は，「兄がアムネスティ計画に合意してくれて良かった。兄が武装集団のリーダーだったので，地方政府議会議長としてやり難かった」との感想を語っている[84]。

## ⑵ 武装集団の解体

　それでは，ナイジャー・デルタにおける武装集団は解体されたのであろうか。先に触れたように，RNDPVF のアサリは投降を拒否した。彼は，「1914年の英領植民地（南北統合）以前には，カラバリ（Kalabari），ウルホボ，エドなどの国家が存在した。この強制され，かつ誤った統合を解体することが必要である。独立民族評議会の設置こそが，奴隷状態にあるナイジャー・デルタの苦境を救うための最低限の要求である。アムネスティ計画は，何ら問題の解決にはならない。我々は，4,000人の兵士とともに戦いを続ける」と語っている[85]。

　他方，MEND については，上述のベンは「武器の引き渡しを命令できるような人物はもういない。MEND は死んだ」と語っているが，これに対しては，スポークスマンのグボモは——明らかに，オカーでは

[84] "Post-amnesty : How Govt'll engage ex-militants, —Abbe," *Do.*, 5th October, 2009.

[85] "Amnesty deadline : Militants in last minute rush to surrender," *Do.*, 4th October, 2009.

ない───,「オカーやその他のリーダーたちの投降は，各々の事情によ
る個人的な判断にすぎない。それは，MENDの組織的な決定ではない」
と反論している[86]。

　こうして，前掲第８表に見られるように，武装集団による襲撃は，
2010年以降も減少はしていない。さすがに，投降期限後の２ヵ月間に
襲撃事件はなかったが，同年12月19日に襲撃が再開されて，2010年
には，前年の35件を上回る42件の襲撃事件が発生している。この42
件の襲撃事件のうち，MENDは５件について犯行声明を公表してい
るが，MENDの南部地区の幹部であるK. S.トルグヘディ（Kile Selky
Torughedi）など，投降を拒否した一部の幹部たちが部下を率いて襲撃
を続けたからである。

　こうした襲撃事件の継続に対して，ジョナサン大統領はアムネスティ
計画への追加登録を認めて，先に触れたように，最終的な投降者数は
2012年10月時点で３万名に達したのである。日刊紙『ヴァンガード』
の掲載記事を追いかけてみる限り，2013年９月以降，2014年９月時点
に至るまで，既存の武装集団による大規模な襲撃事件は発生していない
ようである。盗油や原油の不法精製などはまだ続いているが，産油量
は，アムネスティ計画が導入される以前の2009年６月時点の日産70万
バーレルから，2012年５月には同240万バーレルの水準にまで回復して
おり[87]，過去15年に互って展開されてきた「石油戦争」は ── 少なく
とも熾烈な襲撃事件という意味では ── ほぼ落ち着いたと言ってよいで
あろう。

　なお，ここで，NDPVF・RNDPVFのアサリについて，改めて簡単
に触れておきたい。彼は，1964年６月１日，リヴァーズ州のポート・
ハーコートで高等裁判所の判事を父として生まれ，すでに50歳を迎え
ている。アサリ自身の回顧談によると，クロス・リヴァー州にあるカラ
バル大学法学部に1988年に入学したが，当時のババンギダ連邦軍事政

───────────

[86]　*ibid.* を参照。

[87]　"FG to train 200 ex-militants in Ondo," *Vanguard*, 24th May, 2012.

権の経済政策に反対する学生運動に参加した時，すぐ近くにいた女子学生が警察官に発砲されて重傷を負った。アサリは，血だらけの彼女を抱き抱えつつ闘争家になろうと決心し，また，これをきっかけとして，キリスト教徒からイスラーム教徒に改宗したという[88]。彼は，1990年に同大学を中途退学した後，1992年にはリヴァーズ州政府の下院議員選挙に立候補したが，これは落選した。その後，1998年に IYC の副議長，そして2001年に同議長に就任したことは，すでに触れた通りである。

　北部のイスラーム教徒と南部のキリスト教徒との対立という，ナイジェリア全体における「南北対立」の構図から見れば，その大半がおそらくはキリスト教徒であろうと考えられるナイジャー・デルタの青年層を率いて，イスラーム教徒に改宗したアサリが武装集団のリーダーに君臨したのは，やや意外にも感じられる。だが，考えてみれば，カラバル大学であれ，イバダン大学であれ，キャンパス内には教会とモスクが共存しているのである[89]。換言すれば，一部の原理主義者を除いて，宗教対立は日常的に生じているものではなく，貧困や社会的疎外などの要因が昂じた時に，表面化するものなのである。なお，アサリは，北部のイスラーム原理主義集団であるボコ・ハラムが2014年4月にボルノ州で起こした女子中高校生200名以上の誘拐・拉致事件に対しては，「あれは，ペテン師のやることだ」と批判している[90]。

　アムネスティ計画の登録期限後も，アサリの RNDPVF がしばらくの間，襲撃事件を繰り返したことは明らかである。だが，その後のアサリ自身の言動を見ていると，武装闘争からは一歩身を引いて，2015年に予定されている総選挙において，ある意味では同朋のイジョ人であるジョナサン大統領を再選させるべく政治活動に向かったように思われる。

---

[88]　"Dokubo-Asari at 50 : I became radicalized after converting to Islam," *Do.*, 14th June, 2009.

[89]　筆者は，1994～1995年にかけて，両大学を訪れる機会を得た。

[90]　"Chibok kindnap a scam, says Asari Dokubo," *Vanguard*, 19th May, 2009.

アサリは，同大統領を支持する発言を繰り返しているが[91]，彼の主張する「独立民族評議会」の実現を次期のジョナサン政権下で試みようとしたのかも知れない —— すでに触れてきたように，2015年の大統領選挙では，ジョナサンは落選したが ——。他方で，ジョナサン大統領は，2012年9月17日，2012年度の連邦政府主催のメッカ巡礼団の15名のメンバーの中に，ナイジェリアにおけるイスラームの最高指導者であるソコトのスルタン，M. サード（Muhammad Sa'ad）などと共に，アサリを含めると公表している[92]。これは，イスラーム教徒にとっては大変な名誉であり，しかも，アムネスティ計画を批判し，投降に応じていない現役の武装集団のリーダーに対する対応としては，破格の取り計らいである。ここにおいても，ジョナサン大統領とアサリとの，ある種の奇妙な関係が垣間見られるのである。

　他方，2009年7月13日にアムネスティ計画に早々に合意し，字義通りの特別恩赦を受けて獄中から釈放されたオカーは，その後どうしたのであろうか。オカーは，釈放後に病気療養のため，永住権を持つ南アフリカに出国していたが，2009年10月19日，大統領の専用機でヨハネスブルグからアブジャに帰国し，ヤラドゥア大統領と秘密会談を持った。当時の同大統領自身，持病の心臓疾患を抱えていたが —— 同会談の1ヵ月後の2009年11月23日，病気療養のためサウジアラビアに向けて出国している ——，オカーをわざわざ呼び寄せ，アムネスティ計画への協力を要請したのである。これに対して，オカーは，「憂国の士として，如何なる協力も惜しまない」と返答したという[93]。

　オカーは，アサリとは異なり，マスコミの前に姿を現すことはほとんどなかったが，その後，2010年10月2日，ヨハネスブルグの自宅で南アフリカの警察によって逮捕・拘禁された。その罪状は，前日

---

[91]　"Jonathan will occupy Aso Rock for 8 years, Asari Dokubo," *Do.*, 3rd March, 2012.

[92]　"FG appoints Sultan, Dokubo as members of Haji delegation," *Do.*, 18th September, 2012.

[93]　"Yar'Adua, Henry Okah hold secret talks," *Do.*, 20th October, 2009.

の10月1日のアブジャにおける，ナイジェリア独立記念式典での爆
破事件 ── 2台の自動車が爆破され，12名が死亡して36名が負傷し
た ── を含む，13件のテロリズムを指揮・実行した，というもので
あった⁽⁹⁴⁾。

　とりわけ，オカーが逮捕の「前日に」アブジャに居たのか否か，当日
の爆破事件を指揮したのか否かなどを巡って，オカー自身と南アフリカ
の検察当局の双方がナイジェリアから多数の目撃証人を呼び寄せて長期
に亙る裁判を争ったが，結局のところ，2013年3月26日，ヨハネスブ
ルグの高等裁判所は，オカーに対して懲役24年（執行猶予5年）の実
刑判決を言い渡した⁽⁹⁵⁾。永住権を持つとは言え，外国籍の人物に対して
テロリズム容疑で実刑判決を下したのは，南アフリカにとっても初めて
の事例であったという。

## ③「アムネスティ計画」の実施とその限界

　武装集団の元リーダーたちに留まらず，政府関係者を含めて多くの
人々が強調するように，アムネスティ計画の最終的な成否は，DDR作
戦の第3段階である「元兵士たちの社会復帰」を如何に進めていくの
か，という点に集約されることになる。「社会復帰」とは，換言すれば
「就職」であり，そのためには，何らかの知識や技術を身に付けねばな
らない。同計画に登録済みの3万人の元兵士たちに対して，如何に職業
訓練を行い，また如何なる職場を確保していくのか ──，連邦議会にお
ける巨額の予算措置の承認を含めて，これは容易なことではない。そこ
には，様々な問題が横たわっているように思われる。

　まず，先に触れたように，元兵士に対しては，社会に復帰するまでの
間，月額6万5000ナイラが支給されることになったが，その支給方法
がやや曖昧である。すなわち，この支給金は，3万人の元兵士たちに直

---

⁽⁹⁴⁾　"S. Africa court defers Okah sentencing," *Do.*, 1ˢᵗ February, 2013.

⁽⁹⁵⁾　"Abuja, Warri Bombing : Henry Okah to spend 24 yrs in prison," *Do.*, 27ᵗʰ March, 2013.

接的に支払われるのではなく，各武装集団の元リーダーや幹部たちの個人の銀行口座に――毎月の28日あるいはその前日までに――，まとめて振り込まれ，そこから配下の元兵士たちに渡される仕組みになっている。元リーダーや幹部たちの個人口座には膨大な金額が振り込まれることになるが，ここで，元部下たちへの支払いの遅滞や「ピンハネ」が生じる余地がある。

　例えば，2009年9月4日には，バイェルサ州のイェナゴアの町で，ベン配下の元 MEND 兵士200名が「ベンは，1,000万ナイラに上る我々の金を支払え！」との抗議デモを起こして，数時間に互って幹線道路を封鎖している[96]。他方では，2010年11月には，4,000名分の支給金を預かっていたポート・ハーコートの商業銀行の経営者が，過去1年間に互って，一人当たり6万5000ナイラの支給金から5,000ナイラずつを横領していたとして，告発されている[97]。

　また，連邦政府のアムネスティ計画に対する予算措置も莫大な金額に達して，アムネスティ委員会のクク委員長によると，2014年度には358億3000万ナイラの支出が見込まれるという[98]。この金額は，2014年度連邦政府予算案における経常支出3兆5420億ナイラの1％を占めるにすぎないが，農業・農村開発省の314億9350万ナイラ，労働省の285億35万ナイラ，あるいは大統領府の250億1672万ナイラなど，多くの連邦政府省庁の経常予算額を上回る規模である[99]。

　なお，このアムネスティ計画に対しては，内外からの支援も多く，例えば，欧州連合（European Union, EU）は，2009年12月に，向こう5年間に互って，合計6億7700万ユーロ（約1,386億ナイラ）をナイジェリア連邦政府に対して支援するとしている。他方では，2011年2月には，

---

[96]　"Amnesty : Militants protest in Yenagoa," *Do.*, 5th September, 2009.

[97]　"Ex-militants allege fraud in payment of allowances," *Do.*, 10th November, 2010.

[98]　"FG to spend N35.83 bn on ex-militants in 2004," *Do.*, 28th February, 2014.

[99]　Budget Office, Federal Ministry of Finance, *Understanding Budget 2014*, Abuja, 2014, pp. 10–11 を参照。

シェル石油会社をはじめとする石油業界が3,000万ドル（約46億1580万ナイラ）を寄付すると申し出たが，クク委員長は「石油会社の数とその収益に比べると，少なすぎる」として，これを拒否している[100]。

　それでは，元兵士たちの「職業訓練」は如何に行われるのであろうか。元兵士たちは，2,000名ほどの集団に分けられ，順次，研修に入っていくことになるが，①まず，政府系機関や国立大学の施設などを利用して設置された研修所 —— 一部は増設，リヴァーズ，バイェルサ，およびクロス・リヴァーの３州に各々２ヵ所ずつ，合計６ヵ所に設置された —— において，数百人単位で２週間の予備研修を受けた後，②国内外の政府系機関や大学などで業種別の職業訓練や教育を６〜９ヵ月間（学部教育の場合には４年間）に亙って受けることになる。

　リヴァーズ州では，2010年６月21日に，第１団の2,000名を対象とした２週間の予備研修がオブブラ地方政府管内にある研修センターで開始された。最初の３日間に，指紋採取を含む個人カードの作成，身体測定，健康診断など，次の５日間には「非暴力教育」，そして，最後の６日間でキャリア・カウンセリングや能力開発などの研修が実施された。この事前研修には，危機管理や能力開発などに係わる26名の専門家チームがアメリカや南アフリカから派遣されて，ナイジェリア人担当者を指導している[101]。

　この事前研修を終えた後，元兵士たちは各々の適正・能力や希望に応じて，国内外で本格的な研修・職業訓練を受けることになる。国内では，石油・天然ガス，情報，海運・海事，電気・電子機器，建設，農業，観光などの業界ごとに受入委員会が設置され，海運業界は6,000人，

[100] "FG rejects of oil firm's $ 30 m for ex-militants' training," *Vanguard*, 13th February, 2011.

[101] この専門家チームの招聘に対しては，「彼らはナイジェリアの事情に精通していない。国内にも専門家は多数いる」との批判が出されている。"Ex-militants : Biometrics, medical check-up precede training," *Do.*, 29th June, 2010を参照。

石油・天然ガス業界は1,000名の訓練生の受け入れを表明し[102]，また，国立大学も学生・大学院生として元兵士を受け入れるとしている。海外については，ガーナ，南アフリカ，アラブ首長国連邦，スリランカ，マレーシア，フィリピン，インド，イスラエル，トリニダード・トバゴ，アメリカ，イギリス，カナダ，ロシア，ポーランド，キプロスなど多数の国において，職業訓練センター，各種の政府系機関，あるいは大学などが元兵士の研修生を受け入れている。

　アムネスティ委員会のクク委員長によると，2013年4月時点において，9,192名が国内外での本研修を修了し，4,608名が研修中であった[103]。海外での職業訓練は，パイロットや船員の養成，パイプライン溶接，水中溶接，クレーン車操作，自動車整備，機械保守，保健・衛生，農業などの分野に及んでおり，また，海外研修生も1,000人を超えている。

　ただし，幾つかのトラブルもあったようである。例えば，2011年1月に海外派遣の第2次隊としてガーナの国立職業訓練センター —— 6都市に分散して研修を受講 —— に派遣された212名のうち，入国後1週間ほどで，27名がドラッグの使用などの不法行為により警察に逮捕され，ナイジェリアに強制送還されている。彼らの全員が海外生活は初めてであり，ガーナの食事が口に合わないと不平を漏らしていたという[104]。

　その一方で，効果的な研修も見られる。例えば，2011年1月に第1次隊として南アフリカの航空アカデミーに派遣された20名（2名の女性を含む）のうち，9ヵ月後には，3名が3時間の単独飛行に成功して，民間パイロットの免許を取得した。これに感激したクク委員長は，「彼らは将来，石油・天然ガス会社のヘリコプターを操縦するであろう」との声援を送っている[105]。

[102] "Oli & gas, maritime to absorb 7,000 ex-militants," *Do.*, 24th August, 2010.

[103] "FG empowers 300 ex-Niger Delta militants," *Do.*, 12th April, 2013.

[104] "FG secures release of 27 ex-militants detained in Ghana," *Do.*, 9th February, 2011.

[105] "3 ex-militants perform solo flight at aviation academy in S-Africa," *Do.*, 5th October,

　それでは，研修を終えた元兵士たちの就職先は如何にして確保されるのであろうか。ジョナサン大統領は，2011年11月にアラブ首長国連邦の国際非暴力平和構築センターに派遣した170名の研修生に対して，アムネスティ計画としては初めて，3年間の労働ビザを発給する手続きを同国政府と取り交わし，海外での就職を推奨している。

　ただし，これは例外的な措置であり，国内における雇用機会の確保こそが重要であろう。主要な労働組合の一つである，ナイジェリア石油・天然ガス上級職員協会（Petroleum and Natural Gas Senior Staff Association of Nigeria, PENGASSAN）は，「石油精製所を6〜7ヵ所増設すると，10の石油化学会社が設立され，そこでの雇用機会が増える」と提言しているが[106]，その実現には，かなりの年月と，連邦政府に加えて内外の関連会社の多額の出資が必要である。むしろ，既存の民間会社や政府系機関が，どれほどの元兵士を雇用するのかが重要になってくる。この点，韓国企業のサムスン重工業会社（Samsung Heavy Industries Ltd.）は，2013年8月に1,000名を雇用する余地があると公表したが，おおむね，民間会社の反応はまだ鈍いように思われる。

　アムネスティ計画は，当初の予定では，2015年度で終了することになっているが，それまでに，3万人の元兵士たちの，そしてまた，元兵士以外の多くの青年層の雇用機会を如何に確保していくのか──，これは，ナイジェリア連邦政府にとって，かなりの難問であると言わねばならない。

2011.

[106]　"Oil workers demand employment for repentant militants," *Do.*, 5th October, 2009.

# V　ナイジャー・デルタ問題の解決に向けて

　もちろん，過去の連邦政権がナイジャー・デルタ問題を全く意識してこなかったわけではない。すでに触れた1958年の「ウィリンク委員会」以降，独立後においても，1960年のナイジャー・デルタ開発局（NDDB）などの開発機関の設置に加えて，複数の委員会が様々な勧告を行ってきた。それにも拘わらず，「オゴニ権利章典」や「カイアマ宣言」が強調するように，ナイジャー・デルタの人々は疎外され続けてきた。過去において，当該地域の開発に関する如何なる勧告が出され，また，何故に，効果的な開発計画が実施されてこなかったのであろうか。以下では，これらの点について見てみたい。

## �Ⅰ 歴史的経緯

　すでに触れたように，「ウィリンク委員会」は，ナイジェリアの独立に向けて，元々は少数部族問題を検討するために設置された委員会であるが，ナイジャー・デルタ地域について，「特別な地域であるが故に，特別な社会・経済開発が必要である」と認識していた点は極めて重要である。ここで言う「特別」という意味は，①当該地域には極めて多数の少数部族が居住しているのみならず，とりわけイジョ人の発言力が強固であること，②当該地域が石油開発の有望地であるので，将来において，ナイジェリアの国家財政を支える重要な地域になるであろうこと，そして③それと同時に，広範な環境汚染などの深刻な問題を引き起こして，様々な紛争をもたらす地帯になるであろう，という含みを持っていた。

　第22表に見られるように，このウィリンク委員会の勧告を受ける形で，NDDBが設置されたのであるが，運河計画などが策定されたものの，独立後の政情不安の中にあって実施には至らず，1966年1月に軍

## 第22表　ナイジェリアの歴代連邦政権とナイジャー・デルタ開発政策：1958〜2015年

| 年 月 日 | 歴代政権と主な政治的事件 | 新州増設 | ナイジャー・デルタ関連事項* |
|---|---|---|---|
| 1958. 7. 30. | | | ウィリンク委員会報告公表 |
| 1960. 10. 1. | ナイジェリア連邦独立（北部カメルーン参加） | 3州体制 | |
| 10. 16. | N. アジキィウェ総督，A. T. バレワ初代首相 | | ①ナイジャー・デルタ開発局設置 |
| 1963. 8. 9. | | 4州体制 | |
| 10. 1. | 共和政移行（第一共和政），1963憲法施行 | | |
| | N. アジキィウェ（初代大統領）政権発足 | | |
| 1966. 1. 15. | クーデター。A. T. バレワ暗殺 | | |
| 1. 16. | J. T. U. アギー イロンシ軍事政権発足 | | |
| 7. 29. | クーデター。J. T. U. アギー イロンシ暗殺 | | |
| 8. 1. | Y. ゴウォン軍事政権発足 | | |
| 1967. 5. 27. | | 12州体制 | |
| 5. 30. | C. O. オジュクゥ，ビアフラ共和国宣言 | | |
| 7. 6. | ビアフラ戦争勃発 | | |
| 1970. 1. 12. | ビアフラ戦争終結 | | |
| 1975. 7. 29. | クーデター。Y. ゴウォン追放 | | |
| | M. R. ムハンメド軍事政権発足 | | |
| 1976. 2. 3. | | 19州体制 | |
| 2. 13. | クーデター。M. R. ムハンメド暗殺 | | |
| 2. 14. | O. オバサンジョ軍事政権発足 | | |
| 1978. – – | | | ②ナイジャー・デルタ流域開発公社に改組 |
| 1979. 10. 1. | 民政移管（第二共和政），1979憲法施行 | | |
| | S. A. U. シャガリ政権発足 | | |
| 1983. 10. 1. | S. A. U. シャガリ第2次政権発足 | | |
| 12. 31. | クーデター。S. A. U. シャガリ追放 | | |
| 1984. 1. 3. | M. ブハリ軍事政権発足 | | |
| 1985. 8. 27. | クーデター。M. ブハリ追放 | | |
| 8. 30. | I. B. ババンギダ軍事政権発足 | | |
| 12. 20. | クーデター未遂。M. バッツァ，後に処刑 | | |
| 1986. 1. 13. | I. B. ババンギダ，民政移管スケジュール公表 | | |
| 1987. 9. 23. | | 21州体制 | |
| 1990. 4. 22. | クーデター未遂。G. オカール，後に処刑 | | |
| | | | ●オゴニ人生存運動（MOSOP）結成，「オゴニ権利章典」公表 |
| 8. 26. | | 30州体制 | |
| 1991. 8. 27. | | | |
| 1992. 7. – | | | ③石油鉱産物生産地域開発委員会に改組 |
| 1993. 8. 26. | 民政移管（第三共和政）。I. B. ババンギダ退陣 | | |
| | E. A. O. ショネカン政権発足 | | |
| 11. 18. | クーデター。E. A. O. ショネカン退陣 | | |
| 11. 27. | S. アバチャ軍事政権発足 | | |
| 1994. – – | | | エティエベット委員会報告公表 |
| 1996. 10. 1. | S. アバチャ，民政移管スケジュール公表 | 36州体制 | |
| 1997. 12. 21. | クーデター未遂。O. ディヤ，後に逮捕 | | |
| 1998. 6. 8. | S. アバチャ病死。A. アブバカール軍事政権発足 | | ●イジョ青年会議（IYC）結成，「カイアマ宣言」公表 |
| 12. 11. | | | ポポーラ委員会報告公表 |
| 1999. 3. 15. | 民政移管（第四共和政），1999憲法施行 | | |
| 5. 29. | O. オバサンジョ政権発足 | | |
| 2000. 7. 12. | | | ④ナイジャー・デルタ開発委員会に改組 |
| 2001. 2. 19. | | | オグムディア委員会報告公表 |
| 2003. 5. 29. | O. オバサンジョ第2次政権発足 | | |
| – – | | | ●ナイジャー・デルタ自警サービス（NDVS）結成 |
| – – | | | ●ナイジャー・デルタ人民義勇軍（NDPVF）結成 |
| 2004. – – | | | ナイジャー・デルタ開発委員会『基本計画』公表 |
| 2005. – – | | | ●ナイジャー・デルタ人民解放運動（MEND）結成 |
| 2006. – – | | | 国連開発計画『ナイジャー・デルタ人間開発報告』公表 |
| 2007. 5. 29. | U. M. ヤラドゥア政権発足 | | |
| – – | | | ●ナイジャー・デルタ義勇軍（NDSF）結成 |
| 2008. 9. 10. | | | 連邦ナイジャー・デルタ省設置 |
| 11. – | | | ミッテー委員会報告公表 |
| 2009. 6. 25. | | | 連邦政府「アムネスティ計画」公表 |
| 7. – | | | ビジョン2020作業部会『ナイジャー・デルタ/地域開発』公表 |
| 11. 23. | U. M. ヤラドゥア大統領，病気治療のため出国 | | |
| 11. – | | | 国連開発計画『ナイジェリア人間開発報告』公表 |
| 2010. 2. 9. | G. ジョナサン代行 | | |
| 5. 5. | U. M. ヤラドゥア大統領，病死 | | |
| 5. 6. | G. ジョナサン，憲法の規定より大統領に就任 | | |
| 2011. 4. 16. | G. ジョナサン，大統領選挙で当選・政権発足 | | |
| | | | 国連環境計画『オゴニランド環境評価』公表 |
| 2015. 4. 1. | M. ブハリ，大統領選挙で当選確定 | | |

（注）　*関連事項欄の○数字は，連邦政府機関の継承関係を示す。●印は，主な解放運動・武装集団を示す。
（出所）　筆者作成。

事クーデターが勃発したため，休眠状態に入ってしまった。

　その後，しばらく経たのち，オバサンジョ連邦軍事政権下の1978年にナイジャー・デルタ流域開発公社（Niger Delta Basin Development Authority, NDBDA）に改組されたが，同公社は，全国で設置された11の河川流域開発公社の一つにすぎず，1979年10月に成立したシャガリ文民政権（第二共和政）の下では，北部優先の河川流域開発計画が実施されていった。すなわち，北部の河川に人工のダムを建設して流域一帯を灌漑し，とりわけ都市生活者向けの小麦などの食糧生産と，上水道の整備を主たる目的とするものであった。

　その背景には，1972〜1973年における北部サヘル地帯の旱魃が天水のみに依存する農業生産の脆弱性を再認識させ，また，「石油ブーム」期に進展した都市化のために顕在化した食糧自給率の低落が，広大な北部の乾期における効率的な土地利用の必要性を高めたことなどがあった。いわば，ナイジェリア版「緑の革命」が推進されたのであるが，「第4次国家開発計画」期（1981〜1985年）では，11社の河川流域開発公社の下で合計100の連邦政府プロジェクトが策定され，これに75の各州政府プロジェクトを加えた「灌漑部門」には，農業部門予算額の25.5％に相当する22億5480万ナイラが計上された[107]。

　こうした中にあって，ナイジャー・デルタは「特別な地域」ではなく，多数の中の一つにすぎなくなったのであるが，その後，またしばらく経った1992年7月，ババンギダ連邦軍事政権が「布告第23号」を公布して，石油鉱産物生産地域開発委員会（Oil Mineral Producing Areas Development Commission, OMPADEC）を発足させた。これは，ナイジャー・デルタ地域の人々による開発実施の強い要求に応えたものであるが，同委員会のメンバーはババンギダ国家元首によって選任され，また，開発担当業者などもナイジャー・デルタ以外の地域から指定される

---

[107] 室井義雄「ナイジェリアの大規模灌漑計画と土地・農民問題」（『アフリカレポート』第3号，1986年9月，20〜22頁，所収）を参照。

など，OMPADEC は，むしろ汚職の舞台と化したと言われている[108]。

こうして，2000年7月，オバサンジョ民政（第四共和政）下において，OMPADEC が現行の NDDC に改組され，後述するような，当該地域の開発のための基本計画が策定されることになったのである。同上表からも窺えるように，ナイジェリアの独立以降のほぼ40年間，歴代の連邦軍事政権とシャガリ文民政権は，ナイジャー・デルタ開発の基本計画を策定せず，何ら実質的な社会・経済開発を実施してこなかったのは明らかである。オゴニ人やイジョ人を始めとする当該地域の人々が「長年，連邦政府によって無視され続けてきた」と批判する所以である。

## 2 ナイジャー・デルタ開発に係わる委員会の勧告

同上表にも見られるように，とりわけオゴニ人生存運動（MOSOP）の展開を受ける形で，1990年代の半ば以降，ナイジャー・デルタ問題を検討する複数の委員会が設置され，様々な勧告を連邦政府に対して行ってきた。以下では，そのうちの主要なものについて見ておきたい[109]。

### (1) エティエベット委員会

1993年11月，アバチャ連邦軍事政権は，オゴニ人生存運動が高揚する中で，連邦石油相の D. エティエベット（Don Etiebet）を委員長とする，各省庁間の事実確認委員会を設置した。委員長以外の委員は，M. オキロ（Melford Okilo）連邦商業観光相，A. イブル（Alex Ibru）連邦内務相に加えて，国営石油公社（NNPC），国営石油投資管理サービ

---

[108] Oboreh, J. S., "The Origins and the Causes of Crisis in the Niger Delta : The Way forward," in Ojakorotu, V., ed., *Anatomy of the Niger Delta Crisis : Causes, Consequences and Opportunities for Peace*, Berlin, Lit, 2010, p. 23.

[109] 以下の諸委員会報告については，Technical Committee on the Niger Delta, *Report of the Niger Delta*, Vol. 1, Abuja, November 2008, pp. 13–46 を参照。

ス公社（National Petroleum Investment Management Services, NAPIMS），OMPADEC の各総裁または委員長，および石油各社の社長から構成されていた。

　この「エティエベット委員会」は，産油地域の共同体を訪れて公聴会を開催したが，国軍の兵士がその護衛のために随行した。同委員会が1994年にアバチャ国家元首に対して提出した報告書の主な内容は，おおよそ以下の通りである。すなわち，「共同体の多くが，生活のための基本的ニーズを欠いているのは確かであり，彼らの不満は誇張されてはおらず，根拠のあるものである。とりわけ，リヴァーズ，デルタ，アクワ・イボム，およびオンドの各州にあるネンベ，オロイビリ，ウグボロド，イコ，イラジェ－エセ－エドなどの共同体がその良い例である」というものであった。

　同委員会は，より具体的に，①州都に通じる道路，清潔な飲料水，電気，保健・衛生，教育の各社会サービスが完全に欠落しているか，または十分に機能していない，②これらの基本的なサービスを受けられるのは，石油会社の社員が居住する地域の近郊に限られており，共同体の住民の多くは，石油会社に対する反感と社会的な不公正感・疎外感を抱いている，③環境の破壊が農地と住民の経済生活に深刻な影響を与えており，海岸部では土地の浸食が深刻で，幾つかの小さな共同体では移転を余儀なくされている，④天然ガスの焼却処分も，住民と動植物に悪影響を及ぼしており，水平的な燃焼炎の放出によって，周囲500mの土地と植生が完全に劣化し，かつ，酸性雨の被害も大きく，トタン屋根は2年おきに取り換えねばならない，⑤石油会社によって整備されるはずの道路，橋，排水溝などの諸施設も貧弱で，世界の他の産油地域の水準を大きく下回っている，⑥青年層の失業率が危険水準にまで達している，⑦通信設備が不十分で，外側世界から遮断されている，⑧石油施設の立地を巡る共同体間の抗争によって，村落が完全に破壊された地域も見られる，⑨油漏れによる環境汚染が随所に見られるが，石油会社は国際的な基準に基づく対策を講じておらず，総じて⑩地域住民の健康維持に対する無配慮の程度が凄まじい，というものであった。

　同委員会は，上記のような認識に立って，おおよそ次のような勧告を行った。まず，緊急的な対策として，①共同体間の抗争で流民化した人々に対して賠償金を支払う，②発電機，井戸，保健・衛生施設，学校，石油製品の供給所を設置する，③産油活動によって喪失した土地・樹木に対する経済的評価を行い，石油会社が賠償金を支払う，④ OMPADEC が機能的に稼働するように，脱中央集権化に向けて再組織化する，また，中・長期的な対策として，⑤イェナゴアからコロ，ネンベを経由してブラスに至る，雨期でも自動車で通行可能な道路を建設する，⑥住宅や運河を建設し，小規模手工業を推進する，⑦天然ガスの焼却を削減して，石油・天然ガスの輸出加工区を建設する，⑧石油会社と地域住民が共存できるような方向で，既存の石油法やパイプライン法を見直す，⑨産油地域の包括的な調査・研究を行い，当該地域の開発に係わる基本計画を策定する，そして⑩歳入配分については，(a)総生産額の５％を派生主義に基づき産油地域に配分する，(b)総石油収入の少なくとも５％を産油地域の環境回復に充当する，(c)石油会社の年間予算額の２％を，石油会社，NNPC，および OMPADEC などの共同管理下に置いて，産油地域の開発に充当する，というものであった。

　こうした勧告は，かなり包括的であり，また，石油収入の用途について具体的な提案を行っている点において興味深いが，しかし，アバチャ連邦軍事政権は，地域住民の大きな期待にも拘わらず，こうした同委員会の勧告案をほぼ完全に無視した。

## (2) ポポーラ委員会

　アバチャ国家元首の病死（1998年６月）後，後継のアブバカール連邦軍事政権は22名の委員から成る諮問委員会を発足させた。委員長には，O. ポポーラ（Oladayo Popoola）陸軍少将が就任し，他の委員としては，連邦労働住宅相・教育相・水資源相・保健相・動力鉄鋼相・国務相，および産油地域出身の各閣僚，OMPADEC 委員長，そして連邦軍

事政権の官僚によって構成された[110]。

　この「ポポーラ委員会」もまた，22日間に亙ってナイジャー・デルタを訪れ，産油地域の9つの州政府，地域住民代表者，シェル石油会社を始めとする石油会社7社，および非政府組織などから聞き取り調査を実施した。同委員会がアブバカール国家元首から委託された検討事項は，OMPADEC，石油会社，その他の政府系機関が推進している開発計画——とりわけ教育，電気，飲料水，保健・衛生，道路，運河に係わる諸計画——の評価であったが，同委員会は，まず，次のような現状認識を持った。すなわち，①ナイジャー・デルタが国民の注目を集めているのは，同地域が単に産油地域であるというだけではなく，ナイジェリア連邦国家の構成要素の一つだからである，②同地域の低開発性は，原油が発見される以前から続いているものであるが，歴代の連邦政府は同地域の開発に失敗し，それを「行政上の失敗」のせいにしてきた，③小規模で隔離され相互不信に陥っていた共同体の存在は，時を経るにつれて，同地域全体の主要な紛争の原因になってきた，④過去において，莫大な資金が同地域に投入されてきたにも拘わらず，包括的な指導性の欠如に由来する貧弱な実行力のために，開発が進んでいるとは全く言い難い，⑤同地域では，平均的水準以下で生活する人々，とりわけ，貧しく無教育で無法者の青年層が増加している，⑥産油9州の中でも，バイェルサ州が社会・経済開発を最も必要としている，そして⑦石油産業に係わる有り余るほどの諸法令が存在するが，様々な困難を解決するためには，それらの統合化が必要である，というものであった。

　ポポーラ委員会のこうした現状認識は，上述のエティエベット委員会とはやや異なった視点からなされている点で興味深いが，おおよそ次のような勧告を行った。すなわち，①既存の石油関連法を見直し，統合化するための専門家委員会を設置する，②公共の交通手段として多数の舟

---

[110] 「ポポーラ委員会」の報告書については，*The Popoola Report : Report of the Presidential Committee on Development Options for the Niger Delta*, Abuja, 15th March, 1999, pp. 65–95 を参照。

を購入する，移動病院として動力付きボートを利用する，学校の校舎を修復する，③比較的人口数の多い共同体には，石油関連の民間会社を設立する，④とりわけ，バイエルサ州に対しては連邦政府の関与を強めて，新設が望まれる二つの技術系単科大学のうちの一つを同州に設置する，⑤連邦動力鉄鋼省は，17億2500万ナイラの予算を投じて，1999年5月29日までに村落電化事業を完成させる，⑥石油会社は，若年層や非熟練者向けの雇用機会をより多く創出する，⑦連邦政府は，向こう20年間に亘る開発の基本計画を策定する，というものであった。

　同委員会の勧告には，国家元首の諮問委員会という性格からであろうか，歳入配分に係わる具体的な数字は挙げられていない。また，産油地域の開発について，かなり具体的な数値の獲得目標を掲げている点において注目すべきであるが，しかし，この勧告案もまた，アブバカール連邦軍事政権が正面から受け入れて実行したとは言い難かった。

## ⑶　オゴムディア委員会

　上記の二つの委員会の勧告案がほとんど実行に移されなかったというのは，この間に，パイプラインの破壊による盗油と不法製油，石油会社の活動に対する妨害，そして身代金目当ての誘拐事件などが絶えなかったことからも明らかである。

　そこで，民政移管によって1999年5月に発足したオバサンジョ連邦政権は，2001年11月に，産油地域の治安維持に係わる委員会を発足させた。委員長には陸軍参謀長のA. O. オゴムディア（Alexander Odeareduo Ogomudia）陸軍中将が就任し，他の委員には，海軍参謀長，空軍参謀長，警察庁長官，国家保安局長に加えて，NNPC 総裁，産油9州の国務長官，およびシェル石油会社を始めとする石油会社5社の社長など合計22名が名を連ねた [111]。

---

[111] 「オゴムディア委員会」の報告書については，*The Ogomudia Report : Report of the Special Security Committee on Oil Producing Areas*, Abuja, 19th February, 2001, pp. 1–38 を参照。

この「オゴムディア委員会」に委託された主な検討事項は，①石油施設襲撃の原因と同施設の防御手段，②青年層や共同体による諸行為の評価，③石油産業の背後に潜む利害関係者の識別，④盗油や不法製油の実態とそれによる損失の評価，⑤石油会社と地域住民との関係性の評価，⑥連邦政府と地方政府との政府間調整の在り方，そして⑦産油地域における長期的な治安維持の方策，などであった。

　同委員会もまた，委員会内部での長期に亘る意見交換を行った後に，産油9州の全てにおいて現地調査を実施した。そして，同委員会は，連邦政府に対する勧告としては「最後のチャンス」として，おおよそ次のような勧告を行った。すなわち，①産油地域の治安維持のために，陸軍と警察，また海上では海軍の諸装備を活用する，②紛争解決のための軍事力の行使は，なるべく控える，③全てのパイプラインについて，破壊や事故による環境汚染を防ぐために国際的基準を満たすこととし，また，パイプラインの保安は，共同体を土台にして行う，④NDDCには十分な予算措置を講じる，⑤連邦政府，州政府，および地方政府は，石油会社にとって代わり産油地域の開発の責任を負う，⑥連邦政府は，道路，鉄道，病院，および教育施設の建設，環境保全に関して主要な責任を負い，また，1969年石油法など6つの石油関連法について見直しを行う。⑦州政府は，開発局を設置し，派生主義に基づく石油収入の一部を充当する，⑧石油会社とNNPCは継続的な雇用機会の拡大を行う，⑨石油会社は，事故によって生じた油漏れに対して補償を行い，また，半径5km以内の共同体に対して，電気と飲料水を供給する，⑩天然ガスの焼却は2008年までに終了させる，⑪派生主義に基づく石油収入の配分比率を13%から50%に引き上げる，というものであった。

　こうした勧告は，産油地域の治安維持のため国軍と警察力の出動を容認する一方で，連邦政府，州政府，地方政府の役割分担を明示し，また，とりわけ派生主義に基づく石油収入の配分比率を一挙に50%に引き上げることを提言している点において――産油9州から選出された各委員の強い意向を受けたものと思われるが――，注目すべきである。

## ❸ ナイジャー・デルタ問題への視点

　ところが，オゴムディア委員会が提示した勧告案は，連邦政府に対する「最後のチャンス（最後通牒）」ではなかった。すでに見てきたように，2006年以降になると，MENDなどの武装集団による襲撃活動が本格化して，オバサンジョ連邦政権を継承したヤラドゥア大統領は，ナイジャー・デルタ問題を再考する必要に迫られたのである。以下では，「ミッテー委員会」報告に基づき，改めて，ナイジャー・デルタにおける問題の所在について考えてみたい。

　2008年9月，ナイジャー・デルタ問題を検討する専門家委員会が設置された[112]。委員長は，オゴニ人生存運動（MOSOP）の議長であるL. ミッテー（Ledum Mitee）が就任した。ヤラドゥア大統領は，委員長候補として，前連邦財務相で経済学者のK. I. カル（Kalu Idika Kalu）を推薦していたが，委員会内部の議論によって，ミッテーが委員長に決まったのである。委員長を除く他の委員は合計43名で，これに非委員の専門家19名，事務局15名を加えた大所帯の委員会であった。

　すでに触れたように，委員の構成によって，委員会の勧告案の傾向・性格がおおよそ決まってくるため，委員構成が極めて重要になってくるが，この通称「ミッテー委員会」のそれは，第23表に示した通りである。同表に見られるように，委員の構成は，連邦政府および州政府の閣僚・議員，NDDC委員長，大学教授，弁護士，市民団体の運動家，退役軍人などと多彩であるが —— 前職を含む ——，上述の3つの委員会と比べて，石油会社からの代表が極端に少なく，トータル石油会社の関連会社とNNPCから各1名ずつのみになっているのが注目される。これは，MOSOPの議長が委員会の議長に就任したことからも窺えるように，石油会社への風当たりが強まっていたことの反映でもあろう。

　さて，このミッテー委員会は，152頁に及ぶ報告書を作成し，委員会

---

[112]　「ミッテー委員会」の報告書については，Technical Committee on the Niger Delta, *op.cit.*, pp. 1–152を参照。

第23表　ナイジャー・デルタ問題専門家委員会委員構成：2008年9月8日

| 氏名 | 主な経歴等 | 出身州 |
|---|---|---|
| 1. L. ミッテー | オゴニ人生存運動議長（本委員会委員長） | リヴァーズ |
| 2. K. I. カル | 前連邦財務相 | アビア |
| 3. A. アニ | 前連邦財務相 | アクワ・イボム |
| 4. S. オム | 前連邦上院議員 | デルタ |
| 5. N. エシエン | 前連邦下院議員 | アクワ・イボム |
| 6. T. エス | 前連邦下院議員 | デルタ |
| 7. S. アマディ | 前連邦上院議長特別補佐官 | リヴァーズ |
| 8. T. アライベ | ナイジャー・デルタ開発委員会委員長 | バイエルサ |
| 9. A. ベレドゥゴ | ナイジャー・デルタ開発委員会計画局長 | バイエルサ |
| 10. J. A. エセイモクモ | ナイジャー・デルタ開発委員会委員，会計士 | バイエルサ |
| 11. L. エクペブ | 前ナイジャー・デルタ開発委員会大統領監視委員会委員長 | バイエルサ |
| 12. T. ウランタ | ナイジャー・デルタ統合エネルギー開発保安戦略議長 | リヴァーズ |
| 13. J. イホンブベレ | 前オバサンジョ大統領特別補佐官，政治学教授 | エド |
| 14. M. N. アベ | リヴァーズ州国務長官 | リヴァーズ |
| 15. D. I. ケケメケ | オンド州国務長官 | オンド |
| 16. C. アンヤンウ | イモ州知事特別補佐官，弁護士 | イモ |
| 17. T. プリンセウィル | 行動会議党員，前リヴァーズ州知事候補 | リヴァーズ |
| 18. C. エドソムワン | 前エド州司法長官 | エド |
| 19. G. エコング | 前アクワ・イボム州国務長官 | クロス・リヴァー |
| 20. U. G. オガール | 前クロス・リヴァー州民政局長 | クロス・リヴァー |
| 21. E. C. アディエレ | 前イモ州金融経済長官 | イモ |
| 22. O. オケイ | 前オンド州産油地域開発委員会委員 | オンド |
| 23. I. ジェミデ | 前ベンデル州上院議員 | デルタ |
| 24. G. M. ウメズリケ | 前イモ州立大学副学長 | イモ |
| 25. J. C. オグボンナヤ | 前アビア州立大学副学長，外科医 | アビア |
| 26. B. I. C. イジェマー | 前ベンデル州立大学社会学部長 | デルタ |
| 27. O. オノゲ | 前ジョス大学社会学部長 | デルタ |
| 28. A. I. スピッフ | 前ポート・ハーコート大学教授 | リヴァーズ |
| 29. A. イケイン | 米国デレワレ州立大学教授 | バイエルサ |
| 30. Y. バンゴ | ポート・ハーコート大学歴史学講師 | バイエルサ |
| 31. P. キング | フルブライト研究員，教授 | デルタ |
| 32. B. ジャマホ | 弁護士 | クロス・リヴァー |
| 33. G. イヘトゥ | 前国営石油公社エンジニアリング技術局長 | エド |
| 34. C. ウゴウォハ | トータル探査生産会社 | リヴァーズ |
| 35. N. トヨ | ジェンダー開発行動議長（本委員会書記長） | クロス・リヴァー |
| 36. A. ンシリモブ | 人権法研究所長 | リヴァーズ |
| 37. B. ボイェガー | 市民運動指導者 | エド |
| 38. A. ダフィオゴ | 米国ナイジャー・デルタ離散者協会代表 | デルタ |
| 39. O. オグオコ | 英国ナイジャー・デルタ離散者協会代表 | リヴァーズ |
| 40. S. アムカ | ヴァンガード新聞編集者，ジャーナリスト | デルタ |
| 41. P. エブハレマン | 元海軍少将 | エド |
| 42. C. エメイン | 元陸軍准将 | デルタ |
| 43. P. E. オビ | 元陸軍大佐 | クロス・リヴァー |
| 44. W. オフナヨ | 元陸軍大佐 | オンド |

（出所）⑴　Technical Committee on the Niger Delta, *Report of the Niger Delta*, Vol. 1, Abuja, November 2008, p. 123.

　　　　⑵　Omoyola, S., "Niger Delta Technical Committee (NDTC) and the Niger Delta Question," in Ojakorotu, V., ed., *Anatomy of the Niger Delta Crisis : Causes, Consequences and Opportunities for Peace*, Berlin, Lit, 2010, pp. 109–110.

　　　　⑶　Nigerian International Biographical Centre, *The New Who's Who in Nigeria*, Lagos, 1999 より作成。

の設置からわずか 2 ヵ月後の 2008 年 11 月に，ヤラドゥア大統領に提出した。これは，すでに幾多の同様の委員会報告が作成されているので，同委員会としては，いわば論争点の整理を中心にして委員会活動を行ったからである。

　すなわち，同委員会は，上述の 3 つの委員会に加えて，UNDP の報告書などを含む，実に合計 14 の報告書や内外の 400 点に及ぶ研究論文などの論点整理を行った上で，委員会としての勧告案を取り纏めている。

　同勧告の内容は，大きく 3 つの部分から構成されているが，その第一は，「利害関係者の約束事」とでも言うべき部分で，とにかく向こう 18 ヵ月以内に実行に移すことが重要であり，3 ヵ月ごとに経過報告書を作成して，連邦議会やナイジャー・デルタの人々に提示することが求められている。その内容は，①派生主義に基づく石油収入の配分比率を現行の 13％から 25％に引き上げる，② 6 ヵ月以内に，武装解除・武装集団の解体・社会復帰を実施する委員会を設置し，特別恩赦の条件を提示して，全ての襲撃を止めるよう，武装集団と交渉する ── これには，MEND のリーダーであるオカーの保釈を含む ──，③ 2009 年の第 1 四半期以降，警察・保安部隊による無差別攻撃や不正行為をなくすために，彼らを再教育するプログラムを実施する，④ 2009 年の半ばまでに，青年層の雇用計画を策定・実施し，産油 9 州の全ての地方政府ごとに，少なくとも 2,000 人以上の雇用機会を創出する，⑤ 2010 年 6 月までに，カラバルとラゴスを結ぶ海岸道路を建設し，ナイジャー・デルタの経済を活性化させる，⑥ 2010 年 6 月までに，5,000 mW の電力施設を建設し，ナイジャー・デルタにおける電力の自給化，経済の活性化，および雇用の促進を図る，⑦ 2010 年までに，石油会社は環境保全のための基金を設立し，また，連邦政府が以前に通達したように，2008 年 12 月 31 日までに天然ガスの焼却処分を止める，⑧ 65 歳以上の高齢者，5 歳以下の乳幼児，および妊婦に対する医療費を無料とする，⑨ 全ての公立小中学校を改修し，また，教員を充実させる，および⑩ 2009 年 12 月までに，連邦政府は，バカッシ地域から離散した人々の再居住地を建設する，というものである。

第二は，ナイジャー・デルタ地域の改革に係わる「広範囲な諸問題」に対する勧告であり，政府による統治の在り方，軍事を含む法的支配，地域開発，および人間開発などを含んでいる。これらのうちの「統治・法的支配」については，ナイジャー・デルタ問題が容易に解決しない原因の一つは，政治腐敗・汚職を含む悪い統治が続いてきたからである，という認識に立って，①連邦政府は，2010年までに，当該地域の開発に係わる特別基金を設置し，2013年までには，盗油や誘拐事件が生じないように，地域住民の生活水準の向上と福利厚生の充実を実現する，②連邦議会は，2010年までに，全ての鉱産物資源の支配権が連邦政府に帰属することを規定した「1999年共和国憲法」第44条第3項，および石油法や土地利用法などの石油関連法を見直し，また，新たな州や地方政府の増設要求を検討する，③産油9州政府は，2010年までに，各自の産油地域開発委員会を設置し，派生主義に基づく石油収入の50％を産油地域の開発費に充当する，④地方政府は，年間予算のうち，少なくとも毎月100万ナイラ以上の予算を各村落共同体に配分し，共同体の振興を実現する，というものである。

　また，「地域開発」については，交通手段，飲料水，電力，経済開発，環境保全，資源管理の分野ごとに，また「人間開発」については，保健・衛生，教育，女性と青年層の雇用，共同体開発の分野ごとに，連邦政府，州政府，および地方政府が各々短期的（2010年まで），中期的（2013年まで）に実現すべき課題を挙げているが，その内容は，上述の「利害関係者の約束事」で述べられていることと重複する部分が多い。

　第三の勧告としては，「政策目標を達成するための施策」として，様々な関連機関の設置が挙げられている。とりわけ連邦政府が設置すべきものとして，少数部族問題を取り扱う国家少数部族委員会，紛争の解決を担当する利害関係者合意監視委員会，道路など社会資本の拡充を担当する社会資本特別基金，長期的な開発資金需要を賄う将来信託基金，および共同体の振興を目的とする共同体信託基金を列挙している。

　要するに，ミッテー委員会の勧告においても――それ以前の諸委員会の勧告とほぼ同様に――，ナイジャー・デルタにおける「問題の所在」

はほとんど網羅されており，また，利害関係者がなすべき「課題」についても出尽くした，という印象を受ける。唯一，重要なのは，様々な勧告案を如何に取捨選択して「実行」に移すのか，ということであろう。

　この点において，上記の第一の喫緊の課題のうちで実施され，一定の目標を達成しえたのは，ヤラドゥア大統領による「特別恩赦・DDR 作戦」の提示と，石油各社による天然ガス焼却比率の大幅削減に留まっているようにも思える。その他の勧告案の実施状況については ── 少なくとも現時点においては ──，容易に評価しがたい，というのが率直な感想である。とりわけ「派生主義に基づく石油収入の配分比率を現行の13％から25％に引き上げる」ことについては，連邦議会での大論争を引き起こすことが疑いえない。この議論が意味を持つのは，配分比率の数値それ自体というよりはむしろ，その資金を誰のために，如何に使用するのか，という議論を踏まえた上でのことである。しかし，それはまた，連邦政府，州政府，地方政府，さらには共同体という，ナイジェリア連邦国家の在り方の根幹に係わる問題でもある。ナイジャー・デルタにおける「石油戦争」は，たとえ MEND などの武装集団が解体されたとしても，驚愕すべき政治汚職・公金横領などが続いて，当該地域の人々の貧困と社会的疎外がなくならない限り，また別の形態で再燃することが十分に考えられるのである。

# 結びにかえて ―「資源の呪い」―

　これまで述べてきたように，ナイジャー・デルタにおける「石油戦争」は，イジョ人の青年層を中心とする，連邦政府・石油会社に対する武装闘争であった。イジョ人は，ナイジェリア全体から見れば少数部族に位置付けられるが，ナイジャー・デルタでは多数派部族になる。イジョ人の青年層は，より人口規模が小さく，それ故に政治的発言力も小さい他の少数部族を代表して「石油戦争」を闘ってきた，と言うこともできる。

　ただし，この「石油戦争」は，単なる反連邦政府・反石油会社闘争ではない。連邦政府，州政府，そして地方政府という，ナイジェリア連邦国家を形成する「三層構造」の中にあって，少なくとも当初のイジョ人武装集団は，与党の PDP が支配するリヴァーズ州政府・知事の私兵集団として結成されたのである。この意味において，「石油戦争」は，リヴァーズ州政府にとっては「身から出た錆」であり，イジョ人の青年たちは，政治腐敗の「波間」で浮き沈みしていたとも言えよう。

　しかもこの波間は，原油の波間である。長期に互って続いてきた連邦軍事政権が終了して第四共和政を迎えると，ある種の軍事的空白が生じた。そのため，軍政時代とは異なる形態をもって，つまり，有力な政治家・官僚や民間の企業家たちによる「石油収入」の争奪戦が ―― しかも，武力行為が半ば公認されつつ ―― 開始されたのである。近年の言葉で言えば，「資源の呪い」ということになろうが，ナイジャー・デルタにおける「石油戦争」が複雑な構造的連関の中で生じてきたことは，これまで述べてきた通りである。

　UNEP などの国連機関やアムネスティ・インターナショナル，あるいはヒューマン・ライツ・ウォッチ（Human Rights Watch）などの国際機関が提供する数々の写真資料などを見ていると，ナイジャー・デルタにおける環境汚染と人々の貧困の程度は想像を絶するものがある。全身，油まみれになりながら盗油を行う少年たち，虹色に光る原油が幾層にも

漂う河川や沼地，漏出した原油の焼却後にタールで固められ巨大な穴だらけになったヤム畑，あるいは粗末な住居小屋の庭先に露出しているパイプラインなどが目に飛び込んでくる。

　筆者もかつて，1994〜1995年の留学時代に，産油地帯のポート・ハーコート近郊にある日系企業の石油化学プラントなどを訪れたことがあるが，警察の検問によって奥地の村落にまで入れなかったためか──天然ガスを焼却する炎などは遠くに目撃したものの──，そこまで悲惨であるとは気付けなかった。

　そうした極貧状態の只中にあって，ナイジャー・デルタの青年たちは何を考えてきたのであろうか。彼らが，環境汚染を含む貧困から脱却したいと願ったことは当然であろう。しかし，仕事はない。そうした中にあって，武装集団が一つの「ビジネス」になって，彼らの就職先になったとしても不思議ではない。街中のスラムや路上には，無職で若く頑強な「兵士予備軍」，字義通りの「ブッシュ・ボーイ」が多数，控えているのである。

　武装集団の兵士の多くは，少なくとも初等教育は受けていると思われ，全くの無頼漢ではないであろう。また，リーダーや幹部たちの多くは大学卒か同中退者で，その意味では知識階級であり，生まれた家も比較的裕福である。つまり，リーダーたちは必ずしも貧困に喘いでいるわけではない。彼らの多くは，巨大な貧富の格差に対して社会的な不正義を覚え，そうした「構造的暴力」を打破するために武装闘争に向かった，ということになろう。

　ただし，ここで厄介なのは，リーダーたちの一部もまた，歴代の大統領を含む有力政治家たちとの接触を通じて，政治腐敗の一端を担ってきたことは否めない，という点である。こうした点を解明すべく，本稿では，できるだけ武装集団のリーダーたちの個人的動向を探ってみたが，キリスト教徒からイスラーム教徒に改宗したアサリと，その彼の下で武装闘争に命を懸けたキリスト教徒の兵士たちなどという情況を含めて，ナイジェリアは何とも「不思議な国」である，ということになろうか。

　確かに，ナイジェリアは，「植民地主義者によって造られた無様な

加工品」としての歴史的遺産を背負ってきたが，政治的独立後，60年間を過ぎた今でさえ，そうした負の遺産を払拭し切れないのは何故であろうか。それを，あえてひと言でいえば —— いささか陳腐ではあるが ——，片足・片腕で物乞いする路上生活者を直視し，それに憤りを感じる「社会的理性」が，とりわけナイジェリアの指導層に乏しいからではないだろうか。それを取り戻すためには，〈部族〉ではなく，〈国民〉という範疇を我が物とし —— 大統領の演説は，ほぼ例外なく，「Hello Nigerian !」から始まるが ——，「多用性の中の統一」および「統一の中の多用性」を実現できるような，「国民－国家」としての真の「連邦共和国」を形成せねばならないであろう。

# 第Ⅱ部

# 財政連邦主義の歴史的展開
## ── 石油収入の争奪戦 ──

ラゴス市内（ナイジェリア UAC 社・本社屋上より）

# はじめに

　アフリカ最大の産油国であるナイジェリア連邦共和国は，36の州，連邦首都領，そして774の地方政府から成る「連邦国家」である。連邦国家である以上，多かれ少なかれ中央政府による連邦構成単位への歳入配分が行われることになるが，しかし，ナイジェリアの場合には，連邦政府による各州政府，各地方政府，各共同体，および連邦首都領への歳入配分それ自体が，経済システムというよりはむしろ，一つの政治システムになっている。そしてこの政治システムは，ナイジェリアの国民的統合を促進するのではなく，あからさまな利害対立の場と化しているように思われる。それ故に，ナイジェリアにおける国家歳入の配分政策やそれに対する連邦構成単位の反応を考察する場合には，どうしても「政治経済学」（Political Economy）としてのアプローチが必要になってくる。

　第Ⅱ部では，石油大国ナイジェリアにおける「財政連邦主義」（Fiscal Federalism）――原油の発見後は，「石油収入の配分問題」と同義語になる――の功罪について，各々の時代の政治・経済状況を考慮しながら，歴史的に探ってみたい。

　以下では，植民地時代から今日に至るまでの時代を，おおよそ，⑴英領植民地時代（1900～1959年），独立後の⑵第一共和政の時代（1960～1966年），⑶前期軍政時代（1966～1979年），⑷第二共和政の時代（1979～1983年），⑸後期軍政時代（1984～1999年），および⑹第四共和政の時代（1999～2014年）に時期区分しながら，歴代連邦政権による歳入配分政策を見ていきたい。

　なお，1993年８月にショネカンが大統領に就任して第三共和政が発足したが，アバチャ陸軍大将による軍事クーデターによって，わずか３ヵ月後の同年11月に崩壊したので――考察の対象としては――，この時期は後期軍政時代に含めることにした。

# Ⅰ　英領植民地時代：1900〜1959年

## ❶ 英領ナイジェリアの成立と植民地統治の基本原則

　第Ⅰ部で触れたように，広大な地理的領域と文化的にも多様な人々を抱えるナイジェリアの国境線は，19世紀後半の帝国主義の時代に，イギリス，フランス，およびドイツの間における「植民地分割協定」によって画定された。当時のナイジェリアは，王立ナイジャー会社（Royal Niger Company, Chartered & Ltd., RNC）によって実質的に支配されていたが――同社は，一方では統治権を持つ「ナイジャー政府」として，他方では企業利潤を追求する「有限株式会社」として，二重の組織体として君臨していた――，1898年6月にフランスとの間で最後の「分割協定」が締結されると，イギリス政府はRNCに対する王立特許を廃棄し，ナイジェリアの統治に自ら向かうことになった。

　1900年1月1日午前7時30分，RNCの行政本部が置かれていたアサバと，同じく軍事本部のあったロコジャの両地で，新体制への移行の式典が行われた。RNC旗が降ろされ，代わりに「ユニオン・ジャック」が掲揚された。王立特許の返還に伴い，RNCはナイジャー会社（Niger Company Ltd., NC）に改組され，その後は他の植民地企業と同等の法的枠組みの中で企業活動を続けることになる。その後身会社であるナイジェリアUAC社は，1世紀以上を経た今日でも，ナイジェリア最大級の複合企業として存続している。

　新体制への移行に伴い，イダー以北の旧RNC領が新設された「北部ナイジェリア保護領」に，またイダー以南の旧RNC領と旧ナイジャー海岸保護領が同じく新設された「南部ナイジェリア保護領」に編入された。両保護領の初代高等弁務官には，RNC軍の指揮官を務めていたF. J. D. ルガード（Frederick John Dealtry Lugard）と，ナイジャー海岸保護領の弁務官を務めていたR. D. R. ムーア（Ralph Denham Rayment Moor）

が各々就任した。

　しばらくの間，ナイジェリアは，ラゴス直轄植民地に上記の南部ナイジェリア保護領と北部ナイジェリア保護領を加えた，三つの地域に分断統治されていたが，1906年5月にラゴス直轄植民地と南部ナイジェリア保護領が併合されて「南部ナイジェリア植民地・保護領」が成立した。すなわち，南北に大きく二分割されたのである。

　ところが，そうした中で，植民地経営に係わる二つの経済的問題が浮上してきた。その一つは，財政問題である。南部ナイジェリア植民地・保護領では，とりわけ酒類に対する輸入税などの多様な税収源によって植民地行政費を賄うことができたのに対して，北部ナイジェリア保護領ではそうした域内の税収源がほとんどなく，帝国歳入からの持ち出しがイギリス本国の大きな財政負担になっていた。第24表に見られるように，南部では域内の独自歳入によって歳出をほぼ賄うことが可能であり，とりわけ1911年以降には大幅な財政黒字を計上している。これに対して，北部の独自財源は極めて少なく，帝国歳入からの多額の補助金と南部からの借り入れによってようやく歳出を賄っていた。前者の補助金は，1900/1〜1913年までの累計で378万9000ポンド（年平均で27万ポンド強）にも達していた。換言すれば，南北を統合して単一の財政制度を導入するならば，南部の余剰歳入を北部に移転させ，イギリス本国の財政負担を大きく軽減することができることになる。

　もう一つの問題は，鉄道網の整備・運営と密接に関連している。ナイジェリアにおける鉄道の建設は海岸部と内陸部でほぼ同時に開始されたが，大きくみて，①ラゴスを起点として北上する西部鉄道，②ポート・ハーコートから北上する東部鉄道，および③内陸部の北部鉄道の三路線に分けることができる[1]。これらのうち，主な路線を見てみると，1896年3月に建設が開始された通称「ラゴス鉄道」が，1909年1月にナイ

---

[1]　以下の鉄道網の建設については，室井義雄『連合アフリカ会社の歴史：1879–1979年 ― ナイジェリア社会経済史序説 ―』同文舘，1992年，103〜106頁を参照。

第24表　ナイジェリア植民地・保護領の財政収支：1900/1～1913年

(単位：1,000ポンド)

| 年[2] | ラゴス直轄植民地 | | | 南部ナイジェリア保護領[1] | | | 北部ナイジェリア保護領 | | | | | |
|---|---|---|---|---|---|---|---|---|---|---|---|---|
| | 歳入 | 歳出 | 収支 | 歳入 | 歳出 | 収支 | 歳入 | 補助金[3] | 借入[4] | 歳入計 | 歳出 | 収支 |
| 1900/1 | 211 | 187 | +24 | 381 | 306 | +75 | 2 | 89 | 45 | 136 | 96[8] | +40 |
| 1901/2 | 275 | 235 | +40 | 361 | 331 | +30 | 4 | 280 | 34 | 318 | 299 | +19 |
| 1902/3 | 360 | 254 | +106 | 441 | 455 | −14 | 16 | 290 | 34 | 357[7] | 389 | −32 |
| 1903/4 | 335 | 303 | +32 | 471 | 478 | −7 | 54 | 405 | 50 | 509 | 499 | +10 |
| 1904 | 338 | 325 | +13 | 550 | 539 | +11 | 94 | 405 | 60[5] | 559 | 521 | +38 |
| 1905 | 380 | 415 | −35 | 571 | 582 | −11 | 111 | 320 | 75[6] | 506 | 498 | +8 |
| 1906 | − | − | − | 1,089 | 1,056 | +33 | 142 | 325 | 75 | 542 | 499 | +33 |
| 1907 | − | − | − | 1,460 | 1,217 | +243 | 143 | 295 | 70 | 508 | 498 | +10 |
| 1908 | − | − | − | 1,388 | 1,358 | +30 | 178 | 290 | 70 | 538 | 541 | −3 |
| 1909 | − | − | − | 1,362 | 1,649 | −287 | 213 | 237 | 70 | 520 | 567 | −47 |
| 1910 | − | − | − | 1,933 | 1,990 | −57 | 275 | 275 | 70 | 620 | 566 | +54 |
| 1911 | − | − | − | 1,956 | 1,717 | +239 | 545 | 347 | 70 | 962 | 828 | +134 |
| 1912 | − | − | − | 2,235 | 2,110 | +125 | 476 | 95 | 53 | 624 | 711 | −87 |
| 1913 | − | − | − | 2,668 | 2,096 | +572 | 658 | 136 | 0 | 794 | 820 | −26 |

(注) 1) 1906年以降，ラゴス直轄植民地と併合して南部ナイジェリア植民地・保護領を
形成する。 2) 複数年に亘る年の会計期間は 4 月 1 日～翌年 3 月 31 日まで。単年の
場合は 1 月 1 日～12月31日まで（以下，同じ）。北部ナイジェリア保護領の1904～
1911年については，会計期間は 4 月 1 日～翌年 3 月 31 日まで。 3) 帝国財源からの
補助金。 4) 南部ナイジェリア保護領からの借入。 5) ラゴス直轄植民地からの借
入10,000ポンドを含む。 6) ラゴス直轄植民地からの借入15,000ポンドを含む。 7)
西アフリカ国境軍への支払い据え置き分など16,693ポンドを含む。 8) 市民サービ
スへの支出分のみ。

(出所) (1)　His Majesty's Stationery Office, *Colonial Reports, Lagos*, London, No. 348, 1900–
1901, pp. 4, 20–22 ; No. 400, 1902, pp. 4–7 ; No. 427, 1903, pp. 5–6, 16 ; No. 470,
1904, pp. 4, 7 ; No. 507, 1905, pp. 4, 7.

(2)　Do., *Southern Nigeria*, London, No. 381, 1901, pp. 5, 22–23 ; No. 405, 1902, pp. 6–8
; No. 433, 1903, pp. 3, 5 ; No. 459, 1904, pp. 6, 8 ; No. 512, 1905, pp. 4, 7 ; No. 554,
1906, pp. 4–7 ; No. 583, 1907, pp. 4–6 ; No. 630, 1908, pp. 4–5 ; No. 665, 1909, pp.
4–5 ; No. 695, 1910, pp. 4–5 ; No. 735, 1911, pp. 4–5 ; No. 782, 1912, pp. 5–7 ; No.
825, 1913, pp. 7–8.

(3)　Do., *Northern Nigeria*, London, No. 377, 1901, pp. 17–19 ; No. 551, 1906–7, pp. 93–94
; No. 594, 1907–8, pp. 15, 76–77 ; No. 633, 1908–9, pp. 4–5 ; No. 674, 1909, pp. 7–8 ;
No.704, 1910–11, pp. 9–10 ; No. 738, 1911, pp. 5–6 ; No. 785, 1912, pp. 6–7 ; No. 821,
1913, pp. 4–5 より作成。

ジャー川岸のジェッバ（ラゴスから303マイル）まで開通した。また
北部では，1907年 8 月にナイジャー川岸のバロから建設が始まった路
線が，1911年 3 月にミンナを経由してカノにまで開通した。この通称

「カノ鉄道」（353マイル）と合流すべくジェッバ―ミンナ間（160マイル）の路線も同年3月に開通し，翌1912年1月以降，ラゴス ― カノ間（705マイル）の全線で営業が開始された。東部では，内陸部のウディにおける石炭の発見を契機として，1913年12月にポート・ハーコートからの建設がようやく開始されたが，ベヌエ川岸のマクルディ経由でカドゥナにまで（571マイル）到達して北部鉄道と合流するのは，1926年7月になってからのことである。こうして，ほぼ1930年までに，全長1,893マイルに及ぶ「ナイジェリア植民地鉄道」が完成している。

　こうした海岸部と内陸部を結ぶ鉄道網は，とりわけ内陸部の農産物や鉱産物を海岸部にまで搬出するという意味において，植民地ナイジェリアの経済発展に不可欠であったが，「包括的かつ賢明な鉄道政策」[2]の遂行のためにも，南北の統合が模索され始めたのである。

　こうして1912年6月，植民地相のL. V. ハーコート（Lewis Vernon Harcourt）が，南北の植民地・保護領の統合案をイギリスの下院に提出し，それと同時に，この統合事業を現地で実行する人物として，1900～1907年にかけて北部ナイジェリア保護領の初代高等弁務官を務め，その後ナイジェリアを離れて香港の総督に就任していたルガードを呼び寄せたことを明らかにした[3]。翌1913年3月にイギリス議会の承認を得て，1914年1月，南部ナイジェリア植民地・保護領と北部ナイジェリア保護領が統合されて，「ナイジェリア植民地・保護領」（いわゆる「英領ナイジェリア」）が成立し，ルガードが初代総督に就任した。

　だが，ルガード自身の言葉によると，「南北の統合（amalgamating）と，総督の統括下での南北の組分け（grouping）あるいは連邦（federation）とは，全く別の問題である」[4]というのである。彼は，退役（1919年）後に出版した自著の中で，おおよそ次のように語ってい

[2]　Lugard, F., *The Dual Mandate in British Tropical Africa*, London, Frank Cass, 1922 (5th ed., 1965), p. 99 を参照。

[3]　Cook, A. N., *British Enterprise in Nigeria*, London, Frank Cass, 1964, p. 192 を参照。

[4]　Lugard, F., *op.cit.*, p. 179 を参照。

る。すなわち，「大英帝国の使命は，ただ一つ，自由と自己発展である。だがそれは，規格化された道程において達成されるものではない。自由と自己発展は，植民地の諸法律と行政政策に従いつつも，土着の人々が，自分たちの支配層を通じて，自分たちの諸問題に対処することによって達成される。……それゆえ，南北の統合後も，各々の地域の司法制度や一般的政策が融合されることはなく，各々の総督代理の下において，ラゴス直轄植民地を含めて，南北の旧保護領は元のままの状態に置かれる」[5]と。

　これは，イギリスによるナイジェリア統治の二大原則，すなわち，①可能な限り伝統的権威を温存して利用するという「間接統治」方式と，②南北の「分離発展」を志向するという方式を端的に表現している。地理的に広大で文化的にも多様なナイジェリアを，統一国家として如何に統治していくのか，ということが，植民地行政官の —— そして，独立後のナイジェリア人統治者の —— 最大の課題であった。前者の「間接統治」方式が採用されたのは，広大な保護領に対して，ラゴスのようなイギリス王室直轄型の統治を行うことは，財政的にも人的資源の点でも難しく，また，少なくとも北部のイスラーム社会には，ソコトのスルタンを頂点とする土着の統治機構が存在していたからである。

　後者の「分離発展」が模索された理由は，南北の相違・格差があまりにも大きかったからである。すなわち，①北部のイスラーム教と南部のキリスト教という，宗教観の相違，②かなり強固な中央政府を持つ北部とそれを持たない南部という，土着の政治組織の相違，それに応じた，③パトロン＝クライアント関係に束縛されていた北部と比較的自由な人格が形成された南部という，人々のアイデンティティーの拠り所の相違，あるいはまた，④南部では英語，北部ではハウサ語という，植民地行政や教育制度に係わる使用言語の相違など，およそあらゆる局面において状況を異にしていた。

　ただし，少し付言しておくと，北部ではかなり成功した間接統治方式

---

[5]　*ibid.*, pp. 94, 101 を参照。

も，南部ではそうではなかった。西部のヨルバ人社会のオバやチーフは，北部のスルタンやエミールのような絶対的権威を有しておらず，また，東部のイボ人社会などでは，そうした土着の権威機構それ自体が存在しなかったからである。このため東部では，植民地政府が当該地域の首長をいわば一方的に選任する「任命首長制」が導入されたが，これは人々の大きな反発を買うことになった。例えば1929年12月，ポート・ハーコートから北東に65 km 入ったアバという町において，任命首長の一人であるオクゴ（Okugo）が，男性だけではなく，女性，子供，家畜までを数え始めた。このため，女性に対しても人頭税が導入されるとの噂が広まり，主に女性たちによって，複数の任命首長の家や外国企業が焼き討ちにされた。この暴動が近隣のカラバルやオポボにも広がると，警察部隊が出動して32名が殺害された。この事件は，東部ナイジェリアの伝統的な社会構造を無視したことの大きな危険性を物語るものであり —— その直接的契機は，すでに北部では，エミールによる伝統的な統治機構を通じて，成年男子に対して導入されていた人頭税を東部にも適用しようとしたことにあるが ——，女性たちとしては初めてと言ってよい，イギリスの植民地統治に対するあからさまな抵抗運動・拒否反応であった [6]。

　ともあれ，「間接統治」と「分離発展」の模索は，北部におけるイスラームの伝統的権威を温存させ，「近代化」しつつある南部との，様々な局面での溝をさらに広げることになった。そして，当の北部人自身が，イスラームに対する誇りとクリスチャンへの懐疑心から，自らの世界を閉ざしてきたとも言えるのである。

---

[6]　この「アバ事件」については，Onwuteake, V. C., "The Aba Riot of 1929 and its Relation to the System of Indirect Rule," *Nigerian Journal of Economic and Social Studies*, Vol. 7, No. 3, November 1965, pp. 273–282 ; Crowder, M., *The Story of Nigeria*, London, Faber and Faber, 1962 (4th ed., 1979), pp. 212–213 を参照。

## 2 植民地時代における歳入配分問題

　さて，第25表に基づき，英領ナイジェリアが成立する直前の1913年の財政構造を改めて見てみると，南北間の大きな差異性が読み取れる。すなわち，南部では，関税収入が歳入の66.4％，鉄道収入が同23.7％を

第25表　英領ナイジェリアの財政構造：1913〜1914年

（単位：1,000ポンド，％）

| 項目 | 1913年 | | | | | | 1914年 | |
| | 南部 | | 北部 | | 合計 | | ナイジェリア | |
|---|---|---|---|---|---|---|---|---|
| A. 歳入 | | | | | | | | |
| 　関税 | 1,773 | ( 66.4) | – | – | 1,773 | ( 51.2) | 1,506 | ( 49.4) |
| 　鉄道収入 | 632 | ( 23.7) | – | – | 632 | ( 18.3) | 696 | ( 22.8) |
| 　直接税 | – | – | 546 | ( 68.8) | 546 | ( 15.8) | 299 | ( 9.8) |
| 　裁判手数料等 | 74 | ( 2.8) | 65 | ( 8.2) | 139 | ( 4.0) | 109 | ( 3.6) |
| 　ライセンス料 | 18 | ( 0.7) | 29 | ( 3.6) | 47 | ( 1.4) | 78 | ( 2.6) |
| 　利子収入 | 110 | ( 4.1) | – | – | 110 | ( 3.2) | 72 | ( 2.4) |
| 　海運収入 | 32 | ( 1.2) | – | – | 32 | ( 0.9) | 68 | ( 2.2) |
| 　郵便・通信料 | 18 | ( 0.7) | 12 | ( 1.5) | 30 | ( 0.8) | 43 | ( 1.4) |
| 　非経常収入・その他 | 11 | ( 0.4) | 6 | ( 0.8) | 17 | ( 0.5) | 77 | ( 2.5) |
| 　帝国財源補助金 | – | – | 136 | ( 17.1) | 136 | ( 3.9) | 100 | ( 3.3) |
| 　合計 | 2,668 | (100.0) | 794 | (100.0) | 3,462 | (100.0) | 3,048 | (100.0) |
| B. 歳出 | | | | | | | | |
| 　鉄道建設 | 544 | ( 25.9) | – | – | 544 | ( 18.6) | 1,338 | ( 37.2) |
| 　公共事業 | 180 | ( 8.6) | 93 | ( 11.3) | 273 | ( 9.4) | 424 | ( 11.8) |
| 　公的債務返済 | 354 | ( 16.9) | 13 | ( 1.6) | 367 | ( 12.6) | 344 | ( 9.6) |
| 　政治問題 | 97 | ( 4.6) | 96 | ( 11.7) | 193 | ( 6.6) | 227 | ( 6.3) |
| 　西アフリカ国境軍 | 123 | ( 5.8) | 150 | ( 18.3) | 273 | ( 9.4) | 223 | ( 6.2) |
| 　海運 | 229 | ( 10.9) | – | – | 229 | ( 7.9) | 217 | ( 6.0) |
| 　医療 | 77 | ( 3.7) | 38 | ( 4.6) | 115 | ( 3.9) | 123 | ( 3.4) |
| 　郵便・通信 | 55 | ( 2.6) | 25 | ( 3.1) | 80 | ( 2.7) | 87 | ( 2.4) |
| 　警察 | 50 | ( 2.4) | 29 | ( 3.5) | 79 | ( 2.7) | 85 | ( 2.4) |
| 　刑務所 | 48 | ( 2.3) | 10 | ( 1.2) | 58 | ( 2.0) | 58 | ( 1.6) |
| 　関税局 | 48 | ( 2.3) | – | – | 48 | ( 1.6) | 50 | ( 1.4) |
| 　教育 | 33 | ( 1.6) | 6 | ( 0.7) | 39 | ( 1.3) | 48 | ( 1.3) |
| 　鉱産物等調査 | 28 | ( 1.4) | 6 | ( 0.7) | 34 | ( 1.2) | 47 | ( 1.3) |
| 　土着行政府への助成金 | – | – | 271 | ( 33.0) | 271 | ( 9.3) | – | – |
| 　その他 | 230 | ( 11.0) | 83 | ( 10.3) | 314 | ( 10.8) | 326 | ( 9.1) |
| 　合計 | 2,096 | (100.0) | 820 | (100.0) | 2,917 | (100.0) | 3,597 | (100.0) |
| C. 財政収支 | +572 | – | −26 | – | +545 | – | −549 | – |

（出所）His Majesty's Stationery Office, *Colonial Reports : Nigeria*, London, No. 878, 1919, pp. 4–7 より作成。

占めているのに対して，北部では，個人所得税や土地税などの直接税が68.8％，帝国歳入からの補助金が17.1％を占めている。他方，歳出の内訳を見ると，南部では鉄道建設費が25.9％と最も多く，これに公的債務返済費の16.9％，海運事業費の10.9％が続いている。これに対して北部では，土着の統治機構への助成金が33.0％と最大の比率を占め，西アフリカ国境軍の維持費も18.3％に達している。

　こうした財政構造は，英領ナイジェリアの成立後もしばらくの間は続いたが，国家歳入の配分という点では，ともかくも単一の予算が組まれることになった。ただし，中央の植民地政府に加えて，南・北両保護領の総督代理からも各々予算案が提出され，三者間で調整を行った上で，中央政府の歳入が配分された。予算案の作成とそれに応じた歳入配分の決定という点において，ある種の「二重構造」を残していたが，こうした歳入配分の基本的枠組みは，その後も大きく変更されることはなく，植民地時代の大半を通じて，第二次世界大戦後まで続くことになった [7]。

　第二次世界大戦後になると，自治権の拡大を要求する民族主義運動が高揚していく中で，植民地統治方式に幾つかの重要な変更が行われ，それに応じて，国家歳入の配分問題を検討する委員会が相次いで設置された [8]。

## (1) リチャーズ憲法とフィリプソン委員会の発足

　まず，1946年8月，第6代総督の A. F. リチャーズ（Arthur Frederick Richards）によって「リチャーズ憲法」が公布されたが，これは，その後の連邦制導入の土台になったという点で重要である。同憲法によっ

---

[7]　Revenue Mobilization Allocation and Fiscal Commission (RMAFC), *Report of Revenue Allocation Formula*, Abuja, December 2002, Chapter 3, pp. 9–10 を参照。

[8]　以下の各委員会については，Teriba, O., *op.cit.*, pp. 361–382 ; Uche, C. U. and O. C. Uche, *op.cit.*, pp. 8–32 ; Ekpo, A. H., *Intergovernmental Fiscal Relations : The Nigerian Experience*, Uyo, University of Uyo, 2004, pp. 4–38 を参照。

て，全国が西部，東部，および北部の３つの「地域」に分けられ，前二
者に一院（下院）制の地方議会，後者に首長院と下院からなる二院制の
地方議会が，西部のイバダン，東部のエヌグ，そして北部のカドゥナに
設置された。各々の下院議員は，官僚や伝統的首長層などから選任さ
れ，そのうちの５名ずつが中央の立法評議会に送り出される，というも
のであった。

　各地域に一定の権限と責任が付与された以上，それを遂行するための
財政的措置を講じねばならない。そのため，この「リチャーズ憲法」の
公布を受ける形で，同じく1946年に，中央政府と各地域の間での歳入
配分問題を検討するための —— ナイジェリアの歴史上で初めての —— 委
員会が植民地政府によって設置された。委員長には，植民地政府の財務
長官を務めた経験を持つ S. フィリプソン（Sidney Phillipson）が任命さ
れ，歳入配分に係わる基本的事項，すなわち，①各地域の独自歳入とし
て認められる域内歳入の定義，②中央政府から三つの地域に配分される
歳入の規模（垂直的配分），および③三つの地域の間での再配分（水平
的配分）の基準について，検討が行われた。

　この「フィリプソン委員会」が提出した勧告案は，おおよそ次のよう
である。すなわち，まず，①域内歳入の定義については，「当該地域の
権威者によって，当該地域内で徴収された歳入」とされた。より難問
だったのは後二者であったが，同委員会は，②の垂直的配分については
言及を避けて，何らの勧告も行っていない。③の水平的配分について
は，「派生主義」と「各地域の均等的発展」という二つの原則を掲げた。
その上で，第26表に見られるように，北部に46％，西部に30％，そし
て東部に24％を配分するという勧告を行った。この配分比率の基準と
されたのが「中央歳入に対する各地域の貢献度」，より具体的に言えば，
各地域内における「直接税」の徴収額であった。

　だが，各地域の貢献度を測る物差しとして直接税を前面に押し出した
ことについては，水平的配分において優位性を確保しようとした，北部
の圧力が感じられる。というのは，すでに触れたように，そもそも直接
税を組織的に徴収できた地域は，北部のイスラーム圏だけだったからで

第26表　ナイジェリアにおける国家歳入の配分方式：1948/49～1964/65年

| 設置年 | 委員会勧告（憲法公布・独立） | 実施年 | 主な対象項目 | 中央政府（連邦政府） | 北部 | 西部 | 東部 | 予備会計 | 合計 | 派生主義 | 均等発展 | 必要性 | 国民的利益 | 人口数 |
|---|---|---|---|---|---|---|---|---|---|---|---|---|---|---|
| 1946 | リチャーズ委員会 | 1948/49～51/52 | 植民地政府収入（一部） | - | 46 | 30 | 24 | - | 100 | ○ | - | - | - | - |
|  | （1946 リチャーズ憲法公布） |  |  |  |  |  |  |  |  |  |  |  |  |  |
|  | （1951 マクファーソン憲法公布） |  |  |  |  |  |  |  |  |  |  |  |  |  |
| 1950 | ヒックス＝フィリップソン委員会 | 1952/53～54[1] | 輸入税（ガソリン） | - | - | 100 | - | - | 100 | ○ | - | - | - | - |
|  |  |  | 輸入税（煙草） | 50 | - | 50 | - | - | 100 | ○ | - | - | - | - |
|  |  |  | 輸入税（その他） | 100 | - | - | - | - | 100 | - | - | - | - | - |
|  |  |  | 輸出税 | 100 | - | - | - | - | 100 | - | - | - | - | - |
|  |  |  | 消費税（煙草） | 50 | - | 50 | - | - | 100 | ○ | - | - | - | - |
|  |  |  | 印紙税 | 100 | - | - | - | - | 100 | - | - | - | - | - |
|  |  |  | 補助金（人口）[3] | - | 60 | 18 | 22 | - | 100 | - | - | - | - | ○ |
|  |  |  | 補助金（教育）[3] | - | 15 | 42 | 43 | - | 100 | - | - | ○ | - | - |
|  |  |  | 補助金（警察）[3] | - | 32 | 37 | 31 | - | 100 | - | - | ○ | - | - |
|  |  |  | 補助金（サービス移転）[3] | - | - | - | - | - | 100 | - | - | - | ○ | - |
| 1953 | チック委員会 | 1954～59[2] | 輸入税（ガソリン） | - | - | 100 | - | - | 100 | ○ | - | - | - | - |
|  |  |  | 輸入税（煙草） | 50 | - | 50 | - | - | 100 | ○ | - | - | - | - |
|  |  |  | 輸入税（その他） | 50 | - | 50 | - | - | 100 | ○ | - | - | - | - |
|  |  |  | 輸出税 | 50 | - | 50 | - | - | 100 | ○ | - | - | - | - |
|  |  |  | 消費税 | 50 | - | 50 | - | - | 100 | ○ | - | - | - | - |
|  |  |  | 鉱区地代・ロイヤルティー | - | - | - | 15[4] | - | 100 | ○ | - | - | - | - |
|  |  |  | ラゴス在任個人所得税 | - | - | - | - | - | 100 | ○ | - | - | - | - |
|  |  |  | 手工業認可料 | - | - | - | - | - | 100 | ○ | - | - | - | - |
|  |  |  | 特別補助金 | - | - | - | - | - | 100 | - | - | ○ | - | - |
|  | （1954 リッテルトン憲法公布） |  |  |  |  |  |  |  |  |  |  |  |  |  |
| 1957 | レイスマン委員会 | 1959/60～64/65 | 輸入税（酒類） | 100 | - | - | - | - | 100 | - | - | - | - | - |
|  |  |  | 輸入税（ガソリン・煙草） | 70 | - | - | - | 30 | 100 | - | ○ | - | - | - |
|  |  |  | 輸入税（その他） | - | 29 | 19 | 52[5] | - | 100 | - | ○ | - | - | - |
|  |  |  | 消費税（煙草） | 100 | - | - | - | - | 100 | - | ○ | - | - | - |
|  |  |  | 消費税（ビール） | 70 | - | 30 | - | - | 100 | - | ○ | - | - | - |
|  |  |  | 消費税（石鹸・清涼飲料） | 100 | - | - | - | - | 100 | - | ○ | - | - | - |
|  |  |  | 法人税 | 20 | - | 50 | - | 30 | 100 | ○ | - | - | - | - |
|  |  |  | 鉱区地代・ロイヤルティー ラゴス在任個人所得税 | 100 | - | - | - | - | 100 | ○ | - | - | - | - |
|  |  |  | 共同基金 | - | 40 | 24 | 36[6] | - | 100 | - | ○ | - | - | ○ |
|  | （1960 ナイジェリア連邦独立） |  |  |  |  |  |  |  |  |  |  |  |  |  |

（注）1）1952年4月1日～1954年9月30日まで。　2）1954年10月1日～1959年3月31日まで。　3）実績値。　4）南カメルーンへの配分1％を含む。　5）南カメルーンへの配分5％を含む。　6）南カメルーンへの配分25％を含む。

（出所）Teriba. O., "Nigerian Revenue Allocation Experience, 1952-1965 : A Study in Inter-Governmental Fiscal and Financial Relations," *Nigerian Journal of Economic and Social Studies*, Vol. 8, No. 3, November 1966, pp. 364-371 より作成。

ある。そこで, ナイジェリアの伝統的な課税制度について簡単に見てお
くと [9], 北部と南部との間では大きな相違があった。すでに触れたよう
に, 北部のイスラーム圏では, スルタンを頂点とするエミール配下の伝
統的な統治機構を通じて, かなり整備された課税制度が存在しており,
個人所得税, 土地税および家畜税などの直接税が, イスラームの共同体
単位で徴収されていた —— これらの直接税を「共同体税」と呼ぶことも
ある ——。徴収された税金は, 原則として地域政府の歳入になるが, そ
の一部が土着の統治機構にも配分されていた。

　1914年1月の英領ナイジェリアの成立と間接統治の導入によって,
植民地政府は北部に存在したような直接税を南部にも広げようとした。
ところが, 前述の「アバ事件」で触れたように, 南部 —— とりわけ東
部 —— では, 徴税の仕事を担えるような土着の強力な統治機構が存在し
ていなかったことに加えて, 直接税それ自体が, 人々にとっては容易に
理解し難い新奇な存在であった。このため, 南部では, 個人所得額の算
定ができる場合には累進的な「個人所得税」を, それができない場合に
は成人男子に対する「人頭税」を徴収するという, かなり単純な課税制
度が導入された。これらの直接税制度は, 1916年に西部, かなり遅れ
て1928年に東部でも導入されたが, 北部を含めて, その税率などに大
きな格差があった —— なお, 東部では家畜税も導入されている ——。

　こうした南北間における課税制度の相違に加えて, 第27表に見られ
るように, 関税収入が中央政府の歳入の40%前後を占めるという構造
は, 1914年の英領ナイジェリアの成立以来ほとんど変わらず, むしろ
1950年代以降になると, 輸入の拡大を大きく反映して, 関税収入はさ
らに60～68%に跳ね上がっている。つまり, 「中央歳入に対する各地域
の貢献度」を測るのであれば, 北部を中心とする直接税収入に加えて,

---

[9]　以下の課税制度については, Adedeji, A., *ibid.*, pp. 157–207を参照。なお, 後述
するヒックス＝フィリプソン委員会は, その報告書の中で「南部の人頭税は,
理念的にも実践的にも, 北部よりも悪い税制である。より貧しい人がより多く
の負担を強いられている」と述べ, 南部に導入された人頭税を強く批判してい
る (*ibid.*, p. 187を参照)。

第27表　ナイジェリア中央（連邦）政府の歳入構造：1922/23〜1963/64年

（単位：1,000ポンド，％）

| 年度[1] | 輸入税 | | 輸出税 | | 消費税 | | 直接税 | | その他[2] | | 歳入合計[3] | |
|---|---|---|---|---|---|---|---|---|---|---|---|---|
| 1922/23 | 1,632 | (29.3) | 775 | (14.0) | 152 | ( 2.7) | ・・ | | 3,003 | (54.0) | 5,562 | (100.0) |
| 1927/28 | 2,764 | (43.8) | 554 | ( 8.8) | 223 | ( 3.5) | ・・ | | 2,764 | (43.8) | 6,305 | (100.0) |
| 1931/32 | 1,619 | (33.3) | 435 | ( 9.0) | 22 | ( 0.4) | 2,029 | (41.8) | 753 | (15.5) | 4,858 | (100.0) |
| 1935/36 | 2,258 | (37.7) | 337 | ( 5.6) | 287 | ( 4.8) | 1,844 | (30.7) | 1,270 | (21.2) | 5,996 | (100.0) |
| 1939/40 | 1,930 | (31.6) | 387 | ( 6.3) | 171 | ( 2.8) | 2,101 | (34.4) | 1,524 | (24.9) | 6,113 | (100.0) |
| 1943/44 | 3,247 | (29.8) | 644 | ( 5.9) | 1,007 | ( 9.2) | 3,833 | (35.1) | 2,182 | (20.0) | 10,913 | (100.0) |
| 1947/48 | 6,936 | (37.7) | 707 | ( 3.8) | 1,487 | ( 8.1) | ・・ | | 9,274 | (50.4) | 18,404 | (100.0) |
| 1951/52 | 14,697 | (29.2) | 10,820 | (21.5) | 6,589 | (13.1) | ・・ | | 18,221 | (36.2) | 50,327 | (100.0) |
| 1955/56 | 26,669 | (44.5) | 13,916 | (23.2) | 4,168 | ( 7.0) | ・・ | | 15,197 | (25.3) | 59,950 | (100.0) |
| 1959/60 | 40,063 | (44.6) | 18,439 | (20.5) | 4,556 | ( 5.1) | ・・ | | 26,757 | (29.8) | 89,815 | (100.0) |
| 1963/64 | 61,130 | (49.0) | 13,543 | (10.9) | 12,288 | ( 9.8) | ・・ | | 37,875 | (30.3) | 124,836 | (100.0) |

（注）1）輸入税，輸出税の会計年度は，1月1日〜12月31日まで。2）1922/23〜1927/28, 1947/
　　48〜1963/64年度は直接税を含む。3）四捨五入により，合計が100%に満たない場合がある。
（出所）Helleiner, G. K., *Peasant Agriculture, Government, and Economic Growth in Nigeria*, Homewood,
　　Richard D. Irwin, 1966, pp. 557–562 より作成。

南部が貢献してきた関税収入の動向をより考慮に入れるべきであった，
と思われるのである。

　ともあれ，フィリプソン委員会の勧告案は1948/49〜1951/52年度にか
けて実施されたが，二つの大きな課題を残したように思われる。その一
つは，「派生主義」を歳入配分の基本的原則に据えた点である。この派
生主義は，以下で考察するように，その後も歳入配分問題に係わる中心
的争点になっていく。今日的表現で言えば，「国家歳入の圧倒的部分を
占める石油収入を，ナイジャー・デルタの産油地域にどれほどの比率で
配分するのか」ということになる。これはかなりの難問であり，それ自
体，まさに政治的問題になってくる。

　もう一つの積み残した課題は，フィリプソン委員会は「水平的配分」
については勧告を行ったものの，「垂直的配分」には言及していない点
である。後者の配分方式は，中央政府と各地方議会の，国民に対する責
任・義務の問題と密接に係わっている。「誰が，誰に対して，どの程度
の責任を負うのか」という問題もまた，連邦政府・州政府・地方政府と
いう，ナイジェリア統治に係わる「三層構造」――後に，歳入配分の対
象として認識されるようになる「共同体」を加えれば，「四層構造」と

言ってもよい — が形成されていくにつれて，大きな政治的課題として
浮上することになる。

　さて，「リチャーズ憲法」は３年ごとに見直しを行うという条件付き
で公布されたが，リチャーズ自身は，「ナイジェリアの統一を促進する
と同時に，多様な要素を取り込むという，二重の目的に適う」と自画自
賛した。だが，西部出身でヨルバ人の H. H. マコーレー（Herbert Helas
Macaulay）や東部出身でイボ人のアジキィウェなど，欧米での留学経験
を持つ進歩的民主主義者たちは，「行政上の三地域分割案は，分離主義
者の主張を助長して地域主義を勃興させるものであり，ナイジェリアに
とっては，むしろ統一的形態の政体の方が望ましい」と批判して，８ヵ
月間に及ぶ全国的な反対キャンペーンを展開した。ここで言う「分離主
義者」とは，明らかに北部人のことを指している。

## ⑵　マクファーソン憲法とヒックス＝フィリプソン委員会の発足

　こうした批判に応えて，第７代総督に就任した J. マクファーソン
（John Macpherson）は広範な世論の意見を求めたが，孤立主義的な傾向
の強かった北部を取り込むためには，「中央議会における議席数の半数
を北部に割り当て，かつ，各地域が独自の発展を目指すことを認めるべ
きである」という北部の強い主張を呑まざるをえなかった。

　1951年６月に公布された「マクファーソン憲法」の下では，まず，
中央政府の執行機関として，立法評議会と内閣に相当する閣僚評議会が
設置された。中央立法評議会の定数は149名で，そのうちの136名が三
つの地域から選任されたが，その内訳は，西部と東部が各々34名，北
部が選任議員数の50％に相当する68名であった。また，閣僚評議会は，
議長の総督，６名の官僚，および各地域４名ずつの計12名，合計で19
名から構成された。

　他方，地方の執行機関としては，各地域に地方行政評議会が設置され
た。すなわち，西部，東部，および北部の三つの地域は，域内の諸問題
に関して立法権と行政権を有する「政治的実体」に改組されたのであ
る。中央政界における北部の政治的優位性に加えて，独自の発展を目指

すという，北部の主張がほぼ通った形になった。

　こうした植民地統治機構の再編成を見越して，1950年6月，フィリプソンにJ.ヒックス（John Hicks）とD. A. スケルトン（D. A. Skelton）を加えた，「ヒックス＝フィリプソン委員会」が設置された[10]。植民地政府によって同委員会に委託された検討事項は，大きく二つあった。すなわち，①既存の歳入配分方式を見直し，次の5年間に適用されるべく，より公平な配分方式を提案すること，②過去に不利益を受けた地域がもしあれば，何らかの補償を行うこと，である。

　後者の検討事項は，明らかに，「現行の派生主義によって不利益を受けている」と主張した北部の意向を汲んだものである。ただし，ヒックス＝フィリプソン委員会の基本的姿勢は，「マクファーソン憲法」によって各地域の自治権が強化・拡大された以上，可能な限り「地域財政の自治」—— この概念は，ナイジェリアの歴史上，ここで初めて提案されたと言ってよい —— を目指すべきである，というものであった。

　ただし，この地域財政の自治を模索するためには，その事前の環境整備として，「徴税権」の問題を再検討せねばならない。そこでヒックス＝フィリプソン委員会は，これまでは必ずしも明快ではなかった徴税権の種類とその所在について，おおよそ第28表に見られるように整理した。だが，「財政の自治」とは裏腹に，地域政府の有する徴税権の範囲は極めて狭い，という印象を受けるのは否めない —— ただし，同表に見られるように，同委員会の勧告によって，その後の，今日に至る徴税権の基本的構造がおおよそ確定したと言ってよい ——。

　さて，こうした徴税権に係わる下準備を行った上で，ヒックス＝フィリプソン委員会は，歳入配分の基本原則として，①派生主義，②必要性（人口数を含む），および③国民的利益の三つを掲げた。ここには，ナイジェリアのような多部族国家では，むしろ「緩やかな連合体」という政体の方が望ましく，地域の自立と言っても，派生主義にあまりにも大き

---

[10]　ただし，スケルトンは，ラゴスに到着後まもなく水の事故で死亡し，委員会の仕事には十分に参加していない。Uche, C. U. and O. C. Uche, *op.cit.*, p. 13を参照。

第28表　ナイジェリアにおける行政単位別徴税権：1951～1965年，1999年以降

| ヒックス＝フィリプソン委員会勧告（1951～1965年） | | 第四共和政（1999年以降） | | |
| 中央（連邦）政府 | 地域（州）政府[1] | 連邦政府 | 州政府[1] | 地方政府[1] |
| --- | --- | --- | --- | --- |
| 1. 輸入税 | 1. 個人所得税 | 1. 輸入税 | 1. 個人所得税 | 1. 店舗・売店税 |
| 2. 輸出税 | 2. 農産物販売税 | 2. 輸出税 | 2. 源泉徴収税（個人） | 2. テナント税 |
| 3. 消費税 | 3. 地域政府許認可料 | 3. 消費税 | 3. 資本利得税（個人） | 3. 市場税 |
| 4. 法人税 | 4. 地域政府行政サービス料 | 4. 法人税 | 4. 印紙税（個人） | 4. 酒類取扱認可手数料 |
| 5. 鉱区地代・ロイヤルティー | 5. 地域団体への課税 | 5. 鉱区地代　ロイヤルティー | 5. 宝くじ・競技税 | 5. 駐車場使用料 |
| 6. 印紙税 | 6. 地域政府系企業収益税 | 6. 石油利潤税 | 6. 道路税 | 6. 駐車違反割金 |
| 7. 中央裁判手数料 | | 7. 付加価値税 | 7. 事業建物登録税 | 7. 家畜税（牧畜民） |
| 8. 中央政府許認可料 | | 8. 教育税 | 8. 開発税（個人） | 8. 家畜飼育認可手数料 |
| 9. 中央政府系企業収益税 | | 9. 印紙税[2] | 9. 州首都通り名称登録手数料 | 9. 農地使用権登録手数料 |
| 10. 中央政府行政サービス料 | | 10. 源泉徴収税[2] | 10. 州政府用地使用権登録手数料 | 10. 通り名称登録手数料 |
| 11. ラゴス住民個人所得税 | | 11. 資本利得税[2] | 11. 州政府管轄市場税 | 11. 広告看板設置認可手数料 |
| | | 12. 個人所得税[3] | 12. 州政府認可料 | 12. 宗教地建造認可手数料 |
| | | 13. 連邦裁判手数料 | 13. 州政府行政サービス料 | 13. 歓楽時道路閉鎖料 |
| | | 14. 連邦政府許認可料 | 14. 州政府系企業収益税 | 14. 自転車・カヌー等使用料 |
| | | 15. 連邦政府行政サービス料 | | 15. ラジオ・テレビ認可使用料 |
| | | 16. 連邦政府系企業収益税 | | 16. カーラジオ認可使用料 |
| | | | | 17. 下水汚物処理手数料 |
| | | | | 18. 結婚・誕生・死亡登録手数料 |
| | | | | 19. 死体処理手数料 |
| | | | | 20. 埋葬地使用認可手数料 |

（注）　1）各行政単位内で派生した事項に対する課税・手数料等の徴収。　2）連邦首都領に在籍・在住する法人・個人に対する徴税。　3）国軍・連邦警察・外務省の各勤務者，および連邦首都領在住者に対する課税。

（出所）(1) Teriba, O., op.cit., pp. 364-371.
(2) Revenue Mobilization Allocation and Fiscal Commission, *Report of Revenue Allocation Formula*, Abuja, December 2002, pp. 43-60 より作成。

な比重を加えるのは良くない，という判断に立ったことが窺える。なお，これらの基本原則のうち，「国民的利益」は，同委員会によって新たに導入されたものである。

　すでに触れたように，派生主義はそれ自体，大きな論争の火種になったとは言え，それを後退させるということは，換言すれば，国家の歳入をこれまで以上に中央政府に集中化させ，中央政府から各地域に対して再配分する，ということを意味している。これは，「地域財政の自治」という，ヒックス＝フィリプソン委員会が掲げた最大の基本理念とは，明らかに逆行する配分方式である。

　ただし，前掲第26表に見られるように，同委員会は，関税や消費税などの主要な歳入を中央政府が確保しつつ，他方では各種「補助金」の交付を行うことによって，この自己矛盾を解消しようとしたものと思われる。これらのうち，人口数によって各地域に再配分する補助金は，地域の「必要性」に応じたものであり，また，教育，警察，そして首都ラゴスを抱える西部のサービス移転に係わる補助金は，いずれも「国民的利益」に適うものとして導入されたのである。

　なお，ここで「人口数」について，少し付言しておきたい。ナイジェリアの人口数については，歴代の政権担当者といえども，おそらく誰も正確な数字は把握していない。植民地時代には，人頭税や所得税などの直接税を逃れるために人口数が過小に申告され，逆に独立後は，中央議会におけるより多くの議席数を獲得するために，過大に申告されてきたからである。このため，センサスもまた，ナイジェリアでは大きな政治問題のひとつになってきた。

　過去，原則として，総選挙が行われる度に —— 有権者数を確定する必要性から ——，センサスが実施されてきたが，例えば1973年センサスは，信憑性に劣るとして，公式に廃棄されている[11]。独立後のナイジェリアでは，軍事政権が長期間に互って続いたため，センサスの実施自体

---

[11]　National Population Commission, *Nigeria : Demographic Health Survey, 2013*, Abuja, June 2014, p. 3 を参照。

第29表　ナイジェリアの地域別人口数：1931〜2006年

（単位：1,000人，％）

| 地域 | 1931年 | | 1952/53年 | | 1963年 | | 1991年* | | 2006年 | |
|---|---|---|---|---|---|---|---|---|---|---|
| 北部 | 11,434 | ( 58.5) | 16,840 | ( 55.4) | 29,809 | ( 53.5) | 47,369 | ( 53.2) | 75,270 | ( 53.6) |
| 西部 | 3,729 | ( 19.1) | 6,087 | ( 20.0) | 12,802 | ( 23.0) | 22,867 | ( 25.7) | 35,576 | ( 25.3) |
| 東部 | 4,266 | ( 21.8) | 7,218 | ( 23.7) | 12,394 | ( 22.3) | 13,031 | ( 14.6) | 20,472 | ( 14.6) |
| ラゴス | 126 | ( 0.6) | 272 | ( 0.9) | 665 | ( 1.2) | 5,725 | ( 6.5) | 9,114 | ( 6.5) |
| 合計 | 19,555 | (100.0) | 30,417 | (100.0) | 55,670 | (100.0) | 88,992 | (100.0) | 140,432 | (100.0) |

（注）＊1992年5月に公表されたセンサス結果では，総人口数が8,851万4501人となって
いるが，その後に修正が加えられたものと思われる（National Population Commission,
*Federal Republic of Nigeria : 1991 Population Census, Provisional Results*, Lagos, May 1992,
p. 1を参照）。

（出所）(1)　Helleiner, G. K., *op.cit.*, p. 429.

(2)　Federal Office of Statistics, *Population Census of Nigeria, 1963, Combined National
Figures*, Vol. III, Lagos, July 1968, p. 57.

(3)　National Population Commission, *2006 Population and Housing Census of the Federal
Republic of Nigeria*, *Priority Tables*, Vol. I, Abuja, 26th August, 2009, p. 9より作成。

が少なかったこともあるが，公式に使用されているセンサス結果は，第
29表に見られるものだけである。連邦政府のみならず，世界銀行など
の国際機関が毎年公表している人口数は，直近のセンサス結果 —— それ
自体，信憑性に疑問を残すが —— に一定の人口成長率（多くの場合，年
率3％）を単純に掛け合わせて推計しているにすぎない。また，部族別
のセンサスについては，部族対立に悪用されるとして，1963年センサ
ス以来，実施されていない。なお，上述の人口数に応じた補助金の配分
比率 —— 北部に60％，西部に18％，および東部に22％ —— は，第26表
と第29表を比較してみると，当時としては20年も前の1931年センサス
に基づいていることが明らかである。

　なお，上述の第二の委託事項について，ヒックス＝フィリプソン委員
会は，これまでの歳入配分方式によって不利益を受けたとして，北部に
200万ポンドの補償金を支払うことを勧告している[12]。

　さて，ヒックス＝フィリプソン委員会の勧告案は，植民地政府によっ
てほぼ受け入れられ，1952年4月〜1954年9月にかけて実施された。

---

[12]　Uche, C. U. and O. C. Uche, *op.cit.*, p. 14を参照。

第30表は，当該期間における歳入配分の実績を示したものである。同表に見られるように，まず，「派生主義」に基づく煙草の輸入税・消費税の配分については，西部地域が50.7％を占め，また総額においても38.7％を占めて最も有利になっている。他方，各種の補助金のうち，「必要性」を基準とした人口補助金については，北部地域が59.8％を占めて最も有利であるが，「国民的利益」を基準とした教育補助金では，北部地域が最も不利で15.2％を占めるにすぎない。東部地域は，おおよそ両地域の中間に位置しているが，総額では最も少ない28.8％になっている。

　こうして，派生主義の採用，補助金を通じた支出のいずれにおいても，全ての地域が満足するような歳入配分を実現するには至らず，各々，問題を抱えていたと言えよう。

⑶　リッテルトン憲法とチック委員会の発足
「マクファーソン憲法」が公布されてからわずか２年後の1953年７〜８月にロンドンで，また翌1954年１〜２月にラゴスで，憲法改正に向けた会議が開催され，同年10月に，「リッテルトン憲法」が公布された。O. リッテルトン（Oliver Lyttelton）は，これらの会議を主導したイギリスの植民地相であるが，同憲法によって，ナイジェリアは西部，東部，および北部の３州からなる「連邦国家」として再編成された。なお，ラゴスが西部州から独立して連邦首都領となり，また，東部地域に編入されていた信託統治領の英領カメルーンの南部地域が独立の亜州とされたが，同北部地域は北部州の一部に留まった。３つの州には３人のイギリス人総督代理が各々赴任し，各州は，独自の立法・行政・司法の機関と内閣を持つことになった。

　また，中央政府の内閣に相当する閣僚評議会は，議長の総督，職務上から選任される３人の官僚（書記長，財務長官，および司法長官），各州から各々３名，およびカメルーン亜州から１名の，合計14名で構成された。他方，連邦議会は，議長，職務上から選任される官僚３名，および184名の議員から構成されたが，連邦議員の内訳は，東部州と西部

146

第30表　ナイジェリアにおける国家歳入の配分方式：1952/53～1958/59年

（単位：1,000ポンド，%）

| 項目 | 地域 | ヒックス＝フィリプソン委員会 1952/53～1954 [1] | | チック委員会 1954/55～1958/59 [2] | | 合計 [6] 1952/53～1958/59 | |
|---|---|---|---|---|---|---|---|
| 1. 輸入税 [3] | | 11,384 | (100.0) | 75,448 | (100.0) | 86,832 | (100.0) |
| | 北部 | 2,760 | ( 24.3) | 21,025 | ( 27.9) | 23,785 | ( 27.4) |
| | 西部 | 5,776 | ( 50.7) | 32,209 | ( 42.7) | 37,985 | ( 43.7) |
| | 東部 | 2,848 | ( 25.0) | 22,214 | ( 29.4) | 25,062 | ( 28.9) |
| 2. 輸出税 | | – | – | 30,758 | (100.0) | 30,758 | (100.0) |
| | 北部 | – | – | 9,837 | ( 32.0) | 9,837 | ( 32.0) |
| | 西部 | – | – | 15,742 | ( 51.2) | 15,742 | ( 51.2) |
| | 東部 | – | – | 5,179 | ( 16.8) | 5,179 | ( 16.8) |
| 3. 消費税 [4] | | – | – | 9,120 | (100.0) | 9,120 | (100.0) |
| | 北部 | – | – | 2,914 | ( 32.0) | 2,914 | ( 32.0) |
| | 西部 | – | – | 5,080 | ( 55.7) | 5,080 | ( 55.7) |
| | 東部 | – | – | 1,126 | ( 12.3) | 1,126 | ( 12.3) |
| 4. 所得税 | | – | – | 3,038 | (100.0) | 3,038 | (100.0) |
| | 北部 | – | – | 1,454 | ( 47.9) | 1,454 | ( 47.9) |
| | 西部 | – | – | 789 | ( 26.0) | 789 | ( 26.0) |
| | 東部 | – | – | 795 | ( 26.1) | 795 | ( 26.1) |
| 5. 鉱区地代 ロイヤルテイー | | – | – | 6,401 | (100.0) | 6,401 | (100.0) |
| | 北部 | – | – | 5,744 | ( 89.7) | 5,744 | ( 89.7) |
| | 西部 | – | – | 17 | ( 0.3) | 17 | ( 0.3) |
| | 東部 | – | – | 640 | ( 10.0) | 640 | ( 10.0) |
| 6. 許認可料 [5] | | – | – | 6 | (100.0) | 6 | (100.0) |
| | 北部 | – | – | – | – | – | – |
| | 西部 | – | – | 4 | ( 66.7) | 4 | ( 66.7) |
| | 東部 | – | – | 2 | ( 33.3) | 2 | ( 33.3) |
| 7. 補助金（人口） | | 8,632 | (100.0) | – | – | 8,632 | (100.0) |
| | 北部 | 5,159 | ( 59.8) | – | – | 5,159 | ( 59.8) |
| | 西部 | 1,583 | ( 18.3) | – | – | 1,583 | ( 18.3) |
| | 東部 | 1,890 | ( 21.9) | – | – | 1,890 | ( 21.9) |
| 8. 補助金（教育） | | 7,224 | (100.0) | – | – | 7,224 | (100.0) |
| | 北部 | 1,096 | ( 15.2) | – | – | 1,096 | ( 15.2) |
| | 西部 | 2,995 | ( 41.4) | – | – | 2,995 | ( 41.4) |
| | 東部 | 3,133 | ( 43.4) | – | – | 3,133 | ( 43.4) |
| 9. 補助金（警察） | | 3,671 | (100.0) | – | – | 3,671 | (100.0) |
| | 北部 | 1,168 | ( 31.8) | – | – | 1,168 | ( 31.8) |
| | 西部 | 1,362 | ( 37.1) | – | – | 1,362 | ( 37.1) |
| | 東部 | 1,141 | ( 31.1) | – | – | 1,141 | ( 31.1) |
| 10. 補助金（移転） | | 383 | (100.0) | – | – | 383 | (100.0) |
| | 北部 | – | – | – | – | – | – |
| | 西部 | 383 | (100.0) | – | – | 383 | (100.0) |
| | 東部 | – | – | – | – | – | – |
| 11. 補助金（共同） | | – | – | 10,297 | (100.0) | 10,297 | (100.0) |
| | 北部 | – | – | 3,000 | ( 29.1) | 3,000 | ( 29.1) |
| | 西部 | – | – | 2,000 | ( 19.4) | 2,000 | ( 19.4) |
| | 東部 | – | – | 2,750 | ( 26.7) | 2,750 | ( 26.7) |
| | 南カメルーン | – | – | 2,547 | ( 24.7) | 2,547 | ( 24.7) |
| 合計 | | 31,294 | (100.0) | 135,068 | (100.0) | 166,362 | (100.0) |
| | 北部 | 10,183 | ( 32.5) | 43,974 | ( 32.6) | 54,157 | ( 32.6) |
| | 西部 | 12,099 | ( 38.7) | 55,841 | ( 41.3) | 67,940 | ( 40.8) |
| | 東部 | 9,012 | ( 28.8) | 32,706 | ( 24.2) | 41,718 | ( 25.1) |
| | 南カメルーン | – | – | 2,547 | ( 1.9) | 2,547 | ( 1.5) |

（注）1）会計年度は，1952年4月1日～1954年9月30日まで。2）会計年度は，1954年10月1日～1959年3月31日まで。3）1952/53～1954年度は，煙草の輸入税と消費税。1954/55～1958/59年度は，煙草，ガソリン，酒類などの輸入税。4）煙草とビールの消費税。5）小規模手工業のライセンス料。6）四捨五入により，合計が100%に満たない場合がある。

（出所）Teriba, O., *op.cit.*, pp. 365, 369 より作成。

州が各々42名，北部州からは議員定数の50％となる92名，南カメルーンから6名，そしてラゴス連邦首都領から2名であった。ここでもまた，連邦議会における北部州の政治的優位性が維持されたことになる。

　他方では，ナイジェリアの政局が急展開を見せ始めていた。西部州から選出されたヨルバ人で，イギリスのキングス・カレッジでの留学経験を持つA. E. エナホロ（Anthony Eronsele Enahoro）が，発足したばかりの連邦議会で「ナイジェリアは1956年までに独立すべきである」との演説を行った。これに対しては，ソコトのスルタンで北部州から選出されていたA. ベロー（Ahmadu Bello）が，「我々北部人は，西欧的教育に後れをとっている。いずれ他の州に追い付くであろうが，独立はまだ時期早尚である。我々は，現実的な道を選ぶ」として反対した[13]。

　こうした中で，歳入配分方式に係わる第3回目の見直しがすでに始まっていた。上述のロンドンでの制憲会議後，同会議の委託を受ける形で，植民地政府の財務長官を務めていたL. チック（Louis Chick）を委員長とする「チック委員会」が発足した。ただし，この制憲会議において，歳入配分に係わる既存の基本原則のうち，「必要性と国民的利益については採用すべきではない」との決定がなされていた[14]。とすれば，残る基本原則は「派生主義」だけになってしまうが，上述の制憲会議がそうした決定を行ったのは，政治的独立に向けて，「財政の自治」の達成や「強固な自立性を持つ各州によって構成される連邦国家」への移行をあまりにも強く意識しすぎたためであろう。

　チック委員会は，派生主義の限界を認識していたものの，制憲会議の意向を無視することはできず，前掲第26表に見られるような勧告を行った。すなわち，①主要な歳入項目の全てにつき，中央政府の保留分を最大で50％に抑えた上で，②中央政府から各州に交付される歳入の水平的配分の基準としては，派生主義のみを採用した。ただし，③「共同基金」を設置し，財政難に陥った州に対しては，連邦政府が任意に特

---

[13]　*ibid.*, p. 15を参照。

[14]　Teriba, O., *op.cit.*, p. 366を参照。

別補助金を出す，というものであった。同委員会の勧告案は，植民地
政府によってほぼ承認され，1954年10月〜1959年3月にかけて実行に
移された。前掲第30表に同期間中の歳入配分の実績値を示してあるが，
同表に見られるように，西部州が輸入税で42.7%，輸出税で51.2%，消
費税で55.7%，許認可料で66.7%，そして合計でも41.3%の最大の歳入
配分を受けた。これに対して，北部州は，所得税で最大の47.9%，鉱区
地代・ロイヤルティー ―― 当時は，主にジョス高原のスズ鉱山 ―― で同
89.7%を受け取ったものの，合計では32.6%の配分に留まった。他方，
東部州は，最大の配分を受けた項目はなく，合計でも24.2%に留まっ
た。なお，南カメルーン亜州には，特別補助金として合計254万7000ポ
ンド（特別補助金の24.7%）が配分された。

　このように，歳入配分の基本原則として，唯一，派生主義を採用した
結果，図らずも「経済的に最も豊かで財政基盤も相対的に強い西部，最
も貧しく財政基盤の弱い東部，そしてその中間に位置する北部」とい
う，当時における現実の地域格差が浮き彫りにされたのである。

### ⑷　原油の発見とレイスマン委員会の発足

　その後，独立に向けた動きがさらに加速化され，1957年5〜6月，
ロンドンで制憲会議が開催された [15]。この会議には，当時のナイジェリ
アの主要政党である，北部のハウサーフラニ人を中心とする北部人民会
議（NPC），東部のイボ人を中心とするナイジェリア・カメルーン国民
会議（NCNC），および西部のヨルバ人を中心とする行動党（AG）の代
表が出揃った。

　この制憲会議では，おおよそ次のような合意がなされた。すなわち，
①中央の閣僚評議会のメンバーから3人のイギリス人官僚が外され，イ
ギリス人では最後となる第8代総督のロバートソンを除いて，全員が
ナイジェリア人によって構成されること，②空席になっていた首相職

---

[15]　1957年の制憲会議については，Burns, A., *History of Nigeria*, London, G. Allen and Unwin, 1955 (6th ed., 1963), pp. 255–256を参照。

に NPC 党首のバレワを選出すること，そして，③独立に向けた総選挙のための選挙区の設定，新州の増設を要求している少数部族の問題，および財政問題に関する特別委員会を設置すること，である。これを受けて，同1957年に，インドで財務長官を務めた経験のあるレイスマンを委員長とする財政問題の検討委員会が発足した。

　ところが，その前年の1956年1月，東部のオロイビリ（現バイェルサ州）において，ナイジェリアで初めて商業量の原油が発見された。この発見は，「レイスマン委員会」の勧告にも影響を及ぼさざるを得なかった。それをひと言でいえば，「派生主義の見直し」である。将来においても，原油発見の可能性が南部のナイジャー・デルタにほぼ限定され，しかもその原油が極めて大きな歳入源になるであろうことが予想される以上，派生主義に固執することは，地域間対立をさらに悪化させることに繋がるからである。しかも，前任のチック委員会の勧告に対する批判は，不十分な地域財政の自治・自立化，歳入配分の基本原則としての「必要性」と「国民的利益」の不採用に加えて，「派生主義」の単一的な採用に集中していたからである。

　ただし，こうした様々な批判も，各州政府の連邦国家という政体に係わる理念の相違と，各々の財政基盤の強弱の度合を反映していた。いわゆる強硬派は西部と北部で，可能な限りの脱中央・地方分権化と域内徴税権の拡大を主張した。これに対して東部は —— まだこの時点では ——，連邦政府への歳入の集中と，そこからの補助金を含む歳入配分に期待していた。

　レイスマン委員会の勧告は1958年に提出されたが，その内容は，大きくみて，上記両者の中間的立場，ある意味では折衷案にならざるを得なかったようである。すなわち，前掲第26表に見られるように，関税，消費税，法人税などの主要歳入については，連邦政府と各州政府がおおよそ折半し，他方では，歳入配分の予備資金をプールする「共同基金」を通じて，とりわけ輸入税の一部や鉱区地代・ロイヤルティーに係わる連邦歳入を各州政府に再配分する —— すでに触れたように，このアイディア自体はチック委員会の勧告案にも見られる ——，という構造に

第31表　ナイジェリアにおける国家歳入の配分方式：1959/60～1964/65年

(単位：1,000ポンド，％)

| 項目　　　地域 | 1959/60 | | 1961/62 | | 1963/64 | | 1959/60～64/65 | |
|---|---|---|---|---|---|---|---|---|
| 1. 輸入税（煙草） | 3,242 | (100.0) | 3,100 | (100.0) | 2,676 | (100.0) | 17,920 | (100.0) |
| 　　　　　北部 | 516 | ( 15.9) | 489 | ( 15.8) | 410 | ( 15.3) | 2,795 | ( 15.6) |
| 　　　　　西部 | 1,142 | ( 35.2) | 1,105 | ( 35.6) | 649 | ( 24.3) | 5,722 | ( 31.9) |
| 　　　　　東部 | 1,565 | ( 48.3) | 1,506 | ( 48.6) | 1,430 | ( 53.4) | 8,930 | ( 49.8) |
| 　　　　　中西部[2] | – | | – | | 187 | ( 7.0) | 442 | ( 2.5) |
| 　　　南カメルーン[3] | 19 | ( 0.6) | – | | – | | 31 | ( 0.2) |
| 2. 輸入税（燃料油）[1] | 4,346 | (100.0) | 6,130 | (100.0) | 8,516 | (100.0) | 41,954 | (100.0) |
| 　　　　　北部 | 1,257 | ( 29.0) | 1,665 | ( 27.2) | 2,576 | ( 30.2) | 11,924 | ( 28.4) |
| 　　　　　西部 | 1,753 | ( 40.3) | 2,748 | ( 44.8) | 2,873 | ( 33.7) | 16,147 | ( 38.5) |
| 　　　　　東部 | 1,184 | ( 27.2) | 1,717 | ( 28.0) | 2,480 | ( 29.1) | 12,076 | ( 28.8) |
| 　　　　　中西部[2] | – | | – | | 587 | ( 7.0) | 1,569 | ( 3.7) |
| 　　　南カメルーン[3] | 152 | ( 3.5) | – | | – | | 238 | ( 0.6) |
| 3. 輸出税 | 16,369 | (100.0) | 13,167 | (100.0) | 14,008 | (100.0) | 81,536 | (100.0) |
| 　　　　　北部 | 4,451 | ( 27.2) | 5,474 | ( 41.6) | 6,014 | ( 42.9) | 29,360 | ( 36.0) |
| 　　　　　西部 | 8,447 | ( 51.6) | 5,744 | ( 43.6) | 5,139 | ( 36.7) | 36,217 | ( 44.4) |
| 　　　　　東部 | 2,685 | ( 16.4) | 1,949 | ( 14.8) | 1,977 | ( 14.1) | 12,604 | ( 15.5) |
| 　　　　　中西部[2] | – | | – | | 878 | ( 6.3) | 2,233 | ( 2.7) |
| 　　　南カメルーン[3] | 786 | ( 4.8) | – | | – | | 1,122 | ( 1.4) |
| 4. 消費税（煙草） | 3,618 | (100.0) | 4,132 | (100.0) | 5,181 | (100.0) | 26,603 | (100.0) |
| 　　　　　北部 | 1,449 | ( 40.0) | 1,676 | ( 40.6) | 2,047 | ( 39.5) | 10,824 | ( 40.7) |
| 　　　　　西部 | 1,619 | ( 44.7) | 1,931 | ( 46.7) | 2,030 | ( 39.2) | 11,277 | ( 42.4) |
| 　　　　　東部 | 501 | ( 13.9) | 525 | ( 12.7) | 733 | ( 14.1) | 3,405 | ( 12.8) |
| 　　　　　中西部[2] | – | | – | | 371 | ( 7.2) | 1,029 | ( 3.9) |
| 　　　南カメルーン[3] | 49 | ( 1.4) | – | | – | | 68 | ( 0.2) |
| 5. 鉱区地代 | 932 | (100.0) | 4,669 | (100.0) | 2,567 | (100.0) | 17,036 | (100.0) |
| ロイヤルテイー　北部 | 414 | ( 44.4) | 488 | ( 10.5) | 58 | ( 2.3) | 2,260 | ( 13.3) |
| 　　　　　西部 | 79 | ( 8.5) | 1,019 | ( 21.8) | 52 | ( 2.0) | 2,493 | ( 14.6) |
| 　　　　　東部 | 416 | ( 44.6) | 3,162 | ( 67.7) | 1,966 | ( 76.6) | 11,100 | ( 65.2) |
| 　　　　　中西部[2] | – | | – | | 491 | ( 19.1) | 1,160 | ( 6.8) |
| 　　　南カメルーン[3] | 23 | ( 2.5) | – | | – | | 23 | ( 0.1) |
| 6. 所得税 | 774 | (100.0) | – | | – | | 1,991 | (100.0) |
| 　　　　　北部 | 331 | ( 42.8) | – | | – | | 858 | ( 43.1) |
| 　　　　　西部 | 186 | ( 24.0) | – | | – | | 477 | ( 24.0) |
| 　　　　　東部 | 231 | ( 29.8) | – | | – | | 598 | ( 30.0) |
| 　　　　　中西部[2] | – | | – | | – | | – | |
| 　　　南カメルーン[3] | 26 | ( 3.4) | – | | – | | 58 | ( 2.9) |
| 7. 共同基金（鉱業） | – | – | 2,814 | (100.0) | 2,122 | (100.0) | 10,356 | (100.0) |
| 　　　　　北部 | – | – | 1,185 | ( 42.1) | 649 | ( 30.6) | 4,145 | ( 40.0) |
| 　　　　　西部 | – | – | 711 | ( 25.3) | 309 | ( 14.5) | 2,240 | ( 21.6) |
| 　　　　　東部 | – | – | 918 | ( 32.6) | 502 | ( 23.7) | 3,171 | ( 30.6) |
| 　　　　　中西部[2] | – | | – | | 662 | ( 31.2) | 800 | ( 7.8) |
| 　　　南カメルーン[3] | – | | – | | – | | – | |
| 8. 共同基金（輸入税） | 9,137 | (100.0) | 12,598 | (100.0) | 13,663 | (100.0) | 72,002 | (100.0) |
| 　　　　　北部 | 3,655 | ( 40.0) | 5,304 | ( 42.1) | 5,997 | ( 43.9) | 32,404 | ( 45.0) |
| 　　　　　西部 | 2,193 | ( 24.0) | 3,187 | ( 25.3) | 3,022 | ( 22.1) | 17,895 | ( 24.9) |
| 　　　　　東部 | 2,832 | ( 31.0) | 4,107 | ( 32.6) | 4,644 | ( 34.0) | 20,988 | ( 29.1) |
| 　　　　　中西部[2] | – | | – | | – | | – | |
| 　　　南カメルーン[3] | 457 | ( 5.0) | – | | – | | 715 | ( 1.0) |
| 　総　計 | 38,418 | (100.0) | 46,610 | (100.0) | 48,733 | (100.0) | 269,398 | (100.0) |
| 　　　　　北部 | 12,073 | ( 31.4) | 16,281 | ( 34.9) | 17,751 | ( 36.4) | 94,570 | ( 35.1) |
| 　　　　　西部 | 15,419 | ( 40.1) | 16,445 | ( 35.3) | 14,074 | ( 28.9) | 92,468 | ( 34.3) |
| 　　　　　東部 | 9,414 | ( 24.5) | 13,884 | ( 29.8) | 13,732 | ( 28.2) | 72,872 | ( 27.1) |
| 　　　　　中西部[2] | – | | – | | 3,176 | ( 6.5) | 7,233 | ( 2.7) |
| 　　　南カメルーン[3] | 1,512 | ( 4.0) | – | | – | | 2,255 | ( 0.8) |

(注)　1）ガソリン，ディーゼル・オイル。2）1963年8月9日に西部州から分離して独立の州になる。3）
　　　ナイジェリアの独立時（1960年10月1日）に連邦を離脱して，カメルーン共和国（旧仏領）に参加する。
(出所)　Teriba, O., *op.cit.*, p.373より作成。

なっている。そして，主要歳入の各州間での水平的配分の基本原則に派生主義を採用しつつも，共同基金からの水平的配分については，①人口数，②均等発展，および③必要性という，かつてのヒックス＝フィリプソン委員会が勧告した配分基準を復活させた。

　こうしたレイスマン委員会の勧告は基本的に承認され，1959年4月から独立後の1965年3月に至るまで実施された。第31表はその実績を示したものであるが，同表に見られるように，産油地域の東部州にとっては──共同基金からの歳入配分は別として──，早くも1961/62年度に鉱区地代・ロイヤルティー収入が316万2000ポンドに達して，最大の歳入源に躍り出ている。

　前掲第26表に見られるように，前任のチック委員会は，この鉱区地代・ロイヤルティー収入の100％を各地域に配分すると勧告したが，レイスマン委員会はかなり慎重な対応を取ったように思われる。すなわち，連邦政府が同収入の20％を確保しつつ，共同基金（予備会計）への組み込みを30％として，各州政府への配分は50％に留めたのである。

　繰り返し述べてきたように，独立後のナイジェリアにおける政治・経済の動向は，この石油収入の配分問題を抜きにしては語れないのである。

# Ⅱ　第一共和政時代：1960〜1966年

　第32表に見られるように，1960年10月1日に独立したナイジェリア
は，その後，1963年10月1日に共和政に移行し，アジキィウェが初代
大統領に就任した。まずは，この間の政治状況を簡単に見ておこう。

## ■1 第一共和政の成立と1963年共和国憲法

　独立に先だって行われた1959年の総選挙（連邦下院議員選挙）は，
東部，西部，北部，および中部を各々代表する7つの政党によって争
われた。すなわち，東部では，①イボ人のアジキィウェらが1944年に
結成した NCNC，②同党の非イボ人が分派して，エフィク（Efik）人
の E. イタ（Eyo Ita）らが1954年に結成した連合独立国民党（United
National Independence Party, UNIP），③さらに同党の急進派が分派し
て，イボ人の K. O. ムバディウェ（Kingsley Ozumba Mbadiwe）らが
1959年に結成したナイジェリア・カメルーン民主党（Democratic Party
of Nigeria and the Cameroons, DPNC），西部では，④ヨルバ人のアウォロ
ウォらが1951年に結成した AG，北部では，⑤フラニ人のバレワらが
1949年に結成した NPC，⑥同党の急進派が分派して，フラニ人の M. M.
A. カノ（Mallam Muhammed Aminu Kano）らが1950年に結成した北部地
域進歩同盟（Northern Element's Progressive Union, NEPU），そして中部で
は，⑦ハウサーフラニ人の支配を嫌ったベロム（Berom）人の J. S. タル
カ（Joseph Sarwuan Tarka）らが1955年に結成した連合中部ベルト会議
（United Middle Belt Congress, UMBC）が総選挙に臨んだ。

　東部では，NEPU と選挙協定を結んだ NCNC，西部では UMBC と提
携した AG，そして北部では NPC が勝利したが，いずれの政党も単独
では多数派に至らず —— 総議席数312議席のうち，獲得議席数は，NPC
が134議席，NCNC/NEPU が89議席，AG/UMBC が73議席，その他が

第32表　ナイジェリアの歴代連邦政権と国家歳入の配分政策：1946〜2015年

| 年 | 月 | 日 | 歴代政権と主な政治的事件 | 新州増設 | 主な歳入配分委員会・法令等 |
|---|---|---|---|---|---|
| 1946. | 8. | — | リチャーズ憲法施行 | | |
| | | | | | フィリプソン委員会設置 |
| 1950. | 6. | — | | | ヒックス＝フィリプソン委員会設置 |
| 1951. | 6. | — | マクファーソン憲法施行 | | |
| 1953. | 7. | — | 制憲会議（ロンドン） | | |
| | | | | | チック委員会設置 |
| 1954. | 10. | — | リッテルトン憲法施行 | | |
| 1957. | 5. | — | 制憲会議（ロンドン） | | |
| | | | | | レイスマン委員会設置 |
| 1960. | 10. | 1. | ナイジェリア連邦独立（北部カメルーン参加） | 3州体制 | |
| | 10. | 16. | N. アジキィウェ総督，A. T. バレワ初代首相 | | |
| 1963. | 8. | 9. | | 4州体制 | |
| | 10. | 1. | 共和政移行（第一共和政），1963年憲法施行 | | |
| | | | N. アジキィウェ（初代大統領）政権発足 | | |
| 1964. | 6. | — | | | ビーンズ委員会設置 |
| 1966. | 1. | 15. | クーデター。A. T. バレワ暗殺 | | |
| | 1. | 16. | J. T. U. アギー―イロンシ軍事政権発足 | | |
| | 7. | 29. | クーデター。J. T. U. アギー―イロンシ暗殺 | | |
| | 8. | 1. | Y. ゴウォン軍事政権発足 | | |
| 1967. | 5. | 27. | | 12州体制 | 1967年布告第13号公布 |
| | 5. | 30. | C. O. オジュクゥ，ビアフラ共和国宣言 | | |
| | 7. | 6. | ビアフラ戦争勃発 | | |
| 1968. | 7. | — | | | ダイナ暫定委員会設置 |
| 1970. | 1. | 12. | ビアフラ戦争終結 | | |
| | — | — | | | 1970年布告第13号公布 |
| 1971. | — | — | | | 1971年布告第9号公布 |
| 1975. | — | — | | | 1975年布告第6号公布 |
| | 7. | 29. | クーデター。Y. ゴウォン追放 | | |
| | | | M. R. ムハンメド軍事政権発足 | | |
| | — | — | | | 1975年布告第7号公布 |
| 1976. | 2. | 3. | | 19州体制 | |
| | 2. | 13. | クーデター。M. R. ムハンメド暗殺 | | |
| | 2. | 14. | O. オバサンジョ軍事政権発足 | | |
| 1977. | 7. | — | | | アボヤデ専門委員会設置 |
| 1979. | 10. | 1. | 民政移管（第二共和政），1979年憲法施行 | | |
| | | | S. A. U. シャガリ政権発足 | | |
| | 11. | — | | | オキグボ委員会設置 |
| 1982. | 1. | 22. | | | 歳入（連邦会計等）配分法公布 |
| 1983. | 10. | 1. | S. A. U. シャガリ第2次政権発足 | | |
| | 12. | 31. | クーデター。S. A. U. シャガリ追放 | | |
| 1984. | 1. | 3. | M. ブハリ軍事政権発足 | | |
| | — | — | | | 1984年布告第36号公布 |
| 1985. | 8. | 27. | クーデター。M. ブハリ追放 | | |
| | 8. | 30. | I. B. ババンギダ軍事政権発足 | | |
| | 12. | 20. | クーデター未遂。M. バッツァ，後に処刑 | | |
| 1987. | 9. | 23. | | 21州体制 | |
| 1988. | — | — | | | 国家歳入動員配分財政委員会勧告 |
| 1990. | 4. | 9. | | | 1990年布告第7号公布 |
| | 4. | 22. | クーデター未遂。G. オカール，後に処刑 | | |
| 1991. | 8. | 27. | | 30州体制 | |
| | 11. | — | | | 国家歳入動員配分財政委員会勧告 |
| 1992. | 1. | 1. | | | 1992年布告第80号公布 |
| | 7. | 10. | | | 1992年布告第106号公布 |
| 1993. | 8. | 26. | 民政移管（第三共和政），I. B. ババンギダ退陣 | | |
| | | | E. A. O. ショネカン政権発足 | | |
| | 11. | 18. | クーデター。E. A. O. ショネカン退陣 | | |
| | 11. | 27. | S. アバチャ軍事政権発足 | | |
| 1996. | 10. | 1. | S. アバチャ，民政移管スケジュール公表 | 36州体制 | |
| 1997. | 12. | 21. | クーデター未遂。O. ディヤ，後に逮捕 | | |
| 1998. | 6. | 8. | S. アバチャ病死。A. アブバカール軍事政権発足 | | |
| 1999. | 5. | 29. | 民政移管（第四共和政），1999年憲法施行 | | |
| | | | O. オバサンジョ政権発足 | | |
| 2001. | 8. | — | | | 歳入動員配分財政委員会勧告 |
| 2002. | 5. | 8. | | | 歳入（連邦会計等）配分（修正）令公布 |
| | 7. | 26. | | | 歳入（連邦会計等）配分（修正）令公布 |
| 2003. | 5. | 29. | O. オバサンジョ第2次政権発足 | | |
| 2004. | 9. | 20. | | | 歳入動員配分財政委員会勧告 |
| 2007. | 5. | 29. | U. M. ヤラドゥア政権発足 | | |
| 2009. | 11 | 23. | U. M. ヤラドゥア大統領，病気治療のため出国 | | |
| 2010. | 2. | 9. | G. ジョナサン，大統領代行 | | |
| | 5. | 5. | U. M. ヤラドゥア大統領，病死 | | |
| | 5. | 6. | G. ジョナサン，憲法の規定より大統領に就任 | | |
| 2011. | 4. | 16. | G. ジョナサン，大統領選挙で当選・政権発足 | | |
| 2015. | 4. | 1. | M. ブハリ，大統領選挙で当選確定 | | |

（出所）筆者作成。

16議席 ——，バレワ連邦首相の出身政党であるNPCがNCNCとの連立内閣を組織した。このバレワ政権の26名の閣僚のうち，半数の13名が北部，7名が西部，そして6名が東部の出身者であった[16]。その後，アジキィウェが1960年10月の「独立憲法」に基づいて総督に，さらに1963年10月の共和政への移行に伴い，初代大統領に就任して連邦政権を担当した。

　前節で見てきたように，連邦国家のナイジェリアにとって，歳入配分方式は独立以前からの大きな問題であった。そのためと思われるが，1963年10月に施行された「1963年共和国憲法」には，歳入配分に係わるかなり具体的な規定が盛り込まれている[17]。同憲法は，全体で12章166条およびスケジュールによって構成されているが，その第9章「財政」第Ⅱ部「歳入の配分」（第136〜145条）に規定されている内容について，第33表の中に纏めてみた。

　この第33表と前掲第26表とを比べて見ると明らかであるが，「1963年共和国憲法」における諸規定は，1957年のレイスマン委員会の勧告をほぼ引き継いだものである[18]。すなわち，関税，消費税，鉱区地代・ロイヤルティーなどの主要歳入に係わる垂直的配分の比率や，水平的配分の基準における派生主義の採用などは，レイスマン報告とほぼ同じである。異なる点と言えば，独立時に南カメルーンが離脱し，また1963年8月に中西部州が西部州から分離したのを受けて，北部を除く予備会

---

[16]　Ngou, C. M., "The 1959 Election and Formation of the Independence Government," in Ekeh, P. P., et al., eds., *Nigeria since Independence : The First 25 Years*, Vol. V., *Politics and Constitutions*, Ibadan, Heinemann Educational Books (Nigeria), 1989, p. 101 を参照。

[17]　「1963年共和国憲法」については，*The Constitution of the Federal Republic of Nigeria*（以下，*The Constitution*），1963, Lagos, 1st October, 1963 を参照。

[18]　なお，1960年の独立憲法においても，第9章「財政」第Ⅰ部「連邦の公的基金」第Ⅱ部「歳入の配分」（第130〜139条）において歳入配分問題が規定されているが，その内容は，中西部に係わる箇所を除いて，「1963年共和国憲法」とほぼ同じである。「1960年独立憲法」については，*The Independence Constitution 1960*, Lagos, 1st October, 1960 を参照。

# 第33表　ナイジェリアにおける国家歳入の配分方式：1963/64～1975/76年

| 設置・布告年 | 委員会勧告・政府布告等 | 実施年 | 対象項目 | 垂直的配分比率（%）連邦政府 | 北部 | 西部 | 東部 | 中西部 | 予備会計 | 合計 | 水平的配分の基準[6] 派生主義 | 同等財政 | 増収努力 | 均等配分 | 人口数 |
|---|---|---|---|---|---|---|---|---|---|---|---|---|---|---|---|
| 1963 | 1963年共和国憲法上の規定 | 1963/64~65/66 | 輸入税（酒類） | 100 | – | – | – | – | – | 100 | | | | | ○ |
| | | | 輸入税（燃料油・煙草） | 70 | – | – | – | – | 30 | 100 | | | | | ○ |
| | | | 輸入税（その他） | – | – | 100 | – | – | – | 100 | | | | | ○ |
| | | | 輸出税（農産物・皮革） | – | 100 | – | – | – | – | 100 | ○ | | | | |
| | | | 消費税（燃料油・煙草） | 100 | – | – | – | – | – | 100 | | | | | ○ |
| | | | 消費税（その他） | – | 100 | – | – | – | – | 100 | | | | | ○ |
| | | | 陸上鉱区地代・ロイヤルティー | 20 | – | – | 50 | – | 30 | 100 | ○ | | | | |
| | | | 予備補助金 | – | 40 | 18 | 31 | 6 | – | 95 | | | | ○ | ○ |
| 1964 | ピーコック委員会 | 1966（67~69）/70 | 輸入税（酒類） | 100 | – | – | – | – | – | 100 | | | | | ○ |
| | | | 輸入税（燃料油・煙草） | 65 | – | – | – | – | 35 | 100 | | | | | ○ |
| | | | 輸入税（その他） | – | – | 100 | – | – | – | 100 | | | | | ○ |
| | | | 輸出税（農産物・皮革） | – | 100 | – | – | – | – | 100 | ○ | | | | |
| | | | 消費税（燃料油・煙草） | 100 | – | – | – | – | – | 100 | | | | | ○ |
| | | | 消費税（その他） | – | 100 | – | – | – | – | 100 | | | | | ○ |
| | | | 陸上鉱区地代・ロイヤルティー | 15 | – | – | 50 | – | 35 | 100 | ○ | | | | |
| | | | 年補助金[1] | – | 200 | 60 | 80 | 35 | – | 375 | | | | ○ | ○ |
| 1967 | ゴウォン軍政府布告第15号 | 1967/68~69/70 | 予備会計[2] | – | 42 | 20 | 30 | 8 | – | 100 | | | | ○ | ○ |
| 1968 | ダイナ暫定委員会 | 1967/68~69/70 | 予備会計[2] | – | 42 | 20 | 30 | 8 | – | 100 | | | | ○ | ○ |
| | | | 輸入税 | 50 | – | – | – | – | 50[3] | 100 | | | | | ○ |
| | | | 輸出税 | 15 | – | 10 | – | – | 75[4] | 100 | ○ | | | | |
| | | | 消費税 | 60 | – | – | – | – | 40[5] | 100 | | | | | ○ |
| | | | 陸上鉱区地代・ロイヤルティー | 15 | – | – | 10 | – | 75[4] | 100 | ○ | | | | |
| | | | 沖合鉱区地代・ロイヤルティー | 60 | – | – | 10 | – | 40[5] | 100 | ○ | | | | |
| 1970 | ゴウォン軍政府布告第13号 | 1969/70~74/75 | 輸入税（酒類） | 100 | – | – | – | – | – | 100 | | | | | ○ |
| | | | 輸入税（その他） | 50 | – | – | – | – | 50 | 100 | | | | | ○ |
| | | | 輸出税（農産物・皮革） | – | 100 | – | – | – | – | 100 | ○ | | | | |
| | | | 輸出税（その他） | 65 | – | – | 60 | – | 35 | 100 | ○ | | | | |
| | | | 消費税 | 100 | – | – | – | – | – | 100 | | | | | ○ |
| | | | 陸上鉱区地代・ロイヤルティー | 5 | – | – | 45 | – | 50 | 100 | ○ | | | | |
| | | | 沖合鉱区地代・ロイヤルティー | 100 | – | – | – | – | – | 100 | | | | | ○ |
| 1971 | ゴウォン軍政府布告第9号 | 1971（72~74）/75 | 輸入税 | 100 | – | – | – | – | – | 100 | | | | | ○ |
| | | | 輸出税 | 65 | – | – | – | – | 35 | 100 | ○ | | | | |
| | | | 消費税 | 100 | – | – | – | – | – | 100 | | | | | ○ |
| | | | 陸上鉱区地代・ロイヤルティー | 5 | – | – | 45 | – | 50 | 100 | ○ | | | | |
| | | | 沖合鉱区地代・ロイヤルティー | 100 | – | – | – | – | – | 100 | | | | | ○ |
| 1975 | ゴウォン軍政府布告第6号 | 1975/76 | 輸入税（酒類） | 100 | – | – | – | – | – | 100 | | | | | ○ |
| | | | 輸入税（燃料油・煙草） | 65 | – | – | – | – | 35 | 100 | | | | | ○ |
| | | | 輸出税（農産物・皮革） | – | – | – | – | – | 100 | 100 | ○ | | | | |
| | | | 消費税 | 50 | – | – | – | – | 50 | 100 | | | | | ○ |
| | | | 陸上鉱区地代・ロイヤルティー | – | – | – | – | – | 100 | 100 | ○ | | | | |
| | | | 沖合鉱区地代・ロイヤルティー | – | – | – | – | – | 100 | 100 | | | | | ○ |
| 1975 | ムハンマド軍政府布告第7号 | 1975/76 | 輸入税（酒類） | 100 | – | – | – | – | – | 100 | | | | | ○ |
| | | | 輸入税（燃料油・煙草） | 65 | – | – | – | – | 35 | 100 | | | | | ○ |
| | | | 輸出税（農産物・皮革） | – | – | – | – | – | 100 | 100 | ○ | | | | |
| | | | 消費税（全品） | 20 | – | – | – | – | 80 | 100 | | | | | ○ |
| | | | 陸上鉱区地代・ロイヤルティー | – | – | – | – | – | 100 | 100 | ○ | | | | |
| | | | 沖合鉱区地代・ロイヤルティー | 50 | – | – | – | – | 50 | 100 | | | | | ○ |

（注）　1）単位は万ポンド。　2）1966/67年に実施。　3）各州共同会計に50%を配分。　4）各州共同会計に70%、特別共同会計に5%を配分。　5）各州共同会計に30%、特別助成基金に10%を配分。
6）各基準のうち、派生主義については、州政府に対して垂直的に配分した部分に配分する各州間の配分基準、その他の項目については、予備会計の水平的配分に係わる配分基準。

（出所）　(1) The Constitution of the Federal Republic of Nigeria 1963, Chapter IX, Finance, Lagos, 1st October, 1963.
(2) Adedeji, A., Nigerian Federal Finance : Its Development, Problems and Prospects, London, Hutchinson Educational, 1969 (Rep., 1971), pp. 231-251.
(3) Oyovbaire, S. E., "The Politics of Revenue Allocation," in Panter-Brick, K., ed., Soldiers and Oil : The Political Transformation of Nigeria, London, Frank Cass, 1978, pp. 224-249.
(4) Okigbo, P. N. C., Nigeria's Financial System : Structure and Growth, Harlow, Longman, 1981, pp. 172-174.
(5) Ikein, A. A. and C. Briggs-Anigboh, Oil and Fiscal Federalism in Nigeria : The Political Economy of Resource Allocation in a Developing Country, Aldershot, Ashgate, 1998, pp. 106-217.
(6) Revenue Mobilization Allocation and Fiscal Commission, Report of Revenue Allocation Formula, Abuja, December 2002, pp. xxviii-xxxx, 8-25.
(7) Uche, C. U. and O. C. Uche, Oil and the Politics of Revenue Allocation in Nigeria, Leiden, African Studies Centre, 2004, pp. 20-27.
(8) Ekpo, A. H. Intergovernmental Fiscal Relations : The Nigerian Experience, Uyo, University of Uyo, 2004, pp. 12-18 より作成。

計の配分比率が変更された点である。なお，この「予備会計」については，同憲法では合計95％分の配分しか規定しておらず，また，水平的配分の基準に如何なる原則を採用するのか，という点についても触れられていない。

　ところで，この「1963年共和国憲法」の第12章「その他」の第164条には，「連邦政府は，各州政府と協議しながら，本憲法の第140条および第141条の規定を見直し，勧告を行う委員会を随時，任命する」と規定されている。ここで言う第140条とは，「鉱区地代・ロイヤルティー」を，また第141条は「予備会計の水平的配分」を規定した条項である。

## ２ ビーンズ委員会の発足

　この「1963年共和国憲法」第164条の規定を受けて，1964年6月，オーストラリア・タスマニア州の国税長官を務めた経歴を持つ，ビーンズを委員長とする委員会が発足した[19]。歳入配分に係わる数値などがこと細かく憲法で規定されている以上，「ビーンズ委員会」はそれを大きく逸脱することはできなかったが，それでも，前掲第33表に見られるように，主として①酒類，燃料油，および煙草を除く輸入税と陸上鉱区の地代・ロイヤルティーの垂直的配分につき，連邦政府の留保分を各々70％から65％へ，20％から15％へ削減する，②予備会計の州別配分比率につき，北部は40％から42％，西部は18％から20％，東部は31％から30％，および中西部は6％から8％に変更し，合計100％とする，および③1966/67〜1969/70年度の向こう4年間に互り，毎年，合計で375万ポンドを補助金として支出し，その州別配分額については，北部に200万ポンド，西部に60万ポンド，東部に80万ポンド，そして中西部に35万ポンドとする，という勧告を行った。

　ここで注目すべきなのは，水平的配分の基準として，「派生主義」お

---

[19]　ビーンズ委員会については，Adedeji, A., *op.cit.*, pp. 231–244 を参照。

および「必要性」を採用せずに，「域内での増収努力」を強化しつつ，各州政府の間における「財政状態の同等化」を達成する，という原則を掲げた点である。すなわち，同委員会は，各州政府が各々の社会的責任を果たすために必要な財政状態について，域内の徴税状況，現金持高，州の公営企業の経営状況，マーケティング・ボード（Marketing Board, MB）の運営状況，下位の行政単位である地方政府との財政的関係など，ひと言でいえば，各州政府の「経常予算案の達成の見通し」を予測しながら，上述の勧告を行ったのである。例えば，予備会計と補助金の配分において，西部州と中西部州が憲法上の規定よりも優遇されているが，前者については，産油地帯を抱える中西部州の分離によって財政状況が悪化すると予測され，後者については，新州設置の初期段階で州政府の歳出が何かと増えるであろうと予測された。東部については，今後の石油開発の進展が予想されるなか，予備基金の配分を削減しつつも，毎年の補助金では，西部・中西部を上回る金額を割り当てられている。最も優遇された北部については —— 連邦議会における政治的優位性に配慮したのであろうか ——，「他の州と比較して域内歳入が乏しく，今後も増収が見込めない」という北部の主張を認めたように思われる。

だが，ビーンズ委員会自身が認めるように，各州政府の経常予算案が達成されるか否かについて，向こう4年間の長期に亙って予測することは容易ではなく，また，そもそも，「財政状態の同等化」という基準は，レイスマン委員会などで採用されてきた「必要性」と同義ではないのか，という批判も出された[20]。加えて，教育や健康・保健などの基本的サービス，あるいは農業政策を現実に担ってきたのは，多くの州において，州政府よりもむしろ「地方政府」やより下位の行政単位である「共同体」であった。ところが，これらの行政単位の財政状態を正確に把握するのは，さらに困難である。

加えて，各州にとって有力な徴税機関になっていた，マーケティング・ボード（MB）の存在も重要である。それゆえ，MBの歴史と機能

---

[20]　*ibid.*, p. 241 を参照。

について，ここで簡単に見ておきたい[21]。MBの前史は，イギリスの「戦時経済統制」，すなわち第二次世界大戦中のココア統制にまで遡ることができる。1940年8月にイギリス植民地省の管轄下で西アフリカ・ココアMBが設立され，その後1942年5月に，統制対象がオイル・パーム，落花生，およびゴムにまで拡大され，同ココアMBは西アフリカ農産物MBに改組された。連合アフリカ会社──前述のナイジェリアUAC社の前身会社──などの外国商社は「認可買付代理人」に指名され，イギリス食糧省が統制下の農産物を一括して購入・輸入することになった。

　第二次世界大戦後になると，その管轄がイギリス植民地省からナイジェリア植民地政府へ，さらには各州政府に移行していった。まず，1947年2月の改革によって，イギリス食糧省への販売価格がそれまでの「費用価格」──生産者価格に認可買付代理人への報酬および西アフリカ農産物MBの諸経費を加算した金額──に規制されなくなり，西アフリカ農産物MBは，費用価格に「自己の取り分」を上乗せして販売し，自己の管理下で剰余金を蓄積できることになった。それと同時に，同MBの統制対象からココアが外されて，ナイジェリアとゴールド・コースト（当時）に各々ココアのMBが分離・新設された。その2年後の1949年4月に，ナイジェリアではココアに加えて，オイル・パーム，落花生，および棉花の農産物ごとのMBが設立され──ゴムは対象外になる──，西アフリカ農産物MBの業務を引き継いだ。同MBが蓄積した剰余金は，わずか2年間で2,484万ポンドに達していたが，取引実績に応じて，上記4つの農産物MBに配分された。

　その後，すでに触れたように，1954年10月の「リッテルトン憲法」の公布に伴って連邦制が導入されると，農産物ごとの全国組織であった4つのMBが，ラゴス州を除く各州のMBと中央MBに再編成された。中央MBは各州MBのために共通の船積みや海外での販売を調整した

---

[21]　以下のマーケティング・ボードについては，室井義雄「ナイジェリアの近代化と農業問題」（『経済学批判』第9号，1980年11月，88〜95頁）を参照。

が，その機能は，各州 MB が出資して1958年に新設された，ナイジェリア農産物マーケティング会社（Nigerian Produce Marketing Company Ltd., NPMC）に引き継がれた。各州 MB は，独立後も1977年まで存続し，各州独自の諸政策を行うことになったのである。これらの各州 MB は，オバサンジョ連邦軍事政権下の1977年に農産物ごとの全国 MB 組織に再改組され，その後，ババンギダ連邦軍事政権下の1980年代後半になって，MB 制度が最終的に廃止されている。

　さて，第34表に見られるように，ひと言でいえば，MB は世界市場価格よりもはるかに低い生産者価格を設定してその差額分を剰余金として蓄積する一方で，小農生産者からはさらに輸出税と販売税を徴収してきた。そして，連邦制が導入された1954年以降は，輸出税は連邦政府

第34表　ナイジェリアにおける主要農産物の価格構造と小農生産者の所得削減：1947/48～1966/67年

（単位：100万ポンド，％）

| 農産物・年度 | | 小農生産者の負担 | | | 諸経費[1] | 生産者価格 | 本船渡輸出価格 | 潜在的生産者所得[2] | 所得削減率[3] |
|---|---|---|---|---|---|---|---|---|---|
| | | MB剰余金 | 輸出税 | 販売税 | | | | | |
| パーム油・核 | 1947/48～53/54 | 28.2 | 18.8 | 0.0 | 35.6 | 140.8 | 223.4 | 187.8 | 25.0 |
| | 1954/55～60/61 | 17.0 | 24.8 | 8.9 | 50.2 | 144.6 | 245.5 | 195.3 | 26.0 |
| | 1961/62～66/67 | 35.4 | 15.0 | 5.6 | 31.3 | 82.6 | 169.9 | 138.6 | 40.0 |
| | 計 | 80.6 | 58.6 | 14.5 | 117.1 | 368.0 | 638.8 | 521.7 | 29.5 |
| ココア | 1947/48～53/54 | 33.8 | 33.1 | 0.4 | 14.4 | 98.0 | 179.7 | 165.3 | 40.7 |
| | 1954/55～60/61 | 9.7 | 33.7 | 3.4 | 19.1 | 141.3 | 207.2 | 188.1 | 24.9 |
| | 1961/62～66/67 | 29.1 | 24.4 | 5.0 | 28.0 | 124.4 | 210.9 | 182.9 | 21.0 |
| | 計 | 72.6 | 91.2 | 8.8 | 61.5 | 363.7 | 597.8 | 536.3 | 32.2 |
| 落花生 | 1947/48～53/54 | 27.8 | 11.3 | 0.4 | 26.7 | 57.3 | 123.5 | 96.8 | 40.8 |
| | 1954/55～60/61 | −2.0 | 20.8 | 3.6 | 54.5 | 110.8 | 187.7 | 133.3 | 16.8 |
| | 1961/62～66/67 | 1.7 | 23.1 | 3.3 | 59.6 | 137.9 | 225.6 | 166.0 | 16.9 |
| | 計 | 27.5 | 55.2 | 7.3 | 140.8 | 306.0 | 536.8 | 396.0 | 22.7 |

（注）1）認可買付代理人への報酬，輸出港までの運賃などを含む。2）潜在的生産者所得＝生産者価格＋輸出税＋販売税＋MB の剰余金。

3）所得削減率＝$\dfrac{潜在的生産者所得−生産者価格}{潜在的生産者所得} \times 100$

（出所）Onitiri, H. M. A. and D. Olatunbosun, eds., *The Marketing Board System*, Ibadan, Nigerian Institute of Social and Economc Research, 1974, pp. 15–17, 23–26 より作成。

の，販売税は各州政府の重要な歳入になった。小農生産者にとっては，そうした負担がないと仮定した場合に入手できる「潜在的生産者所得」から，パーム油・核で29.5％，ココアで32.2％，および落花生で22.7％もの所得が削減されてきたのである。

　MBに蓄積された莫大な剰余金は，本来であれば，①農産物の価格安定化基金に70％，②農業開発資金に22.5％，および③農業の調査研究費に7.5％が充当されるはずであった。だが現実には，1954年の改革以前には，主に連合王国債権の購入に充てられ，「植民地保有残高あるいは資金」としてロンドンで保有された。ここに，第二次世界大戦後の「スターリング地域機構」を支えた金融メカニズムの一端を垣間見ることができるのであるが，1954年以降は，各州MBの剰余金は主に各州政府の工業開発 —— 農業開発ではなく —— 資金に充てられ，連合王国債権への支出は大きく減少している。ロンドンで保有されていたポンド資産が引き出されるとともに，剰余金の多くが各州の経済開発資金に向けられていったのである[22]。

　かつてのナイジェリアは，パーム油とパーム核で世界最大，落花生で世界第2位の輸出国，そしてココアでは世界第3位の生産国であった。前掲第3表（第I部）に見られるように，独立前後期の1958〜1960年の平均値で見ると，世界輸出に占める品目ごとのシェアは，パーム核で49.7％，パーム油で31.9％，落花生で29.2％，およびココアは世界生産の13.9％を占めている[23]。しかも，第35表に見られるように，各州政府

[22]　例えば，1947〜1954年度における4つの農産物MBの用途別支出先を見ると，経常支出を除く総額9,847万ポンドの支出のうち，6,639万ポンド（67.4％）が連合王国債権の購入に充てられていたが，連邦制導入後の1955〜1961年度では，西部，東部，および北部の3つの各州MBの経常支出を除く総額1億210万ポンドの支出のうち，4,990万ポンド（48.9％）が各州政府への贈与や貸し付け，1,399万ポンド（13.7％）が民間会社への証券投資や貸し付けに充てられ，連合王国債権への支出は1,150万ポンド（11.3％）に減少している。Helleiner, G. K., *op.cit.*, pp. 172–178 を参照。

[23]　United Africa Company Ltd., *Statistical and Economic Review*, London, No. 24, July 1960, p. 23 ; No. 25, March 1961, pp. 51–52 ; No. 26, October 1961, p. 44 を参照。

# 第35表 ナイジェリアのマーケティング・ボードによる主要農産物の買い付け：1956/57〜1962/63年

| 農産物地域 | 1956/57 | | 1958/59 | | 1960/61 | | 1962/63 | |
|---|---|---|---|---|---|---|---|---|
| | 1,000トン | % | 1,000トン | % | 1,000トン | % | 1,000トン | % |
| パーム油 | 189.9 | 100.0 | 190.6 | 100.0 | 197.6 | 100.0 | 128.5 | 100.0 |
| 　北部 | 3.5 | 1.8 | 1.9 | 1.0 | 1.0 | 0.5 | – | – |
| 　西部 | 18.9 | 10.0 | 15.4 | 8.1 | 19.1 | 9.7 | 7.6 | 5.9 |
| 　東部 | 161.9 | 85.3 | 167.1 | 87.7 | 170.0 | 86.0 | 120.9 | 94.1 |
| 　南カメルーン[2] | 5.6 | 2.9 | 6.2 | 3.2 | 7.5 | 3.8 | – | – |
| パーム核 | 461.8 | 100.0 | 460.3 | 100.0 | 428.6 | 100.0 | 362.1 | 100.0 |
| 　北部 | 14.2 | 3.1 | 18.3 | 4.0 | 18.3 | 4.3 | 19.3 | 5.3 |
| 　西部 | 231.6 | 50.2 | 226.0 | 49.1 | 196.7 | 45.9 | 173.9 | 48.0 |
| 　東部 | 211.2 | 45.7 | 211.0 | 45.8 | 208.2 | 48.6 | 168.9 | 46.7 |
| 　南カメルーン[2] | 4.8 | 1.0 | 5.0 | 1.1 | 5.4 | 1.2 | – | – |
| 落花生 | 357.9 | 100.0 | 533.4 | 100.0 | 619.1 | 100.0 | 871.5 | 100.0 |
| 　北部 | 357.9 | 100.0 | 533.4 | 100.0 | 619.1 | 100.0 | 871.5 | 100.0 |
| 　西部 | – | – | – | – | – | – | – | – |
| 　東部 | – | – | – | – | – | – | – | – |
| 　南カメルーン[2] | – | – | – | – | – | – | – | – |
| ココア[1] | 135.0 | 100.0 | 140.3 | 100.0 | 195.2 | 100.0 | 175.9 | 100.0 |
| 　北部 | 0.7 | 0.5 | 0.6 | 0.4 | 0.6 | 0.3 | 0.9 | 0.5 |
| 　西部 | 128.4 | 95.1 | 131.5 | 93.7 | 181.9 | 93.2 | 170.6 | 97.0 |
| 　東部 | 1.5 | 1.1 | 2.3 | 1.6 | 3.7 | 1.9 | 4.4 | 2.5 |
| 　南カメルーン[2] | 4.4 | 3.3 | 5.9 | 4.3 | 9.0 | 4.6 | – | – |
| 棉花 | 74.4 | 100.0 | 89.1 | 100.0 | 150.5 | 100.0 | 145.8 | 100.0 |
| 　北部 | 73.0 | 98.1 | 87.4 | 98.1 | 149.0 | 99.0 | 144.1 | 98.8 |
| 　西部 | 1.4 | 1.9 | 1.7 | 1.9 | 1.5 | 1.0 | 1.7 | 1.2 |
| 　東部 | – | – | – | – | – | – | – | – |
| 　南カメルーン[2] | – | – | – | – | – | – | – | – |
| ベニシード | 16.2 | 100.0 | 16.3 | 100.0 | 27.5 | 100.0 | 21.4 | 100.0 |
| 　北部 | 15.8 | 97.5 | 16.2 | 99.4 | 27.1 | 98.5 | 20.8 | 97.2 |
| 　西部 | – | – | – | – | – | – | – | – |
| 　東部 | 0.4 | 2.5 | 0.1 | 0.6 | 0.4 | 1.5 | 0.6 | 2.8 |
| 　南カメルーン[2] | – | – | – | – | – | – | – | – |
| 大豆 | 16.0 | 100.0 | 3.3 | 100.0 | 13.8 | 100.0 | 26.6 | 100.0 |
| 　北部 | 15.3 | 95.6 | 3.1 | 93.9 | 13.1 | 94.9 | 25.1 | 94.4 |
| 　西部 | – | – | – | – | – | – | – | – |
| 　東部 | 0.7 | 4.4 | 0.2 | 6.1 | 0.7 | 5.1 | 1.5 | 5.6 |
| 　南カメルーン[2] | – | – | – | – | – | – | – | – |

（注）　1）ココアの会計年度は1月1日〜12月31日。　2）1960年10月にナイジェリア連邦から離脱。

（出所）Helleiner, G. K., *op.cit.*, pp. 451–460より作成。

の財政均衡という点では好都合なことに，各農産物の生産地は，パーム油が東部，パーム核が東部と西部，ココアが西部，落花生，棉花，ベニシード，および大豆が北部というように，はっきりと分かれていた。例えば，落花生と棉花は98〜100％が北部，ココアはおよそ95％が西部，パーム油は85〜94％前後が東部，そしてパーム核は95％が東部・西部の両州から買い付けられた。これらの輸出向け換金作物からの収入（販売税，MBからの贈与金など）は，1955/56〜1965/66年度にかけて，各州政府の歳入のおおよそ20％弱〜30％強を占めていた[24]。各州MBの統制下に置かれたこれらの農産物収入は，作柄の状況や世界市場価格の変動に左右されるとは言え，各州政府の重要な財源になっていたのである。

---

[24]　World Bank, *Nigeria : Option for Long-Term Development*, Baltimore, Johns Hopkins University Press, 1974, p. 174 を参照。

# Ⅲ　前期軍政時代：1966〜1979年

　前掲第32表に見られるように，この「前期軍政時代」には，ビアフラ戦争を挟んで，合計4回の軍事クーデターが勃発している。まずは，その経緯を簡単に見ておきたい[25]。

## ■1 軍事クーデターとビアフラ戦争の勃発

　この時期に勃発した4回の軍事クーデターとビアフラ戦争の原因について見てみると，大きく言えば，①1966年1月の軍事クーデターは，東部イボ人による北部ハウサ－フラニ人支配体制への挑戦，②1966年7月の軍事クーデターと翌1967年7月に勃発したビアフラ戦争は，それに対する北部ハウサ－フラニ人による反撃という，部族的・地域的な対立の様相を色濃く帯びていた。これに対して，③1975年7月と1976年2月の軍事クーデターは，軍内部の主導権争い，あるいは若手将校の不満という，いわゆる「パレス・クーデター」であった。

### ⑴ 1966年1月軍事クーデター

　ビーンズ委員会の勧告が出されて2年も経ない1966年1月15日の未明，東部州出身のイボ人で陸軍第二歩兵旅団副官の E. イフェアジュナ（Emmanuel Ifeajuna）陸軍少佐を中心とする軍事クーデターが勃発した。同クーデターを計画・実行した7名の陸軍少佐のうち，ヨルバ人1名を

---

(25)　以下の経緯については，Bennett, V. P. and A. H. M. Kirk-Green, "Back to the Barracks : A Decade of Marking Time," in Panter-Brick, K., ed., *op.cit.*, pp. 13–25 ; Campbell, L., "Reorganization and Military Withdrawal," in *ibid.*, pp. 77–91 ; Dent, M. J., "Corrective Government : Military Rule in Perspective," in *ibid.*, pp. 107–133 ; Turner, T., "Commercial Capitalism and the 1975 Coup," in *ibid.*, pp. 179–193 ; 室井義雄『ビアフラ戦争 — 叢林に消えた共和国 — 』山川出版社，2003年を参照。

除く 6 名の全員と，その他の23名の将校のうちの19名がイボ人であった。他方，殺害された 7 名の中佐以上の軍高官のうち，4 名が北部，2 名が西部の出身者であった。また，殺害された主要な政治家のうち，バレワ連邦首相と北部州知事のベローはフラニ人，連邦蔵相の F. S. オコティーエボー（Festus Samuel Okotie-Eboh）と西部州知事のアキントラはともにヨルバ人であった。

　このクーデターは，2 日後に，同じく東部州出身のイボ人でキリスト教徒であった，全軍最高指令官のアギーーイロンシ陸軍少将によって鎮圧され，同陸軍少将が国家元首に就任して連邦軍事政権を掌握した。このクーデターによって，中佐以上の高級将校14名のうち，実に半数の 7 名を失ったため，アギーーイロンシ国家元首は1966年 5 月に12名の陸軍中佐を新たに任命したが，そのうちの 8 名はイボ人であり，北部出身者はわずか 1 名だけであった。すなわち，アギーーイロンシ国家元首自身も，あからさまなイボ人優先人事を行ったのである。

　こうして，国軍内部ではとりわけ北部と東部の間で緊張が高まっていたが，これにいっそうの拍車をかけたのが，アギーーイロンシ国家元首による「統一政府構想」であった。1966年 5 月，同国家元首は，連邦制の廃止と統一政体への移行を規定した「布告第34号」を突如，公布した。

## ⑵ 1966年 7 月軍事クーデター

　だが，この性急な措置は，当時の政治状況と国軍内部の緊張関係を考えると，最悪の選択であった。同年 5 月末，北部州のカノ，カドゥナ，ザリアなどの各都市において，「イボ帝国主義反対」「即座に北部の分離を」などというスローガンを掲げた大規模な抗議集会が開かれ，混乱の中でイボ人を中心におよそ3,300人が殺害された。

　これらを背景として，1966年 7 月28日の夜半，西部州アベオクタの陸軍駐屯地において，北部州出身の下士官たちが反乱を起こし，同駐屯地の指揮官を含む多数のイボ人将校と兵士を殺害して，兵器庫を押さえた。このニュースは，ラゴスの全軍参謀本部と，この時アベオクタから

80km ほど離れたイバダンに滞在していたアギー―イロンシ国家元首に
も伝えられたが，翌29日，同国家元首は反乱軍によって拘束・殺害さ
れた。

　下士官たちの反乱は，その後，ラゴス地区の陸軍兵舎やカドゥナの第
３歩兵大隊などにも波及し，国軍内部においてさえ，もはや反イボ人感
情を統制しきれなくなった。同クーデターで殺害されたイボ人の軍高官
は，アギー―イロンシ国家元首以下，３名の陸軍中佐，９名の陸軍少
佐，合計で13名に達した。国軍内部の権力構造が，完全に北部主導型
に一変したのである。

　こうした中で，少数部族のアンガス人ではあるものの，北部州出身の
軍人としては最古参であり，同僚の軍高官からも信頼を得ていたゴウォ
ン中佐が反乱兵士を説得して，1966年８月１日，新政権の樹立と自身
の国家元首・全軍最高司令官への就任を国営ラジオで放送した。

⑶　ビアフラ戦争

　ところが，北部州の各都市では，とりわけ1966年９月末以降，イス
ラーム教徒によるイボ人 ―― その大半はキリスト教徒である ―― の大
量虐殺が始まった。わずか１ヵ月間に殺害されたイボ人の数は，連邦
政府資料で4,700人，東部州知事のオジュクゥ陸軍中佐の発言で１万人
であった。また，1967年４月のロンドンの週刊誌『西アフリカ』(*West
Africa*) によると，北部地域から脱出したイボ人を始めとする難民は
158万人に達したという。

　こうした中で，ゴウォン国家元首は，すでに1966年８月８日に，上
述のアギー―イロンシ国家元首により公布された「布告第34号」を廃
棄して，暫定的に連邦制に戻ることを公表していたが，同胞のイボ人の
大量虐殺を経験したオジュクゥ東部州知事は，連合政体への移行を強く
主張した。両者の対立が深まる中で，結局のところ，東部州は分離・独
立の道を選択したのである。

　1967年５月27日，ゴウォン国家元首は，東部州の連邦からの分離を
牽制するため，また，北部州の少数部族の要求に応じる形で，ナイジェ

リアを12の州に分割・新設する「布告第13号」を公布したが，同年5月30日，オジュクゥ東部州知事はビアフラ共和国の建国を公式に宣言した。

　その後1ヵ月余り経った1967年7月6日，「オジュクゥ中佐を逮捕するための短期間の警察行動」として，連邦軍による戦闘が南・北の3地点から開始された。だが，ビアフラ戦争は，短期間どころか，1970年1月12日まで2年半も続くことになった。ビアフラ情報部の公式発表によると，1969年12月初旬時点において，戦死者20万人，空爆などによる民間人の死者2万人，子供を中心とする餓死者150万人，および同月以降の戦死者・餓死者が1日当たり2,000人であった。こうして，ビアフラ戦争の犠牲者は，およそ200万人と推定されている。

## ⑷ 1975年7月軍事クーデター

　ビアフラ戦争の終結後，しばらく経った1975年7月29日，ウガンダのカンパラで開催されたアフリカ統一機構（Organization of African Unity, OAU）の第12回首脳会議に出席中だったゴウォン国家元首が追放され，北部カノ州出身のハウサ人でイスラーム教徒のムハンメド陸軍准将が政権を掌握して，国家元首に就任した。彼は，1966年7月軍事クーデターの鎮圧やビアフラ戦争ではゴウォン国家元首と共に闘い，また同政権下では連邦情報相を担当していたが，ゴウォン国家元首とは長年の敵対関係にあった。なお，ムハンメド連邦軍事政権下の全軍最高司令官には，ビアフラ戦争を共に闘った，西部州出身のヨルバ人でキリスト教徒のオバサンジョ陸軍准将が就任している。

　このクーデターの大義名分は，ひと言でいえば，「ゴウォン政権下での不正・汚職を一掃する」ことにあった。ムハンメド新国家元首は，様々な改革案を作成・実行したが，その一つは，大胆にも，汚職に塗れているとされた12州の軍人知事と陸軍大将の全員，連邦政府と各州政府の各種大臣・長官の大半を含む，多数の軍高官，高級官僚，国営公社職員，国立大学の教職員，あるいは法曹人を更迭したことである――その人数はおよそ1万人とも言われているが，ここまで徹底的な汚職追

放を断行したのは，ナイジェリアの歴史上，初めてである――。また，1979年までには民政に移管すると公表し，そのための下準備として，1975年10月に50名の委員からなる憲法草案作成委員会を発足させ[26]，さらに，1976年2月には北部と西部を中心に7つの州を新設するとともに，連邦首都領を国土のほぼ「中央」に位置するアブジャに――「部族融和」の想いを込めて――移設した（前掲第5表［第I部］を参照）。

　こうした，ムハンメド国家元首の「単純かつ大胆」な改革は，多くのナイジェリア市民からは歓迎されたようで，その後，ラゴス近郊イケジャの国際空港は彼の名前を付して「ムルタラ・ムハンメド空港」と呼ばれるようになり，また20ナイラ紙幣には，彼の肖像画が印刷されている[27]。

### (5) 1976年2月軍事クーデター

　だが，1976年2月13日，独立後第4回目の軍事クーデターが勃発し，ムハンメド国家元首とクワラ州知事のI. タイウォ（Ibrahim Taiwo）陸軍大佐が殺害された。同クーデターは，上述のムハンメド政権による極端な改革に不満を持った若手将校を中心に画策され，ラゴスとカドゥナの2ヵ所で軍事行動が起こされた。だが賛同者は少なく，翌14日には，オバサンジョ全軍最高司令官によって鎮圧され，彼が国家元首に就任して連邦軍事政権を掌握した。

　このクーデターを主導したのは，陸軍体育学校の教官をしていたB. S. ディムカ（B. S. Dimka）陸軍中佐であったが，その後，彼は1976年3月5日に逃走中のアナムブラ州のアバカリキで拘束され，軍事法廷での審理を経たのち，同3月15日に他の6人の同クーデター実行者とと

---

[26] Joseph, R. A., *Democracy and Prebendal Politics in Nigeria : The Rise and Fall of the Second Republic*, Cambridge, Cambridge University Press, 1987, p. 38 を参照。

[27] ちなみに，本書に係わる人物名で見ると，1ナイラ紙幣にはマコーレー，5ナイラ紙幣にはバレワ，100ナイラ紙幣にはアウォロウォ，200ナイラ紙幣にはベローの肖像画が印刷されている（筆者所蔵のナイジェリア紙幣より）。

もに公開処刑された。

　なお，オバサンジョ新国家元首は，1979年までに民政に移管するという前任者の約束を守り，1979年10月に民政移管が実現して第二共和政が成立している。

## ② 12州体制への移行とダイナ暫定委員会の発足

　さて，上述のように，ナイジェリアは1967年5月に12州体制に移行した。この新州の増設問題は，「多部族国家」ナイジェリアのいわば宿命であり，すでに触れたように，少数部族が独立前から主張してきた懸案事項でもあった。第4図に見られるように，新州の増設は，その後30年間も継続する，極めて重要な政治的課題になっている。

　この12州体制への移行に伴い，とりわけ増設された各州への水平的配分を如何に行うのか，という問題が浮上した[28]。1967年5月にゴウォン連邦軍事政権によって公布された「布告第15号」には，各州への歳入配分方式について，次のように規定されている。すなわち，前掲第33表に見られるように，①6州に増設された北部については，北部州全体に割り当てられていた42％分を単純に6等分して，各々7％ずつの配分にする，②3州に増設された東部州については，東央部州に17.5％，南東部州に7.5％，およびリヴァーズ州に5％の配分とする，③2州に増設された西部州については，西部州に18％，ラゴス州に2％の配分とする，および④増設のなかった中西部州については，従来通りの8％の配分にする，というものであった。

　ここに見られるように，各州間における水平的配分の基準としては，東部州と西部州については――および，1963年8月に中西部州が分離した時においても――「人口数」のみが用いられて，「均等発展」や「必要性」などといった従来型の基準は放棄されている。また，北部州につ

---

[28]　以下の新州増設に係わる歳入配分問題については，Adedeji, A., *op.cit.*, pp. 244–251を参照。

## 第4図　ナイジェリアにおける新州の増設：独立以降

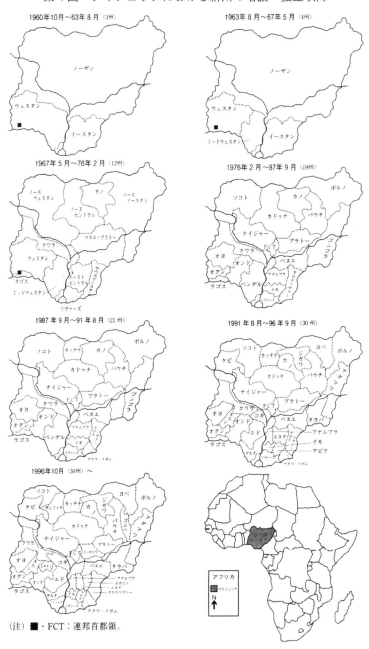

1960年10月〜63年8月 (3州)

1963年8月〜67年5月 (4州)

1967年5月〜76年2月 (12州)

1976年2月〜87年9月 (19州)

1987年9月〜91年8月 (21州)

1991年8月〜96年9月 (30州)

1996年10月 (36州)〜

(注)　■・FCT：連邦首都領。

(出所)　筆者作成。

いては，単純に「均等按分」されているが，その理由は，増設された州の数が多かったことと，歳入配分に係わる確固たる基準を見出せなかったためと思われる。ただし，このやや安易な対応が北部州の反発を買うことは必至であった。

　加えて，増設された新州への資産配分という問題も残された。例えば，旧北部州政府の保有する金融資産は，①土着統治機構の余剰基金，②歳入確立基金，③貸出金・投資資金，および④現金持高によって構成されていた。これらのうち，①の余剰基金については，土着の統治機構の所在が明確なので各州への配分にさほど問題はなかったものの，後三者については，結局のところ，「人口数」を基準として資産配分を行わざるを得なかった。

「布告第15号」が公布された1年後の1968年7月，ゴウォン連邦軍事政権は，I. ダイナ（Isaac Dina）を委員長とする暫定委員会を発足させた。この「ダイナ暫定委員会」は，1946年に設置されたフィリプソン委員会から数えて第6回目の歳入配分検討委員会であるが，初めて，ナイジェリア人だけで構成された委員会である[29]。また，同委員会に「暫定」という形容詞が付されているのは，「1963年共和国憲法」の改正を経ることなく，軍政下での臨時的措置という意味合いが込められているからである。

　このダイナ暫定委員会に委託された検討事項は，大きく見れば，12州体制への移行の影響とビアフラ戦争の成り行きを見据えつつ，従来の歳入配分方式を全般的に見直すことにあった。同委員会の基本姿勢は，「完全に統合化された国民経済と，真に合体されたナイジェリアの創出を模索する」というものであったが，現状認識としては，次の5点を挙げている。すなわち，①12州体制への移行によって，連邦政府と各州

---

[29]　以下の「ダイナ暫定委員会」については，Oyovbaire, S. E., "The Politics of Revenue Allocation," in Panter-Brick, K., ed., *op.cit.*, pp. 238–243 ; Ikein, A. A. and C. Briggs-Anigboh, *op.cit.*, pp. 132–136を参照。なお，委員長のダイナは行政官の経歴を持つ経済学者であるが，その他のメンバーは，経済学者3名と行政官4名，合計8名で構成されている。Oyovbaire, S. E., *op.cit.*, p. 248を参照。

政府，および各州政府間における諸機能と利用可能な歳入に係わる不均整が拡大している，②既存の多層的な徴税権の存在は，財政上および行政上において非効率的である，③既存の歳入配分制度は，配分の原則と実施の間に大きな乖離が存在している，④過去の委員会の勧告は，明確な理論的根拠を有していない，および⑤派生主義には，あまり多くの比重を加えるべきではない，というものであった。これに加えて，ダイナ暫定委員会は，「革命的かつ論争的」な3つの提案を行った。すなわち，①石油収入の配分については，陸上油田と沖合油田を区別すべきである，②所得税率を一本化すべきである，そして③MB制度を改革すべきである，というものである。

　これらを踏まえた同委員会の勧告案については，前掲第33表に見られる通りであるが，それまで実施されてきたビーンズ委員会の勧告案と比較すると，次のような特徴を持っている。すなわち，①予備会計を「各州共同会計」に改称してその性格を明確にするとともに「特別助成会計」を新設して，両会計から各州政府への水平的配分を増やす，②この両会計は，新設する「計画・財政委員会」によって管理される，③両会計からの水平的配分の基準としては，「均等発展」，「増収努力」，および「国民的利益」を採用する —— この点はビーンズ委員会の勧告とほぼ同じであるが ——，④輸出税，および陸上鉱区の地代とロイヤルティーの水平的配分の基準に，「派生主義」を復活させる，および⑤鉱区地代・ロイヤルティーに，「陸上」と「沖合」の区別を設ける，という点である。

　とりわけ，計画・財政委員会の新設と，陸上・沖合鉱区の区別はまさに画期的であったが，ゴウォン連邦軍事政権は，「委員会に委託された権限を逸脱している」との理由で，ダイナ暫定委員会のこれらの勧告案を拒否してしまった。

## ③ 連邦軍事政権による「布告」と歳入配分

　ダイナ暫定委員会の勧告案を拒否したゴウォン連邦軍事政権 —— およ

びその後のムハンメド連邦軍事政権――は，第三者委員会の意見を聞くことなしに，一連の「布告」という形式をもって，いわば強権的に歳入配分方式を決めていった。

　前掲第33表に見られるように，まず，ビアフラ戦争終結後の1970年に，ゴウォン連邦軍事政権は「布告第13号」を公布した。その内容は，一見するとダイナ暫定委員会の勧告案に似ているが，予備会計から各州政府への水平的配分の基準として，「均等配分」と「人口数」のみを統一的に採用した点が大きく異なっている。また，輸入税（煙草）の100％，輸出税（農産物・皮革）の60％，消費税（燃料油・煙草）の50％，および陸上鉱区の地代・ロイヤルティーの45％は各州政府の取り分となるが，その水平的配分には「派生主義」が採用されている。この歳入配分案は，1969年4月1日に遡及して実施されることになった。

　また，1971年に公布された「布告第9号」によって，沖合鉱区の地代とロイヤルティーの全てが連邦政府の取り分とされた。これは，上述のダイナ暫定委員会が勧告した，陸上・沖合鉱区の区別を援用したものであるが，ビアフラ戦争によって陸上油田からの産油活動が困難となった石油会社が沖合油田の開発に向かったことへの対応でもあった。

　さらに，1975年に公布された「布告第6号」では，輸入税（酒類・燃料油・煙草を除く，その他）の65％と消費税（全品）の50％が連邦政府の取り分とされた以外には，陸上鉱区の地代・ロイヤルティーの20％分を派生主義で配分することを除いて，全ての歳入が「予備会計」に組み込まれ，均等配分と人口数を基準として各州に対して水平的に配分されることになった。

　その後，1975年7月に政権を掌握したムハンメド連邦軍事政権は，前任者の歳入配分方式を基本的に継承しつつも，さらにその方式を単純化させている。1975年に公布した「布告第7号」では，連邦政府の取り分とされた輸入税（燃料油，煙草を除く）の65％，消費税（全品）の50％，および陸上鉱区の地代・ロイヤルティーの20％を除いて，全ての歳入が予備会計に組み込まれ，前任者の水平的配分方式と同じく，均等配分と人口数を基準として配分されることになった。

こうして，「前期軍政時代」における歳入配分方式は，幾つかの紆余曲折を経ながらも，連邦政府の取り分を除いて，全ての歳入を「予備会計」に集中化させ，そこから「均等配分」と「人口数」を統一的基準として各州政府に水平的に配分するという，かなり単純な形式に落ち着くことになった。

　その理由は，すでに州政府の数が12あるいは19に増加している以上，客観的な統計・資料がとりにくい「国民的利益」，「均等発展」，「同等財政」，「必要性」，あるいは「増収努力」などという基準を採用することは不可能に近かったためであろう。また，連邦政府が「予備会計」を管理している以上，現実の歳入の如何なる割合を同会計に組み込むのか否かについては，連邦政府のいわば「自由裁量」になる。換言すれば，連邦政府の実際の財政収支は「藪の中」ということになる。ここに，その後も含めて，歴代の連邦政権による「構造的汚職」の源泉を読み取ることができよう。

　加えて，「石油利潤税」という，連邦政府にとっては最大の財源になりつつあった項目が，過去の全ての歳入配分方式から除外されている。第36表は，1970年代における連邦政府の経常歳入の構造を示したものであるが，同表に見られるように，歳入合計に占める石油利潤税の割合は，すでに1971年に32.8％になっており，1974年には最大値の63.3％を記録し，その後も，おおよそ50％前後を占めている —— これに鉱区地代・ロイヤルティー収入（その大半は産油活動から生じている）を加えると，いわゆる「石油収入」は，すでに1970年代半ば頃には，連邦政府歳入の80％前後に達している ——。連邦政府にとって，酒類などを除く輸入税の確保に加えて，石油利潤税を確保することこそが，最大の重要事項であった。

　なお石油利潤税について，少し付言しておくと，その法的根拠は，植民地時代の1959年4月に公布された「石油利潤税令」（1959年令第15号）にまで遡ることができる[30]。当時の算定方式は，大まかに言えば，

---

(30)　以下の石油利潤税については，Laws of Federation of Nigeria 1990, Abuja, 1st

第36表　ナイジェリア連邦政府の経常歳入：1970～1978年

（単位：100万ナイラ，％）

| 項目 | 1970 | 1971 | 1972 | 1973 | 1974 | 1975 | 1976 | 1977 | 1978 |
|---|---|---|---|---|---|---|---|---|---|
| 1. 直接税 | 144.4 | 451.2 | 624.5 | 852.9 | 3,031.6 | 2,990.2 | 3,852.4 | 4,839.8 | 3,962.3 |
| 　個人所得税 | 0.8 | n.[3] | n.[3] | 1.2 | 11.1 | 15.9 | 3.5 | 3.3 | 3.3 |
| 　法人税 | 45.8 | 63.0 | 80.4 | 75.5 | 146.1 | 261.9 | 222.2 | 476.9 | 527.4 |
| 　石油利潤税 | 97.6 | 383.2 | 540.5 | 769.2 | 2,872.5 | 2,707.5 | 3,624.9 | 4,330.8 | 3,415.7 |
| 　（％）[1] | (15.1) | (32.8) | (38.5) | (45.4) | (63.3) | (49.1) | (53.6) | (53.8) | (45.7) |
| 　その他 | 0.2 | 5.0 | 3.5 | 7.0 | 1.9 | 4.9 | 1.8 | 28.8 | 15.9 |
| 2. 間接税 | 369.4 | 491.2 | 481.1 | 516.2 | 498.2 | 760.6 | 882.7 | 1,145.6 | 1,698.2 |
| 　輸入税 | 215.6 | 284.8 | 274.4 | 307.9 | 328.3 | 629.3 | 724.3 | 964.2 | 1,436.2 |
| 　輸出税 | 41.2 | 37.8 | 26.9 | 12.3 | 5.5 | 5.8 | 6.1 | 4.2 | 2.8 |
| 　消費税 | 112.6 | 168.6 | 179.8 | 196.0 | 164.4 | 125.5 | 152.3 | 177.2 | 259.2 |
| 3. 利子・再支払 | 26.4 | 36.6 | 44.8 | 49.8 | 127.1 | 162.7 | 189.0 | 266.1 | 523.6 |
| 4. 地代・ロイヤルティー | 68.8 | 127.0 | 223.8 | 246.8 | 854.2 | 1,564.0 | 1,740.3 | 1,749.8 | 1,238.4 |
| 5. その他 | 24.2 | 63.0 | 30.7 | 29.6 | 25.4 | 37.1 | 101.5 | 41.1 | 46.8 |
| 合　計 | 633.2 | 1,169.0 | 1,404.8 | 1,695.3 | 4,537.0 | 5,514.6 | 6,765.9 | 8,042.4 | 7,469.3 |
| 石油収入計（％）[2] | (26.3) | (43.7) | (54.4) | (60.0) | (82.1) | (77.5) | (79.3) | (75.6) | (62.3) |

（注）1）歳入合計に占める石油利潤税の割合。2）歳入合計に占める石油利潤税・鉱区地代・ロイヤルティーの割合。3）10万ナイラ以下。

（出所）Central Bank of Nigeria, *Economic and Financial Review*, Lagos, Vol. 13, No. 1, June 1975, p. 73 ; Vol. 17, No. 2, December 1979, p. 88 より作成。

①原油の本船渡輸出価格を基準として，石油会社の損益勘定が行われて「課税対象利潤」が算出される，②この課税対象利潤に「石油利潤税」の50％が課税される，③その課税金額から鉱区地代・ロイヤルティーが控除されて政府の収入になる，④鉱区地代・ロイヤルティーについては，原油の本船渡輸出価格を基準として，「石油探査権」，「石油試掘権」，および「石油採掘権」ごとに，一定の課税率が賦課される，というものであった。

　その後，この1959年の「石油利潤税令」は，石油会社の損益勘定の算定方式や課税率の変更を含む，度重なる改正を経て今日に至っているが，2012年現在において，ナイジェリア国営石油公社（NNPC）との

January, 2002, *Petroleum Profits Tax Act*, Chapter 354 ; *Petroleum Act*, Chapter 350 ; Oremade, T., *Petroleum Profits Tax in Nigeria*, Ibadan, Evans Brothers (Nigeria Publishers), 1986, pp. 10–12, 23–51 ; Lawal, K. T., "Taxation of Petroleum Profit under the Nigeria's Petroleum Profit Tax Act," *International Journal of Advanced Legal Studies and Governance*, Vol. 4, No. 2, August 2013, pp. 5–6, 15 を参照。

「合弁事業契約」の場合では，石油利潤税の税率は陸上油田で85％，沖合油田で50％，また，ロイヤルティーの課税率については，陸上油田が20％，沖合油田では深度に応じて18〜16.2/3％になっている。

# Ⅳ　第二共和政時代：1979〜1983年

すでに触れたように，1976年2月14日に連邦軍事政権を掌握した
オバサンジョ国家元首は，1979年までに民政に移管する方針を進め，
1979年10月1日に第二共和政が成立した。

以下では，民政移管を見据えて設置された歳入配分検討委員会と，民
政移管後の歳入配分政策について見ていきたい。

## ■1 アボヤデ専門委員会の発足

オバサンジョ連邦軍事政権が成立して1年ほど経った1977年7
月，O. アボヤデ（Ojetunji Aboyade）を委員長とする委員会が設置され
た[31]。アボヤデは，イフェ大学副学長やイバダン大学経済学部長などを
歴任した経済学者であり，その他の委員も全員がナイジェリア人で，経
済学者が3名，政治学者が1名，および新聞社の社長が1名，合計で6
名という構成であった。歳入配分問題の政治化を回避しようとしたオバ
サンジョ国家元首が，あえて経済学者を中心とする専門家集団を形成し
たのであるが，統計的・数量的な考察を期待された同委員会は，「専門
委員会」とも呼ばれた。

この「アボヤデ専門委員会」に委託された検討事項は，①人口数，各
州間の平等性，均等的発展，地理的特殊性，および国民的利益などに配
慮しつつ，既存の歳入配分方式は妥当性を持つのか否かについて検討
し，②連邦政府，州政府，および地方政府の間での配分方式について，
何らかの勧告を行うこと，であった。

ここで注目されるのは，「地方政府」が歳入配分の対象として，正式

---

[31]　以下の「アボヤデ専門委員会」については，Ikein, A. A. and C. Briggs-Anigboh,
*op.cit.*, pp. 143–153 ; Ekpo, A. H., *op.cit.*, pp. 18–20 を参照。

に登場してきたことである。北部の伝統的権威機構を含む，各地方の行政改革も長年の懸案事項であったが，1976年8月，オバサンジョ連邦軍事政権によって，①人口数15万〜80万人の規模をめどに地方政府を新設し，②その評議会議員は住民の直接選挙によって選出するという「ガイドライン」が出され，同年の秋にかけて同選挙が実施されていた[32]。ちなみに，後述する「1979年共和国憲法」の「第1スケジュール」第I部「連邦の各州」の欄には，「地域」—— これが「地方政府」と考えてよい —— の名称が州ごとに掲載されているが，その数は19州の総計で302に達している[33]。

　すでに触れたように，アボヤデ専門委員会は，委託を受けた連邦軍事政権のためにではなく，来るべき第二共和政のために設置された委員会である。そのためであろうか，同委員会は，上記の委託事項の範囲を超えて，既存の連邦制の在り方にまで言及している。その一つは，「連邦政府は，あまりにも中央集権化されすぎている。教育，健康・保健，農業，住宅などに係わる権限は，州政府そして地方政府に戻すべきである」というものである。これは，「1963年共和国憲法」の立場に近いと言えるが，すでに触れたように，第二共和政に向けた憲法草案作成委員会と，それを受けた制憲会議が発足している中にあっては，いわば「政治的発言」とも受け取られた。また，当時の各州政府は，その歳入のおよそ80%を連邦政府からの歳入配分に依存していたが，同委員会は，「各州政府の十分な財政の自立化がなければ，連邦主義の基本である財政の自治も危うくなる」として，徴税権の所在の再検討や各域内における独自財源強化の必要性を強調した。

　これらを踏まえた上で，アボヤデ専門委員会は，次のような勧告を行った。すなわち，①連邦政府が徴税すべき国軍，連邦警察官，外交

[32] Gboyega, A. E. and O. Oyediran, "A View from Ibadan," in Panter-Brick, K., ed., *op.cit.*, pp. 260, 262 を参照。

[33] *The Constitution 1979*, 1st October, 1979, First Schedule, Part I, States of the Federation, Lagos を参照。

官，あるいは連邦首都領在住の個人所得税を除いて，全ての連邦歳入を一つの統合的「一般歳入基金」に集中化させ，②同基金から連邦政府，州政府，地方政府，および特別助成会計に垂直的に配分する，③各州政府への垂直的配分については，従来の配分予備会計を改組した新設の「各州共同会計」を通じて行う，④その後の水平的配分の基準としては，5つの原則 ── (ⅰ)発展機会への平等的アクセス，(ⅱ)国民統合のための国民的最低水準，(ⅲ)弾力性・受容性のある能力開発，(ⅳ)独立的歳入と最低限の徴税努力，および(ⅴ)財政的効率性 ── を設定する，というものであった。

　ここで，まず注目されるのは，「全ての連邦歳入を一般歳入基金に組み込む」というのは，これまでは連邦政府が排他的に独占してきた「石油利潤税」も含まれるという意味である。すでに触れたように，1974年には，この石油利潤税だけで連邦政府経常歳入の63.3%を占めるに至っていたことを考えると，これは画期的な勧告である。第二に，「派生主義」については，「統合化された単一の一般歳入基金を新設する以上，派生主義の原則はそれに入り込む余地がない。また，派生主義は連邦政府による歳入配分の権限を否定するものであり，かつ，国民的統合にとっては害毒以外の何物でもない」として全面否定した。第三に，「人口数」については，「そもそも信憑性に乏しく，何らかの加重調整のない生の数字は，各州政府の財政状態や人々の経済的必要度を計測する物差しにはなりえず，むしろ国家的歳入の配分に関して誤解を生じさせるものである」として否定した。第四に，検討の委託を受けたその他の基準についても，全て否定した。すなわち，「国民的利益および均等的発展については，客観的に分析し，かつ実践的に運用することは不可能である」，「各州間の平等性は，法的・形而上学的概念にすぎない」，「地理的特殊性は，明瞭な概念規定を欠落させている」というのである。

　それならば，アボヤデ専門委員会が設定した上記の5つの原則は，如何にして客観的に計測・評価されるのであろうか。この点において，同委員会は，専門家集団としての手腕を発揮した。まず，基本的作業として，「第三次国家開発計画：1975～1980年」に盛り込まれた連邦政府お

および各州政府の予算額を利用しつつ，①「発展機会への平等的アクセス」については，経済部門に対する予算額，②「国民統合のための国民的最低水準」については，社会部門に対する予算額，③「弾力性・受容性のある能力開発」については，各州政府の支出予算額に対する支出実績額，④「独立的歳入と最低限の徴税努力」については，各州政府の経常予算額に対する域内税収額，そして⑤「財政的効率性」については，各州政府の経常予算額に対する官民の個人俸給の推定額を算出することによって，上記5原則の相対的重要度を割り出した。その上で，これらの5原則は同等に重要ではないとして，さらに，各々，0.25，0.22，0.20，0.18，および0.15という加重値を設定した。

　こうして，第37表に見られるような歳入配分の比率が決定されたのである。すなわち，「一般歳入基金」からの垂直的配分については，連邦政府が57%，各州共同会計を経由して州政府が30%，地方政府が10%，および特別助成会計が3%を受け取るというものである。なお，最後の「特別助成会計」については，連邦政府の管轄下において，産油地域の開発や環境対策のために使用するものとされた——なお，同表における特別基金が，アボヤデ専門委員会では，「特別助成会計」と呼ばれている——。

　しかし，この専門委員会の勧告は，オバサンジョ連邦軍事政権によって承認されたものの，制憲会議では拒絶された。その表向きの理由は，「あまりにも専門的・技術的すぎて，一般人はおろか，経済学の専門家でさえ理解できない」というものであったが，オバサンジョ国家元首もアボヤデ委員長も，第二共和政に向けた国内の政治状況——ひと言でいえば，政界内での主導権争いに忙しく，同委員会の勧告などを落ち着いて議論する余裕がなかった——に疎かったのである。

## ② 1979年総選挙とシャガリ文民政権の成立

　1978年9月，民政移管に向けて政党活動が解禁されると，実に53もの政党が結成されたが，そのうち登録手続きを行ったのは19政党で，

第37表　ナイジェリアにおける国家歳入の配分方式：1978/79～2014年

| 設置年 | 委員会勧告・政府布告等 | 実施年 | 対象項目 | 垂直的配分の比率（%） | | | | | 州政府間・地方政府間の水平的配分の基準（加重値） | | | | | |
|---|---|---|---|---|---|---|---|---|---|---|---|---|---|---|
| | | | | 連邦政府 | 州政府 | 地方政府 | 特別基金 | 合計 | 均等付与 | 人口数配分 | 増収努力 | 社会開発 | その他 | 合計 |
| 1977 | アボヤデ専門委員会 | 1978/79～81 | 一般歳入基金 | 57 | 30 | 10 | 3 | 100 | – | – | – | – | 1 | 1 |
| 1979 | オキグボ委員会 | – | 連邦会計 | 55 | 30 | 10 | 7 | 100 | 0.4 | 0.4 | 0.05 | 0.15 | – | 1 |
| 1980 | シャガリ政権による修正案 | – | 連邦会計 | 55 | 30 | 8 | 7 | 100 | 0.4 | 0.4 | 0.05 | 0.15 | – | 1 |
| 1980 | 歳入（連邦会計等）配分法 | – | 連邦会計 | 55 | 34.5 | 8 | 2.5 | 100 | 0.4 | 0.4 | 0.05 | 0.15 | – | 1 |
| 1980 | 連邦下院による修正案 | – | 連邦会計 | 50 | 40 | 10 | – | 100 | 0.4 | 0.4 | 0.05 | 0.15 | – | 1 |
| 1981 | 合同財政委員会による修正案 | – | 連邦会計 | 58.5 | 31.5 | 10 | – | 100 | 0.5 | 0.4 | – | 0.1 | – | 1 |
| 1982 | 歳入（連邦会計等）配分法 | 1982～89[2] | 連邦会計 | 55 | 35 | 10 | – | 100 | 0.4 | 0.4 | 0.05 | 0.15 | – | 1 |
| 1984 | ブハリ軍政権布告第36号 | 1984～85 | 連邦会計 | 55 | 32.5 | 10 | 2.5 | 100 | 0.4 | 0.4 | 0.05 | 0.15 | – | 1 |
| 1988 | 国家歳入配分財政委員会 | – | 連邦会計 | 47 | 30 | 15 | 8 | 100 | 0.4 | 0.3 | 0.2 | 0.1 | – | 1 |
| 1990 | ババンギダ軍政権布告第7号 | 1990～92 | 連邦会計 | 50 | 30 | 15 | 5 | 100 | 0.4 | 0.3 | 0.1 | 0.1 | 0.1 | 1 |
| 1991 | 国家歳入動員配分財政委員会 | – | 連邦会計 | 47.5 | 28.5 | 14 | 10 | 100 | 0.4 | 0.3 | 0.1 | 0.1 | – | 1 |
| 1992 | ババンギダ軍政権布告第80号 | 1992 | 連邦会計 | 50 | 25 | 20 | 5 | 100 | 0.4 | 0.3 | 0.1 | 0.1 | 0.1 | 1 |
| 1992 | ババンギダ軍政権布告第106号 | 1992～2002 | 連邦会計 | 48.5 | 24 | 20 | 7.5 | 100 | 0.4 | 0.3 | 0.1 | 0.1 | 0.1 | 1 |
| 2001 | 歳入動員配分財政委員会 | – | 連邦会計 | 41.23 | 31 | 16 | 11.70 | 100[5] | | | | | | 1 |
| 2002 | オバサンジョ政権行政令[1] | 2002 | 連邦会計 | 56 | 24 | 20 | – | 100 | | | | | | 1 |
| 2002 | オバサンジョ政権行政令[1] | 2002～04 | 連邦会計 | 54.68 | 24.72 | 20.6 | – | 100 | | | | | | 1 |
| 2004 | 歳入動員配分財政委員会[1] | 2005～12[3] | 連邦会計 | 47.19 | 31.1 | 15.21 | 6.5 | 100 | 0.4523 | 0.2560 | 0.0831 | 0.0871 | 0.1215 | 1[6] |
| | | | 「13%条項」会計 | – | 60 | 40[4] | – | – | 100 | | 0.3083 | 0.1331 | 0.4941 | 0.0645 | 1[7]<br>1[6] |
| | | | 派生主義を適用 | | | | | | 0.2 | 0.2 | | | 0.6 | 1[8] |
| 2014 | 連邦財務省予算案 | 2014 | 連邦会計 | 52.68 | 26.72 | 20.6 | – | 100 | | | | | | |
| | | | 付加価値税会計 | 15 | 50 | 35 | – | 100 | | | | | | |

（注）1）歳入（連邦会計等）配分（修正）配分（修正）含。　2）ブハリ軍政権時代を除く。　3）ブハリ軍事政権時代なくとも、この2004年9月20日に出された歳入配分案が「現行の配分方式」とされているので、少なくとも、2012年度末まで実施されている。　4）「共同体」（地方政府の下位行政単位）への配分10%分を含む。共同体間の配分比率は、連邦下院議会で検討する。　5）合計が100%に満たないが、歳入動員配分委員会の数値をそのまま記載した。　6）各州政府間の配分。　7）各地方政府間の配分。　8）各地方政府間の配分には、派生主義0.5、自力更生計画0.1の加重値を含む。

（出所）(1) Ikein, A. A. and C. Briggs-Anigboh, op.cit., pp. 106–217.
(2) Revenue Mobilization Allocation and Fiscal Commission, Report of Revenue Allocation Formula, Abuja, December 2002, pp. xxviii–xxxv, 8–25.
(3) Do., Fiscal Monitor, Abuja, Vol. 1, No. 1, January 2013, pp. 16–17.
(4) Ekpo, A. H., op.cit., pp. 18–40.
(5) Uche, C. U. and O. C. Uche, op.cit., pp. 26–41.
(6) Federal Ministry of Finance, Understanding Budget 2014, Abuja, 2014, pp. 1–11.
(7) Do., Citizen's Guide to the Federal Budget 2014, Abuja, 2014, pp. 1–29 より作成。

連邦選挙管理委員会によって公認されたのは5政党だけであった[34]。

これらの5政党とは，①旧NPCを継承し，フラニ人のシャガリが主導する，北部保守派のナイジェリア国民党（National Party of Nigeria, NPN），②旧NEPUを継承し，フラニ人のカノが主導する，北部急進派の人民救済党（People's Redemption Party, PRP），③旧NCNCを継承し，東部イボ人のアジキィウェが主導する，中道的なナイジェリア人民党（Nigerian People's Party, NPP），④NPPから分派して，北部カヌリ（Kanuri）人のW. イブラヒム（Waziri Ibrahim）が結成した，中道右派の大ナイジェリア人民党（Great Nigerian People's Party, GNPP），および⑤旧AGを継承し，西部ヨルバ人のアウォロウォが主導する，中道左派のナイジェリア統一党（Unity Party of Nigeria, UPN）である。ここに見られるように，各政党の支持基盤は，大きく北部，西部，および東部に分布しており，民政移管に向けた政治状況は，あたかも独立前後期に逆戻りしたかのようであった。

1979年7〜8月に実施された総選挙の結果は，第38表に示した通りであるが，連邦上院・下院議会（合計数は，空席・不明を除く），州知事のいずれの選挙でも北部のNPN，西部のUPN，および東部のNPPの3大政党が大半の議席数と州知事を獲得し，そして最後に実施された大統領選挙では，NPNのシャガリが12州において25％以上を得票し，合計で569万票強（33.8％）を獲得して当選した。

ただし，大統領選挙の結果については，物議を醸した。というのは，「1979年共和国憲法」の第126条第2項には，大統領選挙における当選の条件として，「(a)最多得票者であること，および(b)少なくとも3分の2以上の州で4分の1以上の得票があること」と規定されている[35]。

[34]　第二共和政の政治状況については，Joseph, R. A., *op.cit.*, pp. 91–198 ; Falola, T. and J. Ihonvbere, *The Rise and Fall of Nigeria's Second Republic : 1979–84*, London, Zed Books, 1985, pp. 46–80, 206–232 ; Bamisaye, O. A., "Political Parties and National Integration in Nigeria, 1960–1983," in Eleazu, U., ed., *Nigeria : The First 25 Years*, Ibadan, Heinemann Educational Books (Nigeria), 1988, pp. 34–43 を参照。

[35]　*The Constitution 1979*, Chapter VI, The Executive, Part I, Federal Executive, A, The

第38表　ナイジェリアの第二共和政における選挙結果：1979～1983年

| 政党[1]<br>主要支持地域 | NPN<br>北部 | PRP<br>北部 | GNPP<br>北部 | NPP<br>東部 | UPN<br>西部 | NAP<br>西部 | 合計 |
|---|---|---|---|---|---|---|---|
| 1. 1979年総選挙 | | | | | | | |
| 　連邦上院議会 | 36 | 7 | 8 | 16 | 28 | – | 95 |
| 　　（％） | (37.9) | ( 7.3) | ( 8.4) | (16.9) | (29.5) | ( –) | (100.0) |
| 　連邦下院議会 | 168 | 49 | 43 | 78 | 111 | – | 449 |
| 　　（％） | (37.4) | (10.9) | ( 9.6) | (17.4) | (24.7) | ( –) | (100.0) |
| 　州知事 | 7 | 2 | 2 | 3 | 5 | – | 19 |
| 　　（％） | (36.8) | (10.5) | (10.5) | (15.9) | (26.3) | ( –) | (100.0) |
| 　大統領[2] | 12 | 2 | 3 | 3 | 6 | – | 26 |
| 　　（％）[3] | (33.8) | (10.3) | (10.0) | (16.7) | (29.2) | ( –) | (100.0) |
| 2. 1983年総選挙 | | | | | | | |
| 　大統領[2] | 16 | 1 | 0 | 4 | 7 | 0 | 28 |
| 　　（％）[3] | (47.3) | ( 4.1) | ( 2.5) | (13.9) | (31.0) | ( 1.2) | (100.0) |
| 　州知事 | 12 | 1 | 0 | 2 | 4 | 0 | 19 |
| 　　（％） | (63.1) | ( 5.3) | ( 0.0) | (10.5) | (21.1) | ( 0.0) | (100.0) |
| 　連邦上院議会 | 61 | 5 | 1 | 13 | 16 | 0 | 96 |
| 　　（％） | (63.5) | ( 5.2) | ( 1.0) | (13.5) | (16.8) | ( 0.0) | (100.0) |
| 　連邦下院議会 | 264 | 41 | 0 | 48 | 33 | 0 | 386 |
| 　　（％） | (68.4) | (10.6) | ( 0.0) | (12.4) | (8.6) | ( 0.0) | (100.0) |

（注）　1）NPN：ナイジェリア国民党，PRP：人民救済党，GNPP：大ナイジェリア
人民党，NPP：ナイジェリア人民党，UPN：ナイジェリア統一党，NAP：ナ
イジェリア進歩党。2）得票率25％以上の州の数。3）全体の得票率。

（出所）（1）Falola, T. and J. Ihonvbere, *The Rise and Fall of Nigeria's Second Republic :
1979–84*, London, Zed Books, 1985, pp. 220–223.

　　　　（2）Joseph, R. A., *Democracy and Prebendal Politics in Nigeria : The Rise and Fall
of the Second Republic*, Cambridge, Cambridge University Press, 1987, pp.
125–127 より作成。

シャガリは，(a)の最多得票の規定は満たしているものの，4分の1以
上の票を獲得した州は12州に留まり，(b)の規定は満たしていないので
はないか，という疑義が生じた。つまり，19州のうちの3分の2以上
であるならば，13州になるはずである。このため，連邦選挙管理委員
会は対応に苦慮したが，NPN の法律顧問で，後に連邦法務相に就任し
た R. アキンジデ（Richard Akinjide）が，「19州の3分の2とは，12.2/3

President of the Federation, 126, Election, Lagos を参照。

州であって，13州ではない」との解釈を示し，連邦選挙管理委員会も
これに同意して，シャガリの当選が決まったのである[36]。なお，次点
は，492万票弱（29.2％）を獲得した UPN のアウォロウォ，第3位は
281万票強（16.7％）を獲得した NPP のアジキィウェであった。こうし
た選挙結果もまた，ナイジェリアの中央政界では，ハウサ＝フラニ，ヨ
ルバ，そしてイボの3大部族の権力均衡こそが政治的安定をもたらす，
という「三脚理論」が復活したかの如くであった。


## ❸ 1979年共和国憲法とオキグボ委員会の発足

　まず，「1979年共和国憲法」における，歳入配分問題に係わる条項を
拾ってみると，第1章「全般的規定」第Ⅱ部の第7条において，「地方
政府」制度が本憲法によって保証されることが謳われ，すでに触れたよ
うに，「第1スケジュール」第Ⅰ部「連邦の各州」の欄には，その具体
的な302の「地域」名が記載されている。連邦政府・州政府・地方政府
という「三層構造」が憲法上において正式に規定されたのである。

　徴税権に関しては，「第2スケジュール」第Ⅰ部「排他的立法権のリ
スト」において，連邦政府が権限を掌握する項目として，「関税および
消費税」（第15項目），「輸出税」（第22項目），「印紙税」（第57項目），
および「本憲法が定める以外の所得税」（第58項目）が記載され，他方，
第37項目には「原油・天然ガスを含む鉱業」が謳われている。「石油利
潤税」とは明記されていないものの，連邦政府が鉱業開発に係わる権限
を有する以上，石油利潤税，鉱区地代，ロイヤルティー，および諸手数
料などの，税率の設定や徴税権は持つと解釈することができよう。州政
府の徴税権については，第Ⅱ部「随伴立法権リスト」の第7項目(a)に
おいて「会社を除く個人の所得・利潤」，同(b)において「印紙税」が記

[36]　*The Constitution 1979*, Chapter VI, The Executive, Part I, Federal Executive, A, The
President of the Federation, 126-(1)-(a)(b), Lagos ; Falola, T. and J. Ihonvbere, *op.cit.*, p.
70 を参照。

載されている。従って，「法人税」は連邦政府が徴税し，「印紙税」は連邦政府と州政府が──派生主義に従って──徴税・留保するものと解釈できよう。

　歳入配分については，第6章「行政」第Ⅰ部「連邦行政」C「公的歳入」の第149条(1)において，「『連邦会計』と呼ばれる特別会計を維持し，国軍，連邦警察，外務省職員，および連邦首都領在住者の個人所得税を除き，全ての連邦歳入がこの連邦会計に組み込まれる」と規定されている。また，同条(2)において，「連邦会計の資金は，国会の承認を経た上で，連邦政府，州政府，および地方政府に配分される」ことが規定されている。

　ここに見られるように，歳入配分問題に係わる憲法上の諸規定は，その基本的構造において，上述のアボヤデ専門委員会の勧告とおおよそ同一である。それゆえ，如何なる基準に基づき水平的配分を行うのか，という点が問題になる。

　そのため，シャガリ大統領は，早くも1979年11月にP. N. C. オキグボ（Pius Nwabufo Charles Okigbo）を委員長とする委員会を発足させた[37]。オキグボ委員長は，前述の憲法草案作成委員会・制憲会議の主要メンバーでもあり，同委員会は，彼を含む3名の経済学者と高級官僚，行政官の合計7名から構成されていたが，その中の1名は，初めて産油地域の少数部族出身者から選任された。シャガリ大統領から「分かり易い」勧告を行うよう強く要請された同委員会は，別名「大統領委員会」とも呼ばれた。

　この「オキグボ委員会」が大統領から委託された検討事項は，上述の「1979年共和国憲法」の諸規定を踏まえつつ，「国民的利益」，「派生主義」，「人口数」，「均等的発展」，「公平な配分」，および「各州の均等性」などの観点から既存の歳入配分方式案──つまり，「アボヤデ専門委員

---

[37]　オキグボは，本稿で参照した *Nigeria's Financial System : Structure and Growth*, Harlow, Longman, 1981 の著者でもある（*ibid.*, p. 173を参照）。

会」の勧告案 ── を見直すことであった[38]。

　オキグボ委員会が従来の委員会と大きく異なる点は，シャガリ大統領の意向を受けて，広範な世論の意見を求めたことである。同委員会は，19州の全ての州都と連邦首都領において公聴会を開いたが，「広範な世論」には，連邦政府，州政府，地方政府に加えて，法曹界や大学人，民間企業人，部族団体，個人など，字義通り広範囲な世論を含んでいた。同委員会に文書で寄せられた意見を含めて，その3分の2は，産油地域のクロス・リヴァー，リヴァーズ，およびベンデルの各州からの意見であったという[39]。産油州の住民の大半は少数部族であるが，とりわけ軍事政権下では，彼らの意見・要求はほぼ無視され続けてきた。彼らは，民政下でのシャガリ政権とオキグボ委員会に希望を託すと同時に，長年の不満をぶつけてきたのである。

　広範な意見という点では，シャガリ連邦政権自身もやや露骨な要求をしてきた。その主張は，おおよそ以下のようである。すなわち，「中央政府として，国家統合の重い責任を負っている。その責任を果たすためには，道路，電力，航空などのインフラストラクチャーの拡充が必要であり，また，対外債務も抱えている。しかるに，連邦政府は何ら独自の財源も持っていない。それゆえ，『連邦会計』から連邦政府への垂直的配分の比率としては，70%が妥当である」と。これに対しては，第39表に見られるように，多くの州知事は，連邦政府の取り分は40〜45%が妥当であると考えていた。また，水平的配分の基準としては，人口数の多いカノ，オヨ，およびイモなどの州知事は，「人口数」に70〜75%を充当すべきであると主張し，他方，産油州のリヴァーズ，クロス・リヴァーの州知事は，50〜20%という，大幅な「派生主義」の採用を要求

---

(38)　「1979年共和国憲法」の第8章「連邦首都領および一般的補足規定」第Ⅲ部「移行規定および保留」の第272条に，移行措置として「新たな歳入配分方式が決定されるまでの間は，既存の方式が適用される」と規定されており，このため，1979年4月以降の予算案も既存の「アボヤデ専門委員会」の勧告案に基づいて作成されている。

(39)　Ikein, A. A. and C. Briggs-Anigboh, *op.cit.*, p. 166参照。

第39表 オキグボ委員会に対する要望：1980年

| 地域・州 | 財源配分比率（%） | | | | 配分基準（%） | | | 備考 | | |
|---|---|---|---|---|---|---|---|---|---|---|
| | 連邦政府 | 州政府 | 地方政府 | 特別基金 | 人口数 | 3基準1) | その他2) | 支持政党3) | 人口数4) | 面積5) |
| 1. 連邦政府 | 70 | 20 | 10 | – | 60 | 40 | – | NPN | | |
| 2. 北部 | | | | | | | | | | |
| ソコト | 50 | 40 | 10 | – | 50 | 50 | – | NPN | 4.5 | 36.3 |
| カドゥナ | 40 | 40 | 15 | 5 | 40 | 25 | 35 | NPN | 4.1 | 68.9 |
| バウチ | 45 | 40 | 15 | – | 25 | 75 | – | NPN | 2.4 | 66.5 |
| ベヌエ | 45 | 40 | 10 | 5 | 25 | 12.5 | 62.5 | NPN | 2.4 | 47.8 |
| クワラ | 50 | 38 | 12 | – | 40 | 50 | 10 | NPN | 1.7 | 60.4 |
| ナイジャー6) | 40 | 45 | 10 | 5 | – | 15 | 75 | NPN | 1.2 | 75.0 |
| ボルノ6) | 40 | 50 | 10 | – | 20 | 25 | 50 | GNPP | 3.0 | 116.6 |
| ゴンゴラ | 40 | 40 | 15 | 5 | – | 50 | 50 | GNPP | 2.6 | 99.7 |
| カノ | 40 | 40 | 15 | 5 | 75 | 15 | 10 | PRP | 5.8 | 42.6 |
| プラトー | 40 | 35 | 10 | 15 | 20 | 65 | 15 | NPP | 2.0 | 20.8 |
| 3. 西部 | | | | | | | | | | |
| オヨ | 30 | 57 | 10 | 3 | 70 | 10 | 20 | UPN | 5.2 | 18.0 |
| オンド | 30 | 60 | 10 | – | 20 | 45 | 35 | UPN | 2.7 | 13.4 |
| ベンデル | 28 | 55 | 15 | 2 | 40 | 60 | – | UPN | 2.5 | 39.0 |
| オグン | 40 | 50 | 10 | – | 20 | 50 | 30 | UPN | 1.6 | 16.4 |
| ラゴス | 40 | 50 | 10 | – | 30 | 30 | 40 | UPN | 1.4 | 14.7 |
| 4. 東部 | | | | | | | | | | |
| クロス・リヴァー | 50 | 40 | 10 | – | 40 | 40 | 207) | NPN | 3.5 | 27.8 |
| リヴァーズ | 45 | 45 | 10 | – | 25 | 25 | 507) | NPN | 1.7 | 15.2 |
| アナムブラ | 40 | 45 | 10 | 5 | 50 | 50 | – | NPP | 3.6 | 17.0 |
| イモ | 40 | 40 | 12 | 8 | 70 | 30 | – | NPP | 3.7 | 12.9 |

（注） 1）人口数，派生主義，均等配分。2）1963年センサスにおける人口密度，
　　　必要性，地理的規模，均等的発展を含む。3）1979年総選挙で当選した州知
　　　事の所属政党。NPN：ナイジェリア国民党，GNPP：大ナイジェリア人民党，
　　　PRP：人民救済党，NPP：ナイジェリア人民党，UPN：ナイジェリア統一党。
　　　4）1963年センサスの人口数で単位は100万人。5）単位は1,000 km²。6）
　　　配分基準の合計が100%を超えている，または100%に満たないが，原典のま
　　　ま。7）派生主義だけの比率。
（出所） Ikein, A. A. and C. Briggs-Anigboh, *op.cit.*, pp. 169, 173 より作成。


している。なお，地方政府への垂直的配分の比率については，連邦政府
を含めて，多くの州知事が10〜15%が妥当であると考えていた。
　いずれにせよ，各州政府間および各地方政府間における水平的配分の
基準については，ここでもまた，①人口数，②均等配分，および③派生

主義が論争の焦点になった。シャガリ政権自身は，その適用の簡易性と概念の簡明性から，人口数に60％，均等配分に40％の配分が望ましいと考えていたが，他方では，連邦会計の３％分は，派生主義に基づき産油州に充てるべきとも考えていた。また，各州知事は，その配分比率はともあれ，これら三者の基準を採用すること自体には賛同していた。

　こうした広範な意見を踏まえた上で，結局のところ，オキグボ委員会は，前掲第37表に見られるような勧告を行った[40]。すなわち，①連邦会計からの垂直的配分については，連邦政府に53％，州政府に30％，地方政府に10％，および特別基金に７％を配分する，②州政府間，および地方政府間での各々の水平的配分については，均等配分に0.4，人口数に0.4，社会開発に0.15，および域内増収努力に0.05の加重値を設定する，というものである。「人口数」の基準には1963年センサスの数字を用い，「社会開発」を計測する物差しには小学校の就学率，また，「域内増収努力」の物差しには，総歳出に占める域内歳入の比率が適用された。

　他方，垂直的配分の根拠としては ── これ以外に適切かつ正確な統計がないという理由から ──，1976/77～1979/80年の４年間における，各行政単位の歳出に占める年金・恩給支給額の比率が利用された。それによると，連邦政府が60～62％，各州政府が36.2～37.1％，そして各地方政府が3.2～3.3％であったが，これに政治的配慮を加えて，上記の配分比率が算出された。また，「特別基金」については，７％の配分のうち，連邦首都領の整備費に2.5％，産油地域（クロス・リヴァー，リヴァーズ，イモ，ベンデル，およびオンドの５州）の開発費に２％，環境対策費に１％，および歳入均等化基金に1.5％が割り当てられた。

　ここに見られるように，オキグボ委員会は，水平的配分の基準として派生主義を採用しなかった。だが，当然にも，産油州はこれに反対した。その主たる理由は，①派生主義は健全かつ進歩的な原則であり，過

---

[40]　なお，これ以外の重要な勧告としては，歳入配分を検討する恒常的な委員会の設置が挙げられる（*ibid.*, p. 180を参照）。

去にそれを否定したのは，唯一，アボヤデ専門委員会だけである，②非産油州も中央政府からの歳入配分を通して石油収入の恩恵を受けている以上，産油州に何らかの優先権を認めないのは不公平である，③土地の所有者として，鉱区地代やロイヤルティーの受け取りを請求するのは，法的にも認められる，そして④産油州は深刻な環境破壊の被害を受けており，その補償費を追加的に受け取るのは，当然の権利である，というものであった。これに対して，北部州を中心とする反対派は，「全ての歳入は，その派生・出自に係わりなく，全てのナイジェリア人のものである。派生主義は，連邦制の原則，国民的利益，全体的な政治・社会発展の妨げになる」と反論した。

　この「派生主義」に係わる論争は —— これまでも見てきたように ——，過去，そして現在に至るまで続いているが，オキグボ委員会は，上述の「特別基金」の運用によって，この問題をともかくも解決しようとしたと思えるのである。この点について，「1979年共和国憲法」との関連性を補足しておくと，同憲法の第6章「行政」第Ⅰ部「連邦行政」A「公的歳入」の第150条において，「第2スケジュール第Ⅱ部のD項目については，派生主義に基づき，当該州に配分される」と規定されている。このD項目とは，すでに触れた「随伴立法権リスト」の第7項目(a)「会社を除く個人の所得・利潤」，および(b)「印紙税」を指している。換言すれば，産油州の鉱区地代・ロイヤルティーに係わる言及がない。このため，オキグボ委員会は，鉱区地代・ロイヤルティーを派生主義に基づいて当該州に配分することは憲法に抵触する，とも考えていた。

## 4 シャガリ大統領による修正案と国会論争

　さて，オキグボ委員会の勧告案を受け取ったシャガリ連邦政権は，同勧告の全体的な骨子については承認したものの，幾つかの点で重要な修正を加えた。すなわち，前掲第37表に見られるように，まず，①地方政府への配分を10％から8％に削減し，連邦政府の取り分を53％から

55％に増加させた。他方では，②特別基金の運用において，派生主義を一部，復活させた。すなわち，同基金が受け取る7％のうち，3.5％分は派生主義に基づいて産油地域に配分され，さらに，この3.5％分のうちの2％は産油州に直接配分し，残りの1.5％は，特別機関によって管理される産油地域開発基金に組み込む，というものであった。なお，この特別基金には，この他に環境対策費1％，および連邦首都領の整備費2.5％が含まれている。

　この修正案は，1980年にシャガリ政権の「白書」という形で公表されたが，すぐさま大きな批判を呼んだ[41]。前掲第39表で触れたように，大半の州知事は連邦政府の取り分は40〜45％が妥当であると考えていたが，それが55％というのはいかにも多すぎる，という批判である。このため，シャガリ政権は，今度は特別基金への配分を7％から2.5％に削減して，各州政府の取り分を30％から34.5％に増加させるという形で再修正を行い，1980年11月に「歳入（連邦会計等）配分法」として国会に提出した。ところが，各州政府の取り分の34.5％の中には産油地域の開発費2％と環境対策費1.5％，合計3.5％が含まれていたため，とりわけ非産油州が猛烈に反対した —— なお，特別基金の2.5％は，連邦首都領の整備費のみに充当される ——。そこで連邦下院議会は，逆に，「連邦政府に50％，各州政府に40％，および各地方政府に10％の配分を行う。連邦政府の取り分の50％の中には，連邦首都領の整備費2.5％と環境対策費1％を含む」という修正案を提出してきた。ところが，この連邦下院議会の修正案に対しては，連邦上院議会から異論が相次いだ。そこで，シャガリ連邦政権は，上・下両院議員の各々12名から構成される「合同財政委員会」を発足させて，両院の調整に当たらせることになった。同合同委員会では —— これまでの論争とほぼ同様であるが ——，派生主義の取り扱い，換言すれば，産油地域の経済的開発や深刻化する環境問題への対応策，そして連邦会計からの垂直的配分の比率などを巡って激しい論争が行われた。1981年2月，同合同委員会

---

[41]　以下の国会論争については，*ibid.*, pp. 180–208を参照。

で投票が行われた結果，連邦上院案が無修正のまま，13対11で可決された。賛成した13名は全員が北部の出身者で，所属政党は NPN，PRP，および GNPP であった。他方，反対に回った11名の出身地は西部，東部，および北部に互っており，所属政党は UPN，NPP，および GNPP であった。

　この可決された合同財政委員会の原案は，前掲第37表に示した通りであるが，①連邦政府に58.5％，各州政府に31.5％，各地方政府に10％を配分する，②連邦政府の取り分の58.5％には，連邦首都領の整備費2.5％と環境対策費1％，合計3.5％を含む，③各州政府の取り分の31.5％には，派生主義に基づく産油地域の開発費5％を含み，そのうち，2％を産油州に直接配分し，3％を産油地域開発基金に組み込む，④水平的配分の基準としては，均等配分に0.5，人口数に0.4，土地・地勢に係わる社会開発に0.1の加重値を設定する，というものであった。

　合同財政委員会の原案は，すぐさまシャガリ大統領の元に送られ，彼が署名した3日後に，「1981年歳入（連邦会計等）配分法」として成立した。ところが，この法案に対しても，またもや，賛否両論が続出した。とりわけ，連邦政府の取り分が58.5％であるのに対して，各州政府の取り分は──産油地域の開発費5％を除くと──惨めにも実質26.5％にすぎないことに，多くの批判が集中した。例えば UPN 党首のアウォロウォは，「この法案は UPN 支配下の諸州の財政を不具にするものである」と強く批判した。ただし，その一方で，同じ UPN 所属でも，産油州のベンデルおよびオンドの各州知事は，派生主義に基づく5％分の歳入配分が含まれていることには満足した。

　こうした中で，この「1981年歳入（連邦会計等）配分法」の成立手続きそれ自体が，そもそも「憲法違反」ではないのか，という議論が生じてきた。すなわち，すでに触れたように，「1979年共和国憲法」の第149条⑵には，「連邦会計の資金は，国会の承認を経た上で，連邦政府，州政府，および地方政府に配分される」ことが規定されている。とすれば，歳入配分に係わる案件の立法権は国会が有しているのであって，そもそも「合同財政委員会」の結論が直接，大統領に提案され，国会の審

議も経ずに立法化され，かつ施行されるのは明白な憲法違反である，という疑義が沸き起こったのである。加えて，同委員会の議長が最初から投票に加わったのも，不公正な議事運営手続きであると告発された。

これに対して，シャガリ大統領側は，この法案はそもそも「貨幣に係わる法案である」という解釈を行った上で，「合同財政委員会の設置は，『1979年共和国憲法』の第58条第3項に規定されている。また，第55条第3項には，合同財政委員会で決定された法案は大統領に送られると規定されており，憲法違反ではない」と反論した [42]。

この憲法解釈論争は，ベンデル州知事を筆頭として，19州のうちの反NPN派の12州の知事がシャガリ大統領を告発して，法廷闘争に持ち込まれた。シャガリ大統領側は，「この問題は行政権に係わるものであり，司法は介入すべきではない」と圧力をかけたが，1981年10月，連邦最高裁判所は，裁判官7名全員の一致をもって，「『1981年歳入（連邦会計等）配分法』は憲法違反であり，法的根拠を持たない」との判決を下した。

その後，改めて，24名の委員からなる「合同財政委員会」が設置され，再度の投票が行われた結果，11対11の同数となった —— 1名が欠席 ——。同委員会の議長を務めた，北部ベヌエ州出身のNPN党員で上院議員のA. エブテ（Ameh Ebute）の決裁によって，委員会としての原案が成立した。同案は，連邦上・下両院に送られて審議された後，シャガリ大統領の署名を経て，1982年1月22日 —— オキグボ委員会の勧告案が提出された1981年11月から数えて，おおよそ2ヵ月も時間を費やし ——，前掲第37表に見られるような「1982年歳入（連邦会計等）配分法」が正式に成立したのである。

この1982年法と，最高裁の判決によって無効とされた1981年法案とを比較してみると，連邦政府の取り分は実質55％で変わらず，各州政府の取り分は35％に増やされたものの，その中に派生主義に基づく産

---

(42) これらの規定については，*The Constitution 1979*, Chapter V, The Legislature, Part I, National Assembly, 55-(3), 58-(3), Lagos を参照。

油地域の開発費3.5％（うち，２％を産油州に直接配分し，1.5％を産油
地域開発基金に組み込む），連邦首都領の整備費2.5％，および環境対策
費１％，合計７％分を含んでいるので，実質的には，26.5％から28％に
増えたに過ぎない。各地方政府の取り分は，10％で変わっていない。ま
た，水平的配分の基準としては ── 1980年12月に提案された連邦下院
議会案と同様であるが ──，均等配分に0.4，人口数に0.4，普通教育の
拡充を含む社会開発に0.15，および域内増収努力に0.05という加重値が
設定された。

## ⑤ 1983年総選挙と第二次シャガリ文民政権の成立

　さて，シャガリ政権の４年間の任期満了を控えて政党活動が開始され
ると，1979年総選挙を戦った前述の５つの政党の他に，ナイジェリア
進歩党（Nigeria Advance Party, NAP）が加わって，６つの政党が出揃っ
た。NAPは，ラゴス出身の法律家・実業家であるT. ブレイスウェイテ
（Tunji Braithwaite）によって1978年９月に結成されたが，1979年総選挙
では，連邦選挙管理委員会からは公認されなかった政党である。同党
は，ヨルバ地域における反UPN政党としてNPNの支援を受けている右
派に属するが，その政治組織は曖昧とも言われていた。それなのに，何
故か今回は，連邦選挙管理委員会から公認された。
　1983年８〜９月に実施された総選挙の結果は，前掲第38表に見られ
る通りであるが，それはまた，ナイジェリアの政治的対立をさらに深め
ることになった。まず，プラトー州を唯一の例外として，いずれの州
においても有権者[43]数の大幅な水増しが行われた。第40表に見られる

[43]　「1979年共和国憲法」の第５章「立法」第Ⅰ部「国会」D「国会議員の選挙」第
　　71条⑵において，18歳以上のナイジェリア市民（つまり男女）が選挙権を有
　　することが規定されている。ちなみに，被選挙権については，連邦上院議員
　　が30歳以上，同下院議員が21歳以上，州知事と大統領が35歳以上の男女で
　　ある。*The Constitution 1979*, Chapter V, The Legislature, Part I, National Assembly,
　　C, Qualifications for Membership of National Assembly and Right of Attendance,

第40表　ナイジェリアの総選挙における有権者数：1979～1983年

| 州 | 支持政党* | 地域 | 有権者数（100万人） | | | |
| --- | --- | --- | --- | --- | --- | --- |
| | | | 1979年選挙 | 1983年選挙 | 増減 | 増加率（%） |
| ベヌエ | NPN | 北部 | 1.05 | 2.40 | 1.35 | 128.6 |
| リヴァーズ | NPN | 東部 | 1.40 | 3.01 | 1.61 | 115.0 |
| カドゥナ | NPN | 北部 | 3.40 | 6.74 | 3.34 | 98.2 |
| クロス・リヴァー | NPN | 東部 | 2.40 | 3.36 | 0.96 | 40.0 |
| ソコト | NPN | 北部 | 3.70 | 5.12 | 1.42 | 38.4 |
| バウチ | NPN | 北部 | 2.08 | 2.68 | 0.60 | 28.9 |
| ナイジャー | NPN | 北部 | 1.04 | 1.28 | 0.24 | 23.1 |
| クワラ | NPN | 北部 | 1.08 | 1.31 | 0.23 | 21.3 |
| ベンデル | UPN | 西部 | 2.30 | 3.15 | 0.85 | 37.0 |
| オンド | UPN | 西部 | 2.40 | 3.06 | 0.66 | 27.5 |
| ラゴス | UPN | 西部 | 1.80 | 2.23 | 0.43 | 23.9 |
| オグン | UPN | 西部 | 1.60 | 1.85 | 0.25 | 15.6 |
| オヨ | UPN | 西部 | 4.50 | 5.14 | 0.64 | 14.2 |
| アナムブラ | NPP | 東部 | 2.60 | 3.53 | 0.93 | 35.8 |
| イモ | NPP | 東部 | 3.40 | 4.52 | 1.12 | 32.9 |
| プラトー | NPP | 北部 | 1.60 | 1.54 | -0.06 | -3.8 |
| ゴンゴラ | GNPP | 北部 | 2.20 | 2.96 | 0.76 | 34.6 |
| ボルノ | GNPP | 北部 | 2.70 | 3.58 | 0.88 | 32.6 |
| カノ | PRP | 北部 | 5.10 | 7.60 | 2.50 | 49.0 |
| 連邦首都領 | – | – | – | 0.21 | – | – |
| 合計 | – | – | 47.40 | 65.30 | 17.90 | 37.8 |

（注）＊1979年総選挙で当選した州知事の所属政党。NPN：ナイジェリア国民党，
　　　UPN：ナイジェリア統一党，NPP：ナイジェリア人民党，GNPP：大ナイジェ
　　　リア人民党，PRP：人民救済党。
（出所）Falola, T. and J.Ihonvbere, *op.cit.*, p. 209 より作成。

ように，有権者数は，1979～1983年のわずか4年の間に，総計で4,740
万人から6,530万人へと1,790万人（増加率は37.8%）も増加している。
州知事が所属する政党別で見ると，与党のNPNが支配する北部ベヌ
エ州では105万人から240万人へ，および東部リヴァーズ州では140万

---

61-Qualifications for Election, Lagos ; D, Elections to National Assembly, 71-Direct
Election and Franchise ; Chapter VI, The Executive, Part I, Federal Executive, A, The
President of the Federation, 124-Election of the President ; Part II, State Executive, A,
The Governor of a State, 164-Election of Governor, Lagos を参照。

人から301万人へと2倍以上に増加し，北部カドゥナ州でも340万人から674万人へとほぼ倍増している。また，PRP配下の北部カノ州では，510万人から760万人へ49％増えている。仮に人口増加率を年に3％とすると，4年間の増加率では12.6％になるので，こうした有権者数の激増は，通常では考えにくい。1983年総選挙を控えて，与野党を問わず，大半の州で有権者数の大幅な「水増し」操作が行われた，と言わざるを得ないであろう。

　また，1983年総選挙では，1979年総選挙とは逆の順番で，すなわち大統領選挙，各州知事選挙，連邦議会選挙，および各州議会選挙の順で実施された。こうした選挙日程の変更は，シャガリ大統領の再選は確実と見込んだNPNが他の選挙での「バンドワゴン効果」を狙ったものとして，他の政党からは強く批判された。選挙結果の信憑性をいまは問わないとすると，NPNは，大統領選挙では，16州において25％以上の得票と投票総数の47.3％を獲得し，すでに触れた「1979年共和国憲法」上の規定を満たして，シャガリ大統領の再選を決めた。その後も，NPNは，19州のうちの12州で知事選挙に勝利し，また連邦上院議員選挙では96名中61名（63.5％），同下院議員選挙では386名中264名（68.4％）を獲得して，「地滑り的」大勝利を収めた（前掲第38表を参照）。

　しかし，この1983年選挙は，与党のNPN，連邦選挙管理委員会，および警察権力の三者の馴れ合いの下で実施されたことは周知の事実とされ，ナイジェリア労働者会議（Nigerian Labour Congress, NLC）のある幹部によれば，NPNのみならず，「全ての政党が不正を行った」という[44]。とりわけ，州知事選挙では，選挙結果のおよそ60％が訴訟に持ち込まれ，なかでも，NPNとNPPおよびUPNが接戦を演じた東部のアナムブラ，西部のオンドとオヨの各州では，選挙結果が二転三転した[45]。また，選挙期間中に合わせて50名の死者を出したと言われたオ

---

[44]　Falola, T., and J. Ihonvbere, *op.cit.*, pp. 221–222を参照。

[45]　例えば，アナムブラ州の知事選挙では，当初，NPNの候補者が当選したと発表されたが，これを不服としたNPP側が訴訟に持ち込み，州裁判所はNPP候補

ンド，オヨ両州では，連邦上・下両院選挙が延期されている<sup>(46)</sup>。

　こうして，1983年の総選挙は，文民政権の長期安定化への出発点としてではなく，逆にナイジェリアの分断化を強める結果に終わった。それは，シャガリ文民政権の政治腐敗を象徴する出来事として，後述する軍部介入の大きな口実を与えることになったのである。

---

　　者の逆転当選を決定した。ところが，連邦裁判所はその判定を覆し，元の NPN 候補者の当選が確定した。*Africa Research Bulletin : Political Social and Cultural Series*, Vol. 20, No. 9, October 1983, p. 6875 ; No. 10, November 1983, p. 7005 を参照。

(46)　とりわけ，反 NPN 派勢力の強かった西部のオンド，オヨ，オグン，東部のアナムブラ，イモ，および北部のカノの各州では，合計1,000名が殺害され，2,000名が投獄されたとも言われている。Ekwe-Ekwe, H., "The Nigerian Plight : Shagari to Buhari," *Third World Quarterly*, Vol. 7, No. 3, July 1985, p. 616 を参照。

# Ⅴ　後期軍政時代：1984〜1999年

　シャガリ第二次連邦政権の成立後，わずか 3 ヵ月後の1983年12月31日に軍事クーデターが勃発し，北部カドゥナ州出身のハウサ人でイスラーム教徒のブハリ陸軍少将が連邦軍事政権を掌握して，シャガリ大統領は追放された。そして，1985年 8 月27日には，北部のナイジャー州出身で同じくハウサ人のイスラーム教徒である，ババンギダ陸軍少将による軍事クーデターが発生して，ブハリが追放された（前掲第32表を参照）。

　何故に，この時期に軍事クーデターが続いたのであろうか。以下では，歳入配分問題を考察する前に，当時の政治状況，陸軍内部の権力構造，および「石油グラット」下の経済状況について，おおよそ見ておきたい。

## ■1 シャガリ大統領による南北融和策

　すでに触れたように，「1979年共和国憲法」の第126条第 2 項には，大統領当選の条件として，「(a)最多得票者であること，および(b)少なくとも 3 分の 2 以上の州で 4 分の 1 以上の得票があること」と規定されている。このため，シャガリ大統領にとっては，NPN が北部イスラーム教徒保守派の「地域政党」から，「全国的政党」に脱皮する必要があった。そこで彼は，党勢拡大の戦略として，党，政府機関，議会内の主要ポストに，部族・地域間の均衡を保つ「ゾーン・システム」を採用していた。すなわち，全国を北部，西部，東部，および少数部族地域の 4 ブロックに分けて，国政レベルでは党首，大統領，副大統領，連邦上・下両院議長，および同副議長のポスト，州政レベルでは，知事，副知事，州議会議長，および同副議長のポストに，各ブロックの出身者を選任するという政策である。

北部のイスラーム教徒を中心とする陸軍指導部は，こうした北部色を薄めるNPNによる部族・宗教の融和策に対しては，かねてから不満の意を表明していた。加えて，1983年総選挙前のNPN全国大会において，次期の1987年総選挙には南部出身者を大統領候補にするとの決議を行っていたが，これはまさに，陸軍指導部の神経を逆なでするものであった。

　他方では，北部の拠点の一つであるカノ州の知事選挙において，1979年総選挙に引き続き，NPNが急進・左派のPRPに敗北したことも，陸軍指導部の不評を買った。PRPは，北部諸州において，反封建制キャンペーンの下で都市労働者や農民層を組織化しつつ急進的な改革を実施しようとしていたが，このPRPの存在は，イスラームの保守的な支配層にとって大きな脅威になろうとしていた。イスラームの支配層と利害関係を共にする陸軍指導部が，NPNが北部諸州を完全制圧できなかったことに，ある種の危機感を抱いたとも思われる。

　こうして，NPNと陸軍指導部との間には，ともにその出自を北部のイスラームに置きながらも，前者が政党の論理から全国的政党に脱皮しようとすればするほど，後者の反発を買うという政治状況が存在していた。この政治的バランスが，後述するように，「石油グラット」による石油収入の激減と対外債務の増大という経済危機下で，「不正選挙」を契機に一挙に崩壊したと考えられるのである。


## ② 軍事クーデターと反クーデターの勃発

　すでに触れたように，1983年12月31日の深夜から翌日の未明にかけて軍事クーデターが勃発し，ブハリ陸軍少将が国家元首・最高軍事評議会議長・全軍最高司令官に就任した。彼は，シャガリ文民政権時代の蔓延する政治腐敗，経済政策の失敗，そして1983年総選挙時の不正などを強く批判したが，この「新年のクーデター」は国民の広範な支持を得

て歓迎されたと言われている[47]。

ところが，その後2年も経ない1985年8月27日，ババンギダ陸軍少将による軍事クーデターが勃発している。全軍統治評議会議長・全軍最高司令官に就任したババンギダ新国家元首は，同日夜の国営ラジオ・テレビ放送を通じて，政権交代の理由をおおよそ次のように述べている。すなわち，「政治汚職と経済危機の只中にあった1983年12月当時，ブハリ政権の誕生が大多数の国民の歓迎を受けたことは確かである。しかるに，その後，何らの根本的な改革も実施されておらず，国民の希望は失望に変わった。今回，我々が介入したのは，経済政策の失敗や無責任な官僚・政治指導部の存在故に，大衆の生活水準がもはや耐えがたいまでに悪化しているからである。債務返済比率が44％というのは異常である。我々は，1983年8月以降行き詰まっている国際通貨基金（International Monetary Fund, IMF）との交渉の打開策を探るつもりである。我々の提言とは逆に，ブハリ陸軍少将は非妥協的な態度に固執し，また，T. イディアグボン（Tunde Idiagbon）陸軍少将は，私的利益のために，その全軍最高司令部参謀総長の地位を悪用した。強大で統一化された国家建設に向けて，我々は力を結集せねばならない」と。

この演説で明らかなように，同クーデターはいわゆる「パレス・クーデター」であり，その大義名分は経済危機の打開にあった。

前回の1983年軍事クーデターの時，ババンギダ陸軍少将が最高軍事評議会の議長に選任されるだろうとの観測もあったが，結局はブハリ陸軍少将がその座に就いた。加えて，このブハリ連邦軍事政権内において，ババンギダ陸軍少将が発言する機会は少なかったと考えられる。例えば，最高軍事評議会の下には内閣に相当する連邦執行会議が設置されたが，その構成員は18名の連邦各省大臣以外は，国家元首たるブハリ

---

[47] 1983年軍事クーデターに対する国民のこうした反応については，"Nigeria's December 31 Coup," *West Africa*, London, No. 3464, 9th January, 1984, pp. 51, 53–57 ; "Nigeria's Coup," *New African*, London, No. 196, February 1984, pp. 11–14, 16–20を参照。

陸軍少将と首相の任務を執行したと思われるイディアグボン陸軍准将（当時）に限られていた。また，各州行政を統括する全州会議には，ババンギダ陸軍少将も陸軍司令官として参画はしたものの，ここでも議長はブハリ国家元首であり，彼の補佐役はイディアグボン陸軍准将であった。換言すれば，政権内部の実権はかなりの程度，ブハリ国家元首とイディアグボン陸軍准将に集中しており，ババンギダ陸軍少将にとっては，両者の追放こそが必要であった。

　ブハリ政権時代の19名のメンバーのうち，陸・海・空の三軍の司令官と国防相の要職を含む13名が留任（異動を含む）しており ── 上述の演説に加えて ──，ここから判断しても，1985年軍事クーデターが「パレス・クーデター」であったことは明らかであろう[48]。

### ❸「石油グラット」と経済危機

　さて，すでに触れたように，ナイジェリア原油の輸出は，日産5,100バーレル，バーレル当たり2.01ドルの価格水準で1958年に開始されたが，その後，早くも1965年には同27万2000バーレル，1億3600万ナイラに達して輸出総額の25.2％を占め，ココアを抜いて輸出第1位に躍り出た。第41表に見られるように，産油量はビアフラ戦争後にさらに激増し，1974年には日産225万6000バーレルに達してリビアを抜き，アフリカ第1位，世界第7位になった。ナイジェリアは，1971年4月に国営石油公社（Nigerian National Oil Corporation, NNOC）を設立し[49]，

---

[48]　ブハリ政権の最高軍事評議会，およびババンギダ政権の全軍統治評議会の構成メンバーについては，*New African*, London, No. 197, February 1984, p. 20 ; *Daily Times*, Lagos, 29th August, 1985を参照。なお。この時期の軍事クーデターについては，室井義雄「1980年代のナイジェリアにおける軍事クーデター ── その政治・経済的背景 ──」（『アジア経済』第27巻第5号，1986年5月，4〜24頁，所収）を参照。

[49]　なお，このNNOCは，1977年4月に石油資源省を併合して新たな国営石油公社（Nigerian National Petroleum Corporation, NNPC）に改組され，連邦軍事政権

## 第41表　ナイジェリア経済と石油産業：1958～2013年

| 年 | 国家歳入に占める石油収入の比率 | | | 総輸出に占める原油輸出の比率 | | | 生産量 | 原油価格[3] |
|---|---|---|---|---|---|---|---|---|
| | 国家歳入[1]<br>（100万ナイラ） | 石油収入[2]<br>（100万ナイラ） | 同比率<br>（%） | 総輸出<br>（100万ナイラ） | 原油輸出<br>（100万ナイラ） | 同比率<br>（%） | （万バーレル／日） | （ドル／バーレル） |
| 1958 | 155 | 1 | 0.1 | 265 | 2 | 0.7 | 0.5 | 1.57 |
| 1959 | 178 | 2 | 1.1 | 321 | 5 | 1.6 | 1.1 | 1.98 |
| 1960 | 224 | 3 | 1.1 | 339 | 9 | 2.7 | 1.7 | 2.10 |
| 1961 | 230 | 17 | 7.5 | 347 | 23 | 6.6 | 4.6 | 2.04 |
| 1962 | 232 | 17 | 7.3 | 337 | 34 | 10.1 | 6.7 | 1.96 |
| 1963 | 249 | 10 | 4.1 | 379 | 40 | 10.6 | 7.6 | 2.15 |
| 1964 | 299 | 16 | 5.4 | 429 | 64 | 14.9 | 12.0 | 2.18 |
| 1965 | 322 | 29 | 9.1 | 539 | 136 | 25.2 | 27.2 | 2.06 |
| 1966 | 339 | 45 | 13.3 | 568 | 184 | 32.4 | 41.8 | 1.91 |
| 1967 | 300 | 42 | 14.0 | 486 | 145 | 29.8 | 31.9 | 2.17 |
| 1968 | 300 | 41 | 13.5 | 422 | 74 | 17.5 | 14.2 | 2.17 |
| 1969 | 436 | 75 | 17.3 | 636 | 262 | 41.2 | 54.0 | 2.17 |
| 1970 | 634 | 167 | 26.3 | 886 | 510 | 57.6 | 108.4 | 2.17 |
| 1971 | 1,169 | 510 | 43.6 | 1,293 | 953 | 73.7 | 153.1 | 2.42 |
| 1972 | 1,405 | 764 | 54.4 | 1,434 | 1,176 | 82.0 | 181.8 | 3.16 |
| 1973 | 1,695 | 1,016 | 59.9 | 2,278 | 1,894 | 83.1 | 205.6 | 3.56 |
| 1974 | 4,537 | 3,724 | 82.1 | 5,795 | 5,366 | 92.6 | 225.6 | 14.69 |
| 1975 | 5,515 | 4,272 | 77.5 | 4,926 | 4,563 | 92.6 | 178.5 | 11.66 |
| 1976 | 6,766 | 5,365 | 79.3 | 6,751 | 6,322 | 93.6 | 207.1 | 13.71 |
| 1977 | 8,042 | 6,081 | 75.6 | 7,631 | 7,072 | 92.7 | 209.9 | 15.29 |
| 1978 | 7,371 | 4,556 | 61.8 | 6,064 | 5,402 | 89.1 | 189.7 | 15.18 |
| 1979 | 10,912 | 8,881 | 81.4 | 10,834 | 10,167 | 93.8 | 230.5 | 15.73 |
| 1980 | 15,234 | 12,353 | 81.2 | 14,187 | 13,632 | 96.1 | 205.5 | 34.50 |
| 1981 | 13,291 | 8,564 | 64.4 | 11,023 | 10,681 | 96.9 | 144.0 | 40.02 |
| 1982 | 11,434 | 7,815 | 68.3 | 8,206 | 8,003 | 97.5 | 129.0 | 36.52 |
| 1983 | 10,509 | 7,253 | 69.0 | 7,503 | 7,201 | 96.0 | 123.6 | 35.52 |
| 1984 | 11,253 | 8,269 | 73.5 | 9,088 | 8,841 | 97.3 | 138.8 | 30.02 |
| 1985 | 15,050 | 10,924 | 72.6 | 11,721 | 11,224 | 95.8 | 149.9 | 28.02 |
| 1986 | 12,596 | 8,107 | 64.4 | 8,921 | 8,367 | 93.8 | 146.4 | 28.65 |
| 1987 | 25,381 | 19,027 | 75.0 | 30,361 | 28,209 | 92.9 | 127.0 | 15.80 |
| 1988 | 27,597 | 19,832 | 71.9 | 31,193 | 28,435 | 91.2 | 138.9 | 16.85 |
| 1989 | 53,870 | 39,131 | 72.6 | 57,971 | 55,017 | 94.9 | 168.3 | 18.00 |
| 1990 | 98,102 | 71,887 | 73.3 | 109,886 | 106,627 | 97.0 | 183.8 | 20.02 |
| 1991 | 100,992 | 82,666 | 75.1 | 121,535 | 116,858 | 96.2 | 195.4 | 21.30 |
| 1992 | 190,453 | 164,078 | 86.2 | 205,612 | 201,384 | 97.9 | 196.1 | 18.65 |
| 1993 | 192,769 | 162,102 | 84.1 | 218,770 | 213,779 | 97.7 | 206.7 | 17.55 |
| 1994 | 201,911 | 160,192 | 79.3 | 206,059 | 200,710 | 97.4 | 206.8 | 14.58 |
| 1995 | 459,987 | 324,548 | 70.6 | 950,661 | 927,563 | 97.6 | 205.9 | 16.25 |
| 1996 | 523,597 | 408,783 | 78.1 | 1,309,543 | 1,286,216 | 98.2 | 224.8 | 19.33 |
| 1997 | 582,811 | 416,811 | 71.5 | 1,241,663 | 1,212,499 | 97.7 | 225.0 | 24.04 |
| 1998 | 463,609 | 324,311 | 74.3 | 751,857 | 717,787 | 95.5 | 225.0 | 14.18 |
| 1999 | 949,188 | 724,423 | 76.3 | 1,188,970 | 1,167,477 | 98.2 | 212.0 | 11.05 |
| 2000 | 1,906,160 | 1,591,676 | 83.5 | 1,945,723 | 1,920,900 | 98.7 | 227.0 | 26.45 |
| 2001 | 2,231,600 | 1,707,563 | 74.8 | 1,867,954 | 1,839,945 | 98.5 | 237.0 | 26.46 |
| 2002 | 1,731,834 | 1,230,851 | 71.2 | 1,744,178 | 1,649,446 | 94.6 | 202.9 | 19.60 |
| 2003 | 2,575,096 | 2,074,281 | 80.6 | 3,087,886 | 2,993,110 | 96.9 | 231.3 | 31.67 |
| 2004 | 3,920,500 | 3,354,800 | 85.6 | 4,602,782 | 4,489,472 | 97.5 | 249.4 | 31.16 |
| 2005 | 5,547,500 | 4,762,400 | 85.8 | 7,246,535 | 7,140,579 | 98.5 | 251.7 | 44.86 |
| 2006 | 5,965,102 | 5,287,567 | 88.6 | 7,324,681 | 7,191,086 | 98.2 | 238.1 | 63.86 |
| 2007 | 5,715,600 | 4,462,910 | 78.1 | 8,120,148 | 7,950,438 | 97.9 | 220.0 | 56.37 |
| 2008 | 7,866,600 | 6,530,600 | 83.0 | 10,161,490 | 8,751,759 | 86.1 | 210.6 | 93.97 |
| 2009 | 4,844,600 | 3,191,900 | 65.9 | 8,356,386 | 7,321,426 | 87.6 | 213.8 | 45.52 |
| 2010 | 7,303,700 | 5,396,100 | 73.9 | 11,490,298 | 10,120,578 | 88.1 | 245.5 | 75.60 |
| 2011 | 11,116,800 | 8,879,000 | 79.9 | 14,323,200 | 14,323,200 | 96.7 | 237.3 | 99.26 |
| 2012 | 10,654,000 | 8,026,000 | 75.3 | 14,736,100 | 14,260,000 | 96.8 | 233.6 | 113.35 |
| 2013[4] | 9,759,800 | 6,809,200 | 69.8 | 14,840,700 | 14,131,800 | 95.2 | 219.3 | 115.89 |

（注）1）1958～1969年は連邦政府の収入，1970～2011年は連邦国家の収入。2）石油利潤税，ロイヤルティー，鉱区地代，原油と天然ガスの連邦政府の輸出収入・国内販売収入等を含む。3）原則として，ボニー・ライトの毎年1月時点における本船渡価格。4）生産量と原油価格以外は予測値。

（出所）(1) Schätzl, L. H., *Petroleum in Nigeria*, Ibadan, Oxford University Press, 1969, p. 63.

(2) Eleazu, U., ed., *Nigeria : The First 25 Years*, Ibadan, Heinemann Educational Books, 1988, p. 562.

(3) Ikeh, G., *The Nigerian Oil Industry : First Three Decades (1958–1988)*, Lagos, Starledger Communications, 1990, p. 229.

(4) Ikein, A. A. and C. Briggs-Anigboh, *op.cit.*, p. 346.

(5) Central Bank of Nigeria, *Statistical Bulletin, Golden Jubilee Edition*, Abuja, 2008, pp. 91–93, 205–207.

(6) Do., *Statistical Bulletin 2013*, 2013, Abuja, Table B.1.1, Table D.1.1.

(7) Do., *Annual Report and Statement of Accounts*, Abuja, 各年版。

(8) Nigerian National Petroleum Corporation, *Annual Statistical Bulletin*, Lagos/Abuja, 各年版より作成。

また同年7月にはOPECに加盟していたが，ナイジェリア原油「ボニー・ライト」の価格は，1973年10月および1979年4月の大幅引き上げを経て，1981年1月には過去最高水準のバーレル当たり40.02ドルに達した。

　だが，1973年10月に勃発した第4次中東戦争を契機とする，OPECの資源ナショナリズムを通じた高価格政策は，1973年秋以降に「第1次石油ショック」を，さらに，1979年2月に勃発したイラン革命を契機とする再度の原油価格の大幅引き上げは，1980年代前半に「第2次石油ショック」を生じさせ，世界経済は長期的な経済不況に陥った。

　こうした中で，主要石油消費国における代替エネルギーへの転換政策などを反映して，硫黄分が少なく良質ではあるが高価格のナイジェリア原油 —— アメリカ石油協会（American Petroleum Institute, API）が定めるAPI度では34度前後 —— は，ほぼ同質の北海原油などに対する世界市場競争力を低下させて，減産を余儀なくされた。同上表に見られるように，産油量は1979年の日産230万5000バーレルをピークに減少し始め，1983年には同123万6000バーレルの最低値（1979年水準の53.6%）を記録した。原油価格の段階的引き下げにも拘わらず輸出が伸び悩み，連邦政府の石油収入も，1980年ピーク時の123億5300万ナイラ（約234億1000万ドル）から1983年には72億5300万ナイラ（同101億6000万ドル，ドル表示では1980年水準の43.4%）へと激減した。

　こうした「石油グラット」は，ナイジェリア経済がすでに「石油モノカルチャー」的な構造に変容していただけに，国民生活や連邦政府の財政に大きな影響を与えた。当時のシャガリ文民政権は，1982年4月に「経済安定化法」を成立させ，かなり厳しい輸入統制策を実施した。第42表に見られるように，ベビー用品をほぼ唯一の例外として，食料品や工業品の関税率を引き上げるか，あるいは新設し，また，輸入許可制度による配給制限を行った品目も多い。そのために生じた「輸入インフ

---

による石油政策が一本化・強化されている。NNPC, *Annual Report 1977*, Lagos, 1978, pp. 3–4を参照。

第42表　ナイジェリアの「経済安定化法」に基づく主要関税率：1982年4月

(単位：%)

| 品目 | 旧税率 | 新税率 | 品目 | 旧税率 | 新税率 |
|---|---|---|---|---|---|
| 1. 食料品 | | | 農業用トラクター[1] | – | 25 |
| 　米[1] | 20 | 30 | 運搬用トラクター[1] | – | 100 |
| 　小麦粉[1] | 15 | 30 | 灯油ストーブ・同部品 | – | 10 |
| 　砂糖[1] | 25 | 60 | カメラ・同部品 | 50 | 100 |
| 　茶[1] | 10 | 50 | 電気扇風機 | 75 | 150 |
| 　乾し魚 | 30 | 50 | 　同組立部品 | 10 | 50 |
| 　インスタント・コーヒー | 66 | 75 | テレビ・ラジオ | 75 | 150 |
| 　トマト・ペースト | 75 | 100 | 　同組立部品 | 20 | 50 |
| 2. 工業品 | | | 自転車，三輪車[1] | – | 5 |
| 　人造糸，綿糸[1] | 10 | 30 | オートバイ・同部品[1] | 10 | 20 |
| 　純正マドラス木綿[1] | 100 | 200 | 乗用車[2] | – | 500 |
| 　ゴム引き織物 | – | 50 | 　同部品 | | |
| 　刺繍用生地 | – | 50 | 　　ラゴス地区[3] | – | 25 |
| 　印刷用紙[1] | 10 | 40 | 　　カドゥナ地区[3] | – | 15 |
| 　哺乳瓶 | 75 | 50 | 3. 工業品（CKD方式）[4] | | |
| 　ベビー用クリーム | 200 | 33 | 　置時計・腕時計 | 50 | 100 |
| 　セメント[1] | – | 20 | 　オートバイ，自転車[1] | 10 | 20 |
| 　構造用鋼鉄材 | 30 | 40 | 　トラック，トラクター[1] | | |
| 　発電機 | – | 10 | 　　ラゴス地区 | – | 20 |
| 　バッテリー | 60 | 50 | 　　イバダン地区 | – | 10 |
| 　船外エンジン | – | 10 | 　　エヌグ・他地区 | – | 8 |
| 　配達用小型バン[1] | 20 | 100 | 　　カノ・他地区 | – | 5 |

(注)　1) 輸入ライセンスが必要な配給制限品目。2) 2,500cc以上。3) 1,800〜2,000cc。4)
　　　CKD方式：完全ノック・ダウン方式。
(出所)　"Nigeria : An AED Special Report," *Africa Economic Digest*, May 1982, pp. 6–7 より作成。

レ」によって，国民生活が大きく圧迫されたのみならず，部品・半製品
などの中間財を輸入に依存していた加工・組立型の製造業も深刻な打撃
を受けた。例えば，ラゴスでは，1983年2〜10月のわずか8ヵ月間に，
多くの生活必需品が1.4〜3倍にも値上がりし，また，ナイジェリア工
業会（Manufacturers Association of Nigeria, MAN）の発表によると，1982
年8月〜1983年7月までの1年間に，7〜12週間の操業停止に陥った
企業数は101社に達して，おおよそ2万人の労働者が失業や減給などの
影響を受けた。このため，各地でストライキが続発し，1982年だけで
も340企業，おおよそ56万人が参加したと言われている[50]。

---

[50]　以上の事態については，Bangura, Y., R. Mustapha, and S. Adamu, "The Deepening

他方では，1980年代に入り，公的対外債務の累積も深刻な問題になってきた[51]。第43表に見られるように，それ以前のナイジェリアの公的債務は，その80％強が国内債務から構成されており，ナイジェリアはその経済規模から見て，むしろ「過小借入国」の一つに数えられていた。

　ところが，シャガリ政権は，野心的な国家開発計画への融資や国際収支調整などのために，当時の高金利時代の中にあって ―― 例えば，1978〜1982年において，ロンドン銀行間貸付金利（London Inter-Bank Offered Rate, LIBOR）は10〜18％の水準を上下していた ――，国際資本市場や世界銀行などから次々と対外借入を重ねて，1983年末現在の対外債務累積額は，長期・短期を合わせて185億4000万ドルに達し，商品輸出額に対する債務返済額（デット・サービス・レシオ）も一般に危険水準とされる20％を一挙に超えるまでになった。とりわけ，輸入代金の支払遅滞額が，1982年に32億6652万ドル，1983年には60億7400万ドルに達すると予想され，これを背景として，上述の「経済安定化法」による輸入統制が実施されたのである。

　その後1983年4月以降，シャガリ政権は，外国商業銀行を主要メンバーとするロンドン・クラブとの間で交渉を開始して，合計18億3000万ドルの貿易債務が中期債務に切り替えられた[52]。しかし，こうした措置にも拘わらず，1984年末段階の支払遅滞額が累積でなお68億ドルに達する見通しになった。こうしたシャガリ政権の放漫な経済運営と蔓延する汚職を批判して，すでに述べたように，1983年12月末の軍事クーデターによってブハリ連邦軍事政権が成立したのである。

---

Economic Crisis and Its Political Implications," *Africa Development*, Vol. 9, No. 3, July/September 1984, pp. 62–63 ; *Quarterly Economic Review of Nigeria*, No. 2, 1983, p. 9 を参照。

[51]　この時期の債務累積問題については，室井義雄「ナイジェリアの債務累積問題 ― 第三共和制の経済的課題 ―」（原口武彦編『転換期アフリカの政治経済』アジア経済研究所，1993年，65〜105頁，所収）を参照。

[52]　Central Bank of Nigeria, *Annual Report and Statement of Accounts 1983*, Lagos, 1984, p. 116を参照。

第43表　ナイジェリアの公的債務と連邦政府の財政構造：1979～1989年

| 項目 | 1979 | 1981 | 1983 | 1985 | 1987 | 1989 |
|---|---|---|---|---|---|---|
| A. 公的債務 | | | | | | |
| 1. 公的債務（億ナイラ） | 88.9 | 137.8 | 328.0 | 452.4 | 1,375.8 | 2,974.4 |
| 　国内債務 | 72.8 | 114.5 | 222.2 | 279.5 | 367.9 | 570.5 |
| 　対外債務 | 16.1 | 23.3 | 105.8 | 172.9 | 1,007.9 | 2,403.9 |
| 　　連邦政府（％） | (89.6) | (89.4) | (81.1) | (80.7) | (84.9) | (84.5) |
| 　　州政府・他（％） | (10.4) | (10.6) | (18.9) | (19.3) | (15.1) | (15.5) |
| 2. 対外債務（億ドル） | 62.3 | 120.1 | 185.4 | 195.5 | 308.9 | 327.7 |
| 　短期債務 | 22.8 | 44.2 | 50.6 | 50.0 | 16.4 | 7.0 |
| 　長期債務 | 39.5 | 75.9 | 134.8 | 145.5 | 292.5 | 320.7 |
| 　　民間非保証 | 7.1 | 13.5 | 13.0 | 14.1 | 5.5 | 4.1 |
| 　　公的保証 | 32.4 | 62.4 | 121.8 | 131.4 | 287.0 | 316.6 |
| 3. 長期対外債務返済（億ドル） | 3.9 | 13.0 | 21.6 | 40.7 | 10.0 | 19.6 |
| 　公的資金源 | 2.6 | 9.0 | 18.9 | 39.0 | 8.5 | 19.4 |
| 　民間資金源 | 1.3 | 4.0 | 2.7 | 1.7 | 1.5 | 0.2 |
| 4. 長期対外債務借入条件 | | | | | | |
| 　公的資金源 | | | | | | |
| 　　平均利子率（％） | 5.9 | 8.3 | 10.9 | 8.9 | 7.9 | 6.7 |
| 　　平均返済期間（年） | 16.8 | 18.8 | 11.1 | 16.4 | 16.1 | 21.4 |
| 　民間資金源 | | | | | | |
| 　　平均利子率（％） | 11.2 | 9.3 | 9.8 | 8.9 | 7.8 | 8.6 |
| 　　平均返済期間（年） | 8.9 | 9.9 | 8.2 | 11.1 | 8.7 | 8.7 |
| 5. 長期対外債務諸指標（％） | | | | | | |
| 　債務累積額/GNP | 8.1 | 12.9 | 21.0 | 22.2 | 133.9 | 119.1 |
| 　債務返済額/商品輸出額 | 2.3 | 7.2 | 20.9 | 31.0 | 13.3 | 25.0 |
| 　債務返済額/外貨準備高 | 6.7 | 31.2 | 172.6 | 215.0 | 67.3 | 96.3 |
| 　外貨準備高/月間輸入額[1] | 6.0 | 2.6 | 1.3 | 3.0 | 4.4 | 6.6 |
| B. 連邦政府財政収支（10億ナイラ） | | | | | | |
| 1. 連邦歳入 | 10.4 | 12.0 | 10.8 | 14.6 | 25.1 | 50.2 |
| 　石油収入 | 8.5 | 8.6 | 7.3 | 10.9 | 19.0 | 41.3 |
| 　非石油収入 | 1.9 | 3.4 | 3.5 | 3.1 | 5.7 | 7.9 |
| 　連邦政府独自収入[2] | – | – | – | 0.6 | 0.4 | 1.0 |
| 2. 連邦会計 | 10.4 | 12.0 | 10.8 | 14.0 | 24.7 | 49.2 |
| 　各州政府交付金[3] | 3.0 | 4.9 | 4.2 | 5.0 | 9.0 | 14.3 |
| 　安定化基金等 | – | – | – | – | 1.2 | 15.2 |
| 　連邦政府交付金 | 7.4 | 7.1 | 6.6 | 9.0 | 14.5 | 19.7 |
| 3. 連邦政府歳入 | 7.4 | 7.1 | 6.6 | 9.6 | 16.1 | 26.7 |
| 　連邦会計交付金 | 7.4 | 7.1 | 6.6 | 9.0 | 14.5 | 19.7 |
| 　連邦政府独自収入[2] | – | – | – | 0.6 | 0.4 | 1.0 |
| 　安定化基金等 | – | – | – | – | 1.2 | 6.0 |
| 4. 連邦政府歳出 | 9.9 | 10.8 | 11.7 | 12.6 | 22.0 | 41.0 |
| 　経常支出 | 2.1 | 4.3 | 4.2 | 4.3 | 9.4 | 12.7 |
| 　資本支出 | 6.8 | 5.7 | 6.4 | 5.4 | 6.4 | 9.0 |
| 　債務返済 | 1.0 | 0.8 | 1.1 | 2.9 | 6.2 | 19.3 |
| 　　国内債務 | 0.9 | 0.3 | 0.4 | 1.9 | 3.8 | 6.1 |
| 　　対外債務 | 0.1 | 0.5 | 0.7 | 1.0 | 2.4 | 13.2 |
| 5. 連邦政府財政収支 | −2.5 | −3.7 | −5.1 | −3.0 | −5.9 | −14.3 |
| 6. 連邦政府財政金融 | 2.5 | 3.7 | 5.1 | 3.0 | 5.9 | 14.3 |
| 　国内借入 | 0.8 | 3.5 | 7.4 | 2.3 | 8.4 | 10.0 |
| 　対外借入 | 0.8 | 0.4 | 1.1 | 1.0 | 0.8 | 5.7 |
| 　特別基金等 | 0.9 | −0.2 | −3.4 | −0.3 | −3.3 | −1.4 |

（注）1）手持ちの外貨準備高で輸入可能な商品価額で，単位はヵ月。2）中央銀行からの移転を含む。3）1983～87年は特別基金等を含む。

（出所）⑴　World Bank, *World Debt Tables : External Debt of Developing Countries*, Washington, D. C., 各年版。

　　　　⑵　IMF, *International Financial Statistics Yearbook*, Washington, D. C., 各年版。

　　　　⑶　Central Bank of Nigeria, *Annual Report and Statement of Accounts*, Lagos, 各年版より作成。

ブハリ連邦軍事政権は，ナイジェリア中央銀行が約束手形を発行して債務保証を行うことを条件として，貿易債務のリファイナンスを債権者に求めた。主として非保証債務を抱えていたロンドン・クラブがこれに応じて，1984年11月に，第1期分の約束手形2億5800万ドルが発行された[53]。

　こうして，ナイジェリアの債務危機は，1982年以降，主として民間銀行や輸入業者が抱えていた短期債務の返済遅滞という形で表面化したが，その後1980年代半ば以降になると，連邦政府（および州政府）が過去に借り入れた中期・長期債務の相当部分がほぼ同時に返済時期を迎え始めて，債務危機が一挙に浮上・深刻化した。これに対して，ブハリ連邦軍事政権は，債務のリスケジュールによって返済負担を先延ばしにするよりはむしろ，短期間で債務を返済する政策を採用し，1985〜1987年度のデット・サービス・レシオを44〜60％に設定すると発表した。すでに述べたように，これを強く批判したババンギダ陸軍少将が，国民の支持を取り付けつつ，軍事クーデターを成功させたのである。

## ④ ババンギダ連邦軍事政権と国家歳入配分委員会

　さて，前掲第37表に見られるように，ブハリ連邦軍事政権もまた，1984年に「布告第36号」を公布して，既存の「1982年歳入（連邦会計等）配分法」に若干の修正を加えた[54]。主な修正点は以下のようである。すなわち，①各州政府の取り分を35％から32.5％に削減し，その2.5％分を新たに特別基金に組み込む，②特別基金は，産油地域の開発費に1.5％，および環境対策費に1％を充当する，③各州政府取り分の32.5％のうち，2％は派生主義に基づき産油州に直接配分される，というものである。要するに，2.5％分の連邦首都領の整備費という項目を

---

[53]　*Do., 1984*, Lagos, 1985, p. 117を参照。

[54]　ブハリ政権の「布告第36号」については，RMAFC, *Commission Law Brochure*, Abuja, May 2005を参照。

無くして，その分を各州政府の取り分に上乗せした —— 実質28％から30.5％に増加した —— ということになる。なお，産油州の取り分については，直接配分が２％，特別基金経由が1.5％，また環境対策費は１％で，実質的には以前と同じである。

　上述のように，このブハリ連邦軍事政権は短命に終わったが，その後に成立したババンギダ連邦軍事政権は，まず，1988年９月に「布告第49号」を公布して，恒常的な検討委員会である「国家歳入動員配分財政委員会」（National Revenue Mobilization Allocation and Fiscal Commission, NRMAFC）を設置すると公表した。すでに触れたように，恒常的な検討委員会の設置については，すでにオキグボ委員会が勧告していたが，ここに至ってようやく実現することになった。

　そして，この恒常的委員会の第１号として，同年９月に，T. Y. ダンジュマ（Theophilus Yakubu Danjuma）陸軍中将を委員長とする委員会を発足させた[55]。このNRMAFCによって1989年12月に提出された勧告案は，前掲第37表に見られる通りである。現役の陸軍中将を委員長とする委員会の提案としてはやや驚きであるが，①連邦政府の取り分を現行の55％から47％へと大幅に削減し，その分につき，②地方政府の取り分を10％から15％へ増加させ，③特別基金を８％に拡充した点が注目される。また，④各州政府の取り分は，実質30.5％から30％へ変更されただけで，ほとんど変わっていない。⑤特別基金の内訳については，(i)派生主義に基づく産油地域への直接配分に２％，(ii)産油地域の開発費に1.5％，(iii)環境対策費に0.5％，(iv)非産油地域の開発費に0.5％，(v)連邦首都領の整備費に１％，(vi)安定化基金に0.5％，および(vii)貯蓄に２％が充当される。また，⑥各州間の水平的配分の基準としては，均等配分に0.4，人口数に0.3，域内増収努力に0.2，および社会開発に0.1の加重値で配分する，というものであった。なお，同委員会の勧告でもう一つ注目されるのは，「鉱区地代・ロイヤルティー収入については，陸上・沖合の区別を設けるべきではない」という提言である。後に見る

---

[55]　NRMAFCの勧告案については，Ekpo, A. H., *op.cit.*, pp. 22–23 を参照。

ように，この両者の区別を設定するか否かという問題もまた，後々にま
で尾を引くことになる。

　同上表に見られるように，その後，1993年8月に第三共和政に移行
するまでの3年間，NRMAFCとババンギダ連邦軍事政権との間で数回
のやり取りが行われ，歳入配分方式はめまぐるしく変わっている[56]。

　まず，上述のNRMAFCの勧告案に対しては，ババンギダ連邦軍事政
権は1990年1月に「布告第7号」を公布し，次のような修正を加えた。
すなわち，①連邦政府の取り分を47％から50％に増加させ，その分に
つき，②特別基金を8％から5％に削減する，③特別基金の内訳につ
いては，(i)派生主義に基づく産油地域への直接配分は2％から1％に
削減する，(ii)環境対策費は0.5％から1％に増加する，(iii)産油地域の開
発費1.5％，連邦首都領の整備費1％，および安定化基金0.5％は勧告案
の通りとする，(iv)非産油地域の開発費0.5％，および貯蓄2％は廃止す
る，というものである。また，④各州間の水平的配分の基準に係わる加
重値については，(i)均等配分0.4，人口数0.3，および社会開発0.1につ
いては勧告案の通りとするが，(ii)域内増収努力は0.2から0.1に削減し，
代わりに土地・地勢問題に0.1を加える，というものであった。

　その後，1991年11月にNRMAFCが再度の勧告を行い，これに対し
てババンギダ連邦軍事政権が1992年1月に「布告第80号」，同年7月に
「布告第106号」を公布して，委員会案と自らの旧布告を修正している。
この間における両者の攻防は，要するに，連邦政府の取り分を巡って争
われたと言ってよい。換言すれば，連邦軍事政権が「最初の請求人」と
して50％の取り分をまず主張し，その後，州政府，地方政府，および
特別基金の取り分が順次決定され，そして，特別基金の規模に応じて，
派生主義に基づく産油地域への直接配分，あるいは同地域の開発費や環
境対策費などが決まってくるのである。

---

[56]　1989年12月～1992年6月における，NRMAFCとババンギダ連邦軍事政権の
　　やり取りについては，RMAFC, *The Report of Revenue Allocation Formula*, Abuja,
　　December 2002, pp. 18–23を参照。

NRMAFC は，この「50％の壁」を何とか崩そうとしたが，ババンギダ連邦軍事政権による，歳入配分に係わる最後の「布告第106号」を見てみると，同政権は，NRMAFC の要求を多少は認めるようになったとも思える。ただし，自らの取り分を50％から48.5％に削減するものの，各州政府の取り分を30％から25％，そして24％へと大きく削減する一方で，各地方政府の取り分を15％から20％に増加させるという形を通して，州政府に対する優位な力関係を維持しようとしたと考えられる。こうした配分政策が，各州政府の反発を買ったことは否めないであろう。ただし，「特別基金」に配分された7.5％分の中には，派生主義に基づく産油地域への直接配分が1％，産油地域の開発費が3％，および環境対策費が2％，合計で6％含まれているので，産油州からは一定の評価を取り付けることができたと思われる。

## ⑤ 民政移管（第三共和政）と軍事クーデターの勃発

ババンギダ国家元首は，1986年1月13日に行われた新年の予算演説において，1990年10月1日をもって民政に移管すると早くも発表し，それと同時に，「ナイジェリアの過去の失敗を招いた諸問題を認識し，その解決策を探る」ため，連邦政府内に「政治局」を設置した。この政治局は，ベニン大学副学長の S. J. クッキー（Samuel Joseph Kookey）を局長とし，9名の大学教員，1名の政治学者，3名の実業家，2名の労働者団体（NLC）代表者，および全国婦人協会（National Council of Women's Societies, NCWS）会長の女性1名，合計17名から構成された[57]。その後，1987年3月，この政治局は24項目，224頁に及ぶ報

---

[57] 政治局のメンバー構成については，"Nigeria : Civilian Rule in 1990," *West Africa*, London, 20th January, 1986, p. 152を参照。なお，この政治局は，そのメンバー構成からも窺えるように，いわゆる政府の御用委員会ではなく，かなり自由な議論を期待されたように思われる。この時期の民政移管については，室井義雄「ナイジェリアにおける民政移管とその問題点」（『アジア経済』第32巻第8号，1991年8月，25〜56頁，所収）を参照。

告書を提出し，これを受けたババンギダ国家元首は，P. U. オム（Paul Ufuoma Omu）陸軍少将を委員長とする検討委員会を発足させた。同検討委員会は，オム委員長を含む５名が全軍統治評議会のメンバー，３名が国家元首諮問委員会のメンバー（いずれも大学人），および１名の連邦事務次官，合計９名で構成され[58]，1987年５月に，独自の報告書を提出している。

　これらの２つの報告書を踏まえて，ババンギダ国家元首は，1987年７月に「政治局勧告に対する政府見解」を公表すると同時に，「民政移管（政治プログラム）布告第19号」を公布し，民政移管に係わる連邦軍事政権の基本方針が明らかになってきた[59]。

　その幾つかの要点を拾ってみると，第一に，政治局の勧告においてまず注目されるのは，かなり強い論調で社会主義的な政治経済体制への移行を主張している点である。だが，これに対して，連邦政府は明確に拒絶した。第二に，来るべき政治体制の在り方について，注目すべき論点が３つある。すなわち，①地方政府の役割を強化すべきである，②新州の分離申請が出されている13州のうち，６州のみを認め，それ以外は拒否すべきである，および③来るべき総選挙においては，２党制を導入すべきである，というものであった。これらの３点の勧告に対して，連邦政府は，①については態度を保留し，②と③については原則的に認めると回答した。第三に，政治局は，政治モラルの確立についてかなり厳しい意見を表明し，「金権に塗れた，特定の団体に拘束された，古いタイプの全ての政治家を公職から追放すべきである」と勧告している――しかも，在任期間や役職名を明記して，対象者を特定できる内容になっている――。これに対して，連邦政府は原則的に認めると回答

<hr />

[58]　検討委員会のメンバー構成については，"Nigeria : 1990 under Discussion," *West Africa*, London, 6th April, 1987, p. 688 を参照。

[59]　政治局の勧告とそれに対する連邦政府の見解については，"Nigeria : Towards 1922," (I)~(V), *West Africa*, London, 3rd August, pp. 1482–1483 ; 10th August, pp. 1530–1533 ; 17th August, pp. 1678–1680 ; 27th August, pp. 1631–1633 ; 31st August, pp. 1688–1690, 1987 を参照。

した。最後に，上記以外の重要課題としては，以下の3点を挙げること
ができる。すなわち，①センサスを実施すべきである，②「シャリーア
法」[60] の適用を南部地域にも広げるべきである，および③公的な使用言
語として，ハウサ語（北部諸州），ヨルバ語（西部諸州），およびイボ語
（東部諸州）を同等に扱うべきである，というものであった。これら3
つの勧告に対して，連邦政府は，①と③については原則的に認めると回
答し，②については態度を保留した。

　さて，上記の諸勧告とそれに対する政府見解について，これまで述べ
てきた現実の動きに照らし合わせてみると，「地方政府の役割強化」に
ついては，連邦会計からの歳入配分比率の増加という形で実現されてい
る（前掲第37表を参照）。また，「新州の増設問題」については，1987
年9月に21州体制，1991年8月に30州体制に移行している（前掲第32
表・第4図を参照）。他方，「センサス」については，1991年11月〜12
月に実施され，ババンギダ連邦軍事政権もその結果を承認している（前
掲第29表を参照）。

　そして，当時の政治状況から見ると，かなり大胆にも実行したのが，
「古いタイプの政治家全員の公職追放」と「2党制の導入」であった。
1987年8月，上述の政治局のメンバーの一人であったE. O. アワ（Eme
Onuola Awa）を委員長とする国家選挙管理委員会が発足し，また1989
年5月に新憲法が公布されて，政党活動が解禁になった。1989年7月
の締切日までに，合計13政党が登録手続きを終えたが，国家選挙管理
委員会の評価は「全ての政党が登録基準を十分に満たしていない」とい
うものであった。これを受けたババンギダ連邦軍事政権は，1989年10月
に大方の予想に反して，やや左派の社会民主党（Social Democratic Party,
SDP）と，やや右派の国民共和会議（National Republican Convention,

---

[60]　「シャリーア法」は，イスラームの法体系の総称であり，とりわけ民事に係
　　わる法律問題については，「1979年共和国憲法」において —— 北部諸州に限
　　定してではあるが ——，その設置が認められている。*The Constitution 1979*,
　　Chapter VII, The Judicature, Part II, State Court, B, Sharia Court of Appeal of a State,
　　240-establishment of Sharia Court of Appeal, Lagos を参照。

NRC）の2政党を連邦政府の指導下で設立し，両党の綱領は国家選挙管理委員会が作成すると発表した。

この「官制2政党」の設置により政局が大きく混乱したため，民政移管のスケジュール自体も変更されて，1990年12月以降，おおよそ3年半をかけて総選挙が実施された。最後の1993年6月に実施された大統領選挙では，NRC側は，カノ州出身のハウサ人でイスラーム教徒のB. O. トファ（Bashir Othman Tofa），SDP側は，オグン州出身のヨルバ人ではあるがイスラーム教徒のM. K. O. アビオラ（Moshood Kashimawo Olawale Abiola）を大統領候補として戦った。第44表は，これらの選挙結果を示したものであるが，州知事選挙を除き ── 選挙結果が不明のものを含むが ──，SDPが全ての選挙で勝利した。大統領選挙は接戦になったが，SDPのアビオラが58%の得票率を得て当選した。

ところが何と，ババンギダ国家元首自らが，「不正選挙が行われた」との理由から，大統領選挙の結果を破棄してしまった。このため，ナイジェリアの政治状況は大混乱に陥り，同国家元首はその責任をとる形で退陣した。彼は，1993年8月26日にラゴス州の出身でヨルバ人の実業家 ── 前述のナイジェリアUAC社の社長 ── であるショネカンを大統領に就任させて，第三共和政が発足した。ショネカン文民政権は，大統領選挙を1994年2月にやり直すと発表したが，これを不服とした北部カノ州の出身でハウサ人のアバチャ陸軍大将 ── ババンギダ連邦軍事政権のナンバー・ツー ── が軍事クーデターを起こして，1993年11月27日に国家元首・暫定統治評議会議長・全軍最高司令官に就任した。

その後，アバチャ国家元首も1996年10月1日に民政移管のスケジュールを公表し，他方では，さらなる新州の増設を認めて，同日に36州体制を発足させたが，1998年6月8日に彼が病死すると，アブバカール陸軍大将がその後を引き継ぎ，1999年5月29日に民政移管が実現して「第四共和政」が成立することになったのである。なお，ショネカン文民政権，アバチャおよびアブバカール両軍事政権時代には，国家歳入の配分に係わる委員会の設置や布告の公布は行われていない（前掲第32表・第37表を参照）。

第44表　ナイジェリアにおける「2党制」下での選挙結果：1990〜1993年

| 項目 | 北部<br>9州 | 中部<br>7州 | 西部<br>7州 | 東部<br>7州 | 連邦<br>首都領 | 合計 |
|---|---|---|---|---|---|---|
| 1. 有権者数：(1992年)[1] | 13,845 | 7,185 | 9,746 | 8,493 | 153 | 39,422 |
| 2. 党員数[1] | | | | | | |
| 　国民共和会議（NRC） | 1,500 | 800 | 1,322 | 1,313 | 22 | 4,957 |
| 　社会民主党（SDP） | 1,228 | 819 | 1,390 | 1,243 | 16 | 4,696 |
| 3. 総選挙[2] | | | | | | |
| 　地方政府評議会議長[3] | | | | | | |
| 　　国民共和会議（NRC） | 94 | 27 | 30 | 53 | 2 | 206 |
| 　　社会民主党（SDP） | 64 | 46 | 74 | 45 | 2 | 231 |
| 　地方政府評議会議員[3] | | | | | | |
| 　　国民共和会議（NRC） | 953 | 424 | 412 | 744 | 29 | 2,562 |
| 　　社会民主党（SDP） | 761 | 587 | 869 | 701 | 16 | 2,934 |
| 　州知事[4] | | | | | | |
| 　　国民共和会議（NRC） | 6 | 3 | 1 | 6 | – | 16 |
| 　　社会民主党（SDP） | 3 | 3 | 6 | 1 | – | 13 |
| 　州議会議員[4] | | | | | | |
| 　　国民共和会議（NRC） | 217 | 93 | 52 | 159 | – | 521 |
| 　　社会民主党（SDP） | 140 | 115 | 218 | 111 | – | 584 |
| 　連邦上院議員[5] | | | | | | |
| 　　国民共和会議（NRC） | 14 | 8 | 0 | 15 | 0 | 37 |
| 　　社会民主党（SDP） | 11 | 13 | 21 | 6 | 1 | 52 |
| 　連邦下院議員[5] | | | | | | |
| 　　国民共和会議（NRC） | 106 | 46 | 14 | 91 | 3 | 260 |
| 　　社会民主党（SDP） | 83 | 68 | 122 | 41 | 1 | 315 |
| 　大統領[6] | | | | | | |
| 　　国民共和会議（NRC） | 61 | 45 | 18 | 51 | 48 | 42 |
| 　　社会民主党（SDP） | 39 | 55 | 82 | 46 | 52 | 58 |

（注）　1）単位は1,000人。2）大統領選挙については州ごとの得票率で，単位は％
　　　　（有効投票総数は1,429万3000票）。その他の選挙は当選者の人数で，合計欄
　　　　は選挙結果不明を除く。3）1990年12月に実施。4）1991年12月に実施。
　　　　5）1992年7月に実施。6）1993年6月に実施。

（出所）(1)　Balogun, K., *Nigeria : June 12 Election*, Osogbo, Africanus Publishers, 1933,
　　　　　　pp. 14–15.
　　　　(2)　Oyediran, O. and A. Agbaje, "Two-Partyism and Democratic Transition in
　　　　　　Nigeria," Journal of *Modern African Studies*, Vol. 29, No. 2, 1991, p. 215.
　　　　(3)　*West Africa*, London, 14th–20th June, 1993, p. 1006.
　　　　(4)　*Africa Research Bulletin : Political, Social and Cultural Series*, Vol. 28, No. 11,
　　　　　　November 1991, pp. 10384–10386 ; Vol. 29, No. 7, July 1992, p. 10649 より
　　　　　　作成。

# VI 第四共和政時代：1999〜2014年

　さて，上述のアバチャ陸軍大将による軍事クーデターを最後として現在に至るまで，ナイジェリアでは文民政権，すなわち「第四共和政」が続いている。しかしながら，国家歳入の配分問題は，今日でもなお「古くて新しい難問」の一つである。

　以下では，第四共和政における総選挙から見た政治状況，「1999年共和国憲法」における諸規定，および歳入配分委員会の機能と任務などを考察しながら，歳入配分問題の今日的諸相を見てみたい。

## ■ 第四共和政と総選挙

　第四共和政の時代には，1998年から2011年に至るまで，4回の総選挙が実施されている[61]。この間の政治状況を知る上で重要なのは，如何なる政党が総選挙に参加し，また誰が大統領に選出されたのか，という点である。

### (1) 1998年12月〜1999年1月総選挙

　アブバカール国家元首は，1999年5月29日をもって民政に移管すると約束し，1998年12月の地方政府評議会選挙で開始され，1999年2月の大統領選挙で終結する，という選挙日程を公表した。この最初に実施される地方政府評議会選挙が，その後の選挙戦にとって極めて重要であった。と言うのは，南部エド州出身の判事であるE. O. I. アクパタ

---

[61]　なお，2015年3月28〜29日に実施された，第四共和政移行後の第5回目の大統領選挙では，現職のジョナサン大統領が敗北し，かつての連邦軍事政権担当者（1984年1月3日〜1985年8月26日）であったブハリが当選したが，この2015年の総選挙の詳細とその意義については，別の機会に論じてみたい。

（Ephraim Omorose Ibukun Akpata）を委員長とする連邦選挙管理委員会
は，暫定的に9政党を公認したが，地方政府評議会選挙以降の総選挙に
参加することができる条件として，「地方政府評議会選挙において，全
36州のうち，少なくとも24州以上において5％以上の得票率を上げる
こと」を設定したからである。

　加えて，最初の選挙によって，各々の公認政党の性格や特徴が，政党
結成の当初よりもいっそう明らかになってくるからである。各々の政党
は，いずれも結成後5ヵ月余りで選挙を戦うことになり，また，全国の
744（当時）に及ぶ地方政府評議会選挙を公正かつ順調に行うことは，
連邦選挙管理委員会にとっても，容易ではなかった。

　ともあれ，1998年12月に実施された地方政府評議会選挙では，人民
民主党（PDP）が464名の地方政府評議会議長と4,856名の評議員（全
体の得票率は46.2％），全人民党（APP）が192名の同評議会議長と
2,576名の評議員（同35.3％），および民主同盟（AD）が102名の同評
議会議長と1,104名の評議員（同11.2％）を獲得した[62]。これによって，
PDPとAPPは上記の条件を満たしたものの，ADはわずかに及ばな
かった。しかし，連邦選挙管理委員会は，3党以上の選挙戦が望ましい
との政治的判断から，ADに対してもその後の選挙戦に参加する資格を
与えた。

　他方，この地方政府評議会選挙を通じて，ADが南西部のヨルバ地
域，PDPが南東部のイボ人・その他の少数部族地域で圧勝し，そして
北部のイスラーム地域ではPDPとAPPが票を分け合ったという，各政
党の地域的な支持基盤がおおよそ明らかになった。前掲第7表（第I
部）に見られるように，その後の1999年1〜2月に実施された州知事
選挙と州議会選挙においても，PDPが圧勝した。こうした状況下にお
いて，1999年2月27日に実施された大統領選挙では，PDPはかつての
連邦軍事政権担当者（1976年2月〜1979年9月）であるオバサンジョ

---

[62]　1998年12月に実施された地方政府評議会選挙の結果については，Economic
　　Intelligence Unit, *Country Report, Nigeria*, London, 1st Quarter, 1999, p. 12を参照。

を候補に立て，他方，APP と AD は選挙協力を通じて，ババンギダ連邦軍事政権時代に国務相を務めたファラエを統一候補として戦った。両者とも南部州出身のヨルバ人でキリスト教徒であるが，オバサンジョが1,874万票（62.8％）を獲得して第四共和政で最初の大統領に就任した。民政移管とは言え，退役した連邦軍事政権担当者やかつての軍事政権を支えた高級官僚が出馬したことになる。

## (2) 2003年3〜4月総選挙

　第Ⅰ部で触れたように，2003年3〜4月に実施された第2回目の総選挙は，字義通り「退役軍人の主導権争い」の場となった。PDP から大統領選挙に再出馬したオバサンジョに加えて，APP の後継政党で第1野党の全ナイジェリア人民党（ANPP）から出馬したブハリもまた，かつて連邦軍事政権を担当している。さらに，東部のイボ人を中心に新たに結成された全進歩大同盟（APGA）から出馬したオジュクゥは，かつてのビアフラ共和国の軍人大統領である。

　この2003年3月に実施された総選挙では，PDP が州知事選挙で36州のうちの28州（77.8％），連邦上院選挙で109議席中の76議席（69.7％），および同下院選挙で360議席中の223議席（61.9％）を獲得して圧勝した。また，同年4月に実施された大統領選挙は合計20政党の間で戦われたが，オバサンジョ大統領が2,446万票（62.0％）を獲得して再選された（同上表を参照）。

## (3) 2007年4月総選挙

　2007年4月に実施された第3回目の総選挙も，退役軍人の主導権争いという状況はほぼ同じであるが，選挙前から彼らの間で内紛が続いたという点では異なっている。まず注目されるのは，PDP 内でのオバサンジョ大統領と，北部アダマワ州出身のフラニ人でイスラーム教徒の A. アブバカール（Atiku Abubakar）副大統領との確執であった。オバサンジョ大統領は，アパパ港で運輸会社なども経営していたアブバカール副大統領を，石油技術開発基金（Petroleum Technology Development

Fund, PTDF）の公金横領事件で告発していたが，彼もまた，同様の容疑で大統領を告発していた。そうした中で，PDP を離党した反オバサンジョ派でアブバカール副大統領の支持者たちが行動会議（Action Congress, AC）を新たに結党し，2006年12月の党大会において，まだPDP に在籍中のアブバカール副大統領を AC の大統領候補に推薦するという決議を行ってしまった。これに怒ったオバサンジョ大統領が彼をPDP から除名したのである。

　オバサンジョ大統領にとって，より重要であったのは，後継者に誰を選ぶのかという問題であった —— 大統領の再選は，2期までに制限されている ——。結局，同大統領は，カッチナ州知事を務めたものの，中央政界ではほとんど無名であった，フラニ人でイスラーム教徒のヤラドゥアを後継者に選んだ。彼は，オバサンジョ連邦軍事政権時代に最高軍事評議会のメンバーの一人であった S. M. ヤラドゥア（Shehu Musa Yar'Adua）陸軍准将の実弟であり，かつてはザリアの芸術科学技術大学などで化学の教員をしていた人物である。オバサンジョ大統領は，ヤラドゥアの実直で温和な性格を見込んだと言われているが，PDP 内の古参の党員からは驚きの声が上がった。

　こうした中で，PDP を離党した反オバサンジョ派の O. U. カル（Orji Uzor Kalu）が，新たに結党した進歩人民同盟（Progressive People's Alliance, PPA）から大統領選に立候補した。カルは，東部のアビア州知事を務めたイボ人のキリスト教徒で，また多様なビジネスを展開している SLOK ホールディングス会社（SLOK Holdings）の社長でもあった。

　2007年4月の大統領選挙では，50政党のうち25政党が大統領候補を立てたが，上記3名の他に有力な大統領候補としては，ANPP のブハリと APGA のオジュクゥが2003年選挙に引き続き再出馬した。選挙結果は同上表に見られる通りであるが，またもや PDP が州知事，連邦上・下両院選挙に圧勝し，また大統領選挙では，ヤラドゥアが2,464万票（69.6％）の圧倒的大差で勝利した。その陰に，オバサンジョ大統領の多様な局面における強い支援があったことは，言うまでもないであろう。

⑷ 2011月4月総選挙

　上記のような「退役軍人の影」がやや薄れてくるのは，民政移管後10年を経た2011年4月の総選挙になってからであるが，逆に他方では，北部イスラーム教徒と南部キリスト教徒との抗争という「南北対立」が再び表面化すると同時に，石油資源の再配分問題と産油地域の社会・経済開発の必要性という「ナイジャー・デルタ問題」がさらに深刻化することにもなった。

　2011年4月16日の大統領選挙にPDPから立候補して当選したジョナサンは，少数部族のイジョ人で産油地域のバイェルサ州出身のキリスト教徒である。彼は，ヤラドゥア政権の下では副大統領を務めていたが，2010年5月5日に同大統領が病死すると，翌6日，「1999年共和国憲法」第136条第1項の規定によって大統領に就任していた[63]。北部出身のイスラーム教徒であるヤラドゥア大統領は，南北のバランスを取るため――PDP内では，暗黙の了解として，かつてシャガリ大統領によって提案された「ゾーン・システム」を採用していた――，副大統領には南部出身のキリスト教徒であるジョナサンを指名していたが，ジョナサンもまた，バイェルサ州知事を務めた経験はあるものの，中央政界では無名に近い人物であった。

　他の政党の主な大統領候補者の顔ぶれを見てみると，2007年総選挙ではANPPから出馬したブハリが，党内闘争に敗れてANPPを離党し，民政移管後第63番目の政党として2009年に自ら結成した進歩変化会議（Congress for Progressive Change, CPC）から出馬して，3度目の挑戦を行った。CPCは，ANPP内の分派闘争の結果として結成された政党であり，とりわけ連邦上・下両院議員選挙では，ANPPと議席数をほぼ同等に分け合った（同上表を参照）。また，ANPPからはカノ州知事のI. シェカラウ（Ibrahim Shekarau），2010年にACから名称変更し

---

[63]　*The Constitution 1999*, 5th May, 1999, Chapter VI, The Executive, Part I, Federal Executive, A, The President of the Federation, 136, Death, etc. of President-elect before oath of office, Abuja を参照。

たナイジェリア行動会議（Action Congress of Nigeria, ACN）からはラゴ
ス州知事のN. リバドゥが出馬したが，ジョナサン大統領が2,250万票
（58.9％）を獲得して再選された。

　なお，第5図は，大統領選挙の結果を州ごとに纏めたものであるが，
PDPがオスン州を除く南部・中部の全23州と連邦首都領，CPCが北部
の全12州を押さえて，「南北対立」の構図が一目で分かるようになって
いる。もちろん，ソコト，ジガワ，ケビ，およびナイジャーの各州を中
心として，イスラーム世界でも合わせておよそ460万人の選挙人がキリ
スト教徒のジョナサンに投票しており，事態はそう単純ではないが，そ

第5図　ナイジェリアにおける大統領選挙結果：2011年4月16日

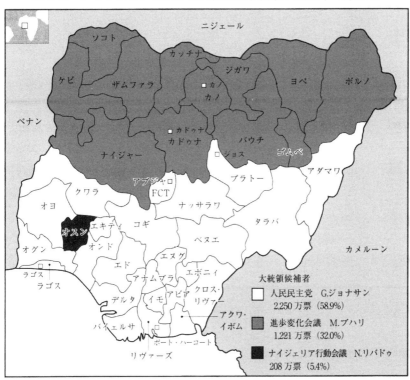

（出所）"Presidential Election, 1999–2011," *Vanguard*, Lagos, 23rd April, 2011 より作成。

れにしてもやや衝撃的な選挙結果であった[64]。


## ② 1999年共和国憲法と歳入配分

さて，1999年5月5日に公布された「1999年共和国憲法」においても，歳入配分問題に係わる幾つかの規定が盛り込まれているが，まずは，その主なものを拾ってみたい[65]。第一に，第6章「行政」第Ⅰ部「連邦行政」C「公的歳入」の第162条(1)において，「『連邦会計』と呼ばれる特別会計を維持し，国軍，連邦警察，外務省職員，および連邦首都領在住者の個人所得税を除き，全ての連邦歳入がこの連邦会計に組み込まれる」と規定されているが，これは，「1979年共和国憲法」第149条(1)の規定と全く同じである。第二に，同162条(3)において，「連邦会計」の資金は，「国会の承認を経た上で，連邦政府，州政府，および地方政府に配分される」ことが規定されているが，これも「1979年共和国憲法」第149条(2)の規定と同じである。

第三に，「1979年共和国憲法」の規定と大きく異なるのは，第162条(2)の規定である。そこでは，「大統領は，歳入動員配分財政委員会の助言を受けつつ，連邦会計からの歳入の配分に係わる提案を国会に対して行い，国会は，とりわけ人口数，各州間の均等性，域内歳入，土壌・地勢，および人口密度などの基準に配慮しつつ，配分方式を決定する。派生主義の原則については，全ての天然資源から直接得られ連邦会計に組み込まれた歳入のうちの13%を下回らない歳入分について適用されるよう，恒常的に配慮される」と規定されている点である。すなわち，ここには，①水平的配分の具体的な基準として，人口数，人口密度，各

---

[64] 州別，政党別の選挙結果については，Gberie, L., "The 2011 Elections in Nigeria : A New Dawn?," *Situation Report*, May 2011, pp. 16–34を参照（なお，明らかな数字の誤植は訂正した）。

[65] *The Constitution 1999*, Chapter VI, The Executive, Part I, Federal Executive, C, Public Revenue, 162, Distributable Pool Account, Abuja を参照。

州間の均等性，域内増収努力，および土壌・地勢などの環境状態を適用する，②歳入配分を検討する恒常的な国家機関として，歳入動員配分財政委員会を設置する，および③石油・天然ガスを含む全ての天然資源からの収入の13％分に対して派生主義を適用するという──民政移管後の歳入配分方式の大枠を決定することになる──，極めて重要な三つの規定が盛り込まれているのである。

　すでに触れたように，歳入配分問題を検討する恒常的な委員会の設置は，かつてババンギダ連邦軍事政権が1988年9月の「布告第49号」によって規定したものであるが，「1999年共和国憲法」でも，その第6章「行政」第Ⅰ部「連邦行政」B「連邦行政機関の設置」の第153条(1)-(n)において同様の委員会の設置が規定され，また「第3スケジュール」第Ⅰ部「N−歳入動員配分財政委員会」において，同委員会の権限とメンバー構成などが規定されている。それによると，同委員会は，各州および連邦首都領から各1名，合計37名の委員から構成され，①連邦会計からの支出とその適法性を監視する，②現実の変化に応じて，適宜，歳入配分の方式を見直す，および③連邦政府および各州政府に対して，財政の効率化やその方法について助言を行う，などの権限が付与されている。また，④国会で承認された歳入配分案は少なくとも5年以上は有効とされる，とも規定されている。なお，この「歳入動員配分財政委員会」（RMAFC）は，1999年9月に，オバサンジョ政権によって正式に発足した。

　また，人口数，均等配分，あるいは域内増収努力などの水平的配分の基準については，これまで見てきたように，各々の基準それ自体が，統計上の信憑性など様々な問題を抱えていることは確かである。それにも拘わらず，あえて憲法上においてまで明記しているのは──過去の歴史的経験に鑑みて──，紛争を緩和させるためには，これ以外に方法がないということなのであろうか。

　他方，端的に言えば「石油収入の少なくとも13％分は産油地域に配分する」という，いわゆる「13％条項」は，今日に至るまで，歳入配分に係わる主な論争の焦点になっている。産油州は憲法上の規定が遵守

されていないと憤慨し，あるいは13％より多い取り分を要求している。他方では，逆に，非産油州はその比率の削減を主張しているが，いずれも憲法の改正に繋がるため，国会を二分する大論争に繋がりかねない。なお，「鉱区地代・ロイヤリティーに，陸上と沖合の区別を設けるか否か」という点については，「1999年共和国憲法」ではあえて言及していないが，この点についても，後に見るように，憲法解釈を巡る法廷闘争に繋がっていくことになる。

## ③ 第四共和政下の歳入配分問題

さて，第四共和政における歳入配分は，上記のような憲法条項に規定されつつ行われることになるが，最初の問題提起は，2001年8月に出されたRMAFCの勧告案であった[66]。前掲第37表に見られるように，同委員会は，①連邦政府の取り分を従来の48.5％から41.23％に削減する，②逆に各州政府の取り分を24％から31％に増加させる，③地方政府の取り分を20％から16％に削減する，そして④その分を特別基金に回して，7.5％から11.70％（引用文献の原文のまま）に増加する，という勧告を行った。

既存の歳入配分方式 —— 1992年7月にババンギダ連邦軍事政権によって公布された「布告第106号」に基づく配分方式 —— と比較すると，連邦政府の取り分について，過去に例を見ないほどに大幅に削減した点が注目される。加えて，RMAFCは上記の「13％条項」に関連させて，13％を上回る比率を天然資源の派生州に配分すべきである，との勧告を行った。

これに対して，当時のオバサンジョ大統領は強く反発し，とりわけ後者に対しては，「派生主義は沖合油田には適用されない」という自らの

---

[66]　第四共和政下の歳入配分問題については，Uche, C. U. and O. C. Uche, *op.cit.*, pp. 31–32 ; Ekpo, A. H., *op.cit.*, pp. 24–26 ; RMAFC, *Commission Law Brochure*, pp. 15–29 ; Do., *Fiscal Monitor*, Abuja, Vol. 1, No. 1, January 2013, pp. 16–17を参照。

222

立場の妥当性について，連邦最高裁判所に判断を求めた。連邦政府の判断に異議申し立てを行ったのは，産油州であるアクワ・イボム，デルタ，リヴァーズ，バイェルサ，クロス・リヴァー，オンド，およびアビアの各州，産油州ではないが海岸線を有するラゴスとオグンの両州と，その他の諸団体であった。この裁判は，連邦政府法務相を原告とし，アビア州政府法務長官を被告人代表として争われたが，2002年4月5日，連邦最高裁判所は「海岸部の州の領域は，当該州の内陸部の水域に限定される」との判断を下して，連邦政府側の主張を認めた[67]。

　なお，上記のRMAFCの勧告案に対しては，オバサンジョ大統領は矢継ぎ早に二つの「行政令」を公布した。その法的根拠は，「1999年共和国憲法」の第8章「連邦首都領および一般的補足規定」第Ⅲ部「移行規定および保留」の第315条第2項および第4項(a)に記載されている次のような規定である。すなわち，「適切な権威者が必要と認めた場合には，何時でも，命令によって既存の法律を修正することができる」「適切な権威者とは，大統領を意味する」という規定である。オバサンジョ大統領は，この件についても連邦最高裁判所の「適法である」との判断を取り付けた上で，まず，2002年5月に「歳入（連邦会計等）配分（修正）令」を公布した。その内容は，前掲第37表に見られる通りであるが，①連邦政府の取り分をRMAFCによる勧告案の41.23％から56％に増加させ，②逆に，各州政府の取り分を同31％から24％に削減し，③地方政府の取り分を同16％から20％に増加し，そして④特別基金への配分をなくす，というものであった。ただし，⑤連邦政府に配分される56％の中には，(i)天然資源の開発費3％，(ii)環境対策費2％，(iii)連邦首都領の整備費1％，および(iv)安定化基金1.5％，合計7.5％が含まれているので，連邦政府の実質的な取り分は48.5％になる。つまり，「特別基金」を連邦政府取り分の中に組み込んだ点を除けば，上述のババンギダ連邦軍事政権が公布した「布告第106号」の配分方式と全く同

---

[67]　この判決については，The Supreme Court of Nigeria, *Supreme Court Judgment, The Summary*, S. C. 28/2001, Abuja, 5th April, 2002 を参照。

様である。

　ただし，この2002年5月の行政令に対しては，各州政府の配分比率が低すぎるなどの批判が出たため，オバサンジョ大統領は2ヵ月後の同年7月に，わずかな修正を加えた「歳入（連邦会計等）配分（修正）令」を再度，公布した。主な修正点は，①各州政府の取り分を24%から24.72%に増加させる，②地方政府の取り分を20%から20.6%に増加させる，③連邦政府の取り分は56%から54.68%に削減するが，ただし(i)環境対策費を2%から1.46%へ，(ii)安定化基金を1.5%から0.72%へ削減し，(iii)天然資源の開発費3%と連邦首都領の整備費1%は不変とする，というものであった。すなわち，連邦政府の実質取り分は48.5%で同じであり，まさに「巧妙な数字の操作」と言えるであろう。

　ところで，2003年総選挙後の2004年2月，第2次オバサンジョ政権下の国会において，「歳入配分に係わる派生主義の適用において，鉱区の陸上および沖合の区別を廃止する」という注目すべき法案が成立した。これは，前述の2002年4月の連邦最高裁判所の判決を覆す法案であるが，その主な内容は，①深さ200mの海域は，それに隣接する当該州の領域に帰属する，②従って，連邦会計からの歳入配分に係わる派生主義の適用においては，鉱産物の産出地が陸上であるのか沖合であるのかを問わない，というものである。換言すれば，「1999年共和国憲法」の「13%条項」は沖合油田からの石油・天然ガス収入にも適用されることになった。これまでは，すでに触れたように，沖合油田からの同収入は，歴代連邦政府の排他的な収入として，歳入配分の俎上にさえ載せられてこなかったものである。

　この国会決議を受ける形で，2004年9月，RMAFCは，前掲第37表に見られるような勧告を行った。すなわち，第一に，連邦会計からの「垂直的配分」については，①連邦政府に47.19%，各州政府に31.1%，各地方政府に15.21%，および特別基金に6.5%の配分とする，②「特別基金」には，鉱産物開発費1.75%，農業開発費1.75%，環境対策費1.5%，および予備費1.5%が含まれる。第二に，「水平的配分」の基準については，①各州政府間では，均等配分に0.4523，人口数に0.2560，

人口密度に0.0145，域内増収努力に0.0831，土壌に0.0535，地勢に0.0535，教育に0.0300，健康・保健に0.0300，携帯用飲料水に0.0150，道路・水路に0.0121の加重値，②各地方政府間では，人口数に0.3083，人口密度に0.0645，域内増収努力に0.1331，土壌に0.1035，地勢に0.1035，教育に0.0800，健康・保健に0.0800，携帯用飲料水に0.0650，道路・水路に0.0621の加重値で算出する。そして第三に，「13％条項」に係わる歳入配分については，①「各州派生基金」を設置し，各州政府に60％，各地方政府に30％，および各共同体 ── 地方政府の下の行政単位 ── に10％を配分する，②各州派生基金からの水平的配分の基準については，(i)各州政府間では産出高に応じた派生主義，(ii)各地方政府間では，産出高に応じた派生主義に0.5，均等配分に0.2，人口数に0.2，および自力厚生計画に0.1の加重値で算出する，(iii)各共同体間については，連邦下院議会で検討する，というものである。

　こうした2004年9月のRMAFCによる勧告は，これまでの勧告・布告などと比較して，次の4点において注目される。すなわち，①「13％条項」を国家全体の歳入配分の中に明確に位置付けたこと，②最下位の行政単位である「共同体」への歳入配分を明記したこと，③特別基金の中に，初めて「農業開発費」を組み込んだこと，および④州政府間と地方政府間の各々の水平的配分の基準に，極めて詳細な加重値を設定したこと，である。この勧告案は，2004年9月にオバサンジョ大統領の承認を得た後，翌2005年1月に国会でも承認されて，少なくとも2012年度末まで実施されてきた歳入配分方式である[68]。

　なお，「13％条項」について付言しておくと，第45表に見られるように，ナイジャー・デルタを中心とする9つの産油州に対して，原油および天然ガスの各々の生産実績量に応じた「指数」（加重値）が毎月，細かく設定されている。この指数に応じて，天然ガス収入を含む「石油収入」の13％が配分されることになる。また同表から，原油および天然ガスともに，生産量のおよそ92％がアクワ・イボム，デルタ，リ

---

[68]　RMAFC, *Fiscal Monitor*, pp. 16–17を参照。

第45表　ナイジェリアにおける州別原油・天然ガス生産量：2012年2〜3月

| 州 | 原油（1,000バーレル） | | | | 天然ガス（1,000立方フィート） | | | |
|---|---|---|---|---|---|---|---|---|
| | 2012年2月 | 指数 | 2012年3月 | 指数 | 2012年2月 | 指数 | 2012年3月 | 指数 |
| 1. アクワ・イボム | 14,065 | 0.28475996 | 15,639 | 0.3108619 | 30,929 | 0.1515473 | 32,044 | 0.1580066 |
| 2. デルタ | 10,909 | 0.22085978 | 10,751 | 0.2135953 | 39,850 | 0.1952582 | 41,078 | 0.2025550 |
| 3. リヴァーズ | 11,756 | 0.23801146 | 10,691 | 0.2125040 | 57,571 | 0.2820920 | 52,488 | 0.2820920 |
| 4. バイェルサ | 8,504 | 0.17216251 | 9,000 | 0.1789025 | 59,528 | 0.2916763 | 59,726 | 0.2945036 |
| 5. オンド | 1,803 | 0.03650261 | 1,874 | 0.0372524 | 3,952 | 0.0193658 | 4,555 | 0.0224590 |
| 6. エド | 1,034 | 0.02092869 | 1,027 | 0.0204088 | 4,895 | 0.0239871 | 5,388 | 0.0265685 |
| 7. イモ | 415 | 0.00839543 | 550 | 0.0109345 | 4,867 | 0.0238459 | 5,249 | 0.0258821 |
| 8. クロス・リヴァー | 407 | 0.00824745 | 423 | 0.0084086 | 1,676 | 0.0082130 | 1,650 | 0.0081375 |
| 9. アビア | 500 | 0.01013211 | 354 | 0.0070320 | 819 | 0.0040144 | 623 | 0.0030701 |
| 合　計 | 49,393 | 1.00000000 | 50,309 | 1.0000000 | 204,088 | 1.0000000 | 202,801 | 1.0000000 |

（出所）Revenue Mobilization Allocation and Fiscal Commission, *Oil and Gas Production on State by State Basis*（http://www.rmafc.gov. ng/derive.htm, 2014年6月23日にアクセス）より作成。

ヴァーズ，およびバイェルサの4州から派生していることが分かる。これまで繰り返し述べてきたように，これらの産油州を中心にして，「派生主義」が強く主張されてきたのである。最近では，「13％」を「25％」に増加させるべきであるとの，かなり強硬な主張さえ出てきている[69]。

　ところで，RMAFCは，その設立の当初から連邦政府や連邦財務省の政治的介入を嫌ってきたが，他方では，連邦財務省もまた，予算編成上の必要性から独自の歳入配分案を作成してきた。つまり，歳入配分案の作成において，RMAFCと連邦財務省との「二重権力構造」とも言うべきものが成立しているが，連邦財務省は，例えば2014年度予算案において，前掲第3図（第Ⅰ部）に見られるような歳入配分案を公表している[70]。RMAFCの勧告案と比較してみると，①連邦政府の取り分が47.19％から52.68％へと増加し，②各州政府の取り分が31.1％から26.72％に削減され，③各地方政府の取り分が15.21％から20.6％に増加している。ただし，④連邦政府の取り分の中には，特別基金として，天

---

[69]　"Oil, Gas Communities want Derivation raised to 25%," *Vanguard*, Lagos, 14th October, 2013を参照。

[70]　2014年度予算案については，Federal Ministry of Finance, *Understanding Budget 2014*, Abuja, 2014, pp. 1–11 ; Do., *Citizen's Guide to the Federal Budget 2014*, Abuja, 2014, pp. 1–29を参照。

然資源開発費1.68％，環境対策費1％，連邦首都領の整備費1％，および安定化基金0.5％，合計4.18％が含まれているので，連邦政府の実質的な取り分は48.5％（上述のRMAFCの勧告案と比較して1.31％の増加）になる。特別基金を連邦政府の取り分の中に組み込んでいるという点では，2002年7月のオバサンジョ大統領による「行政令」に近い歳入配分方式になっている。

　なお，2014年度予算案は，①原油の生産量を日産238万8300バーレル，②原油価格をバーレル当たり77.5ドル，③為替レートを1ドル当たり160ナイラ，④石油合弁事業会計への組み込みを8,585億8800万ナイラ，および⑤国内総生産の成長率を6.75％になると想定して編成されており，国家の総歳入が10兆4533億9000万ナイラ（うち，石油収入が68.5％），連邦政府の歳入が3兆7310億ナイラ，および同歳出が4兆6429億6000万ナイラの予算案で，連邦政府レベルでは当初から9,119億6000万ナイラの「赤字予算」が組まれている──ただし，「連邦会計」の規模は明記されていない──。

　それでは，国家歳入は，実際にはどのように配分されてきたのであろうか。第46表は，2006〜2010年における国家歳入の配分実績と連邦政府の財政構造を示したものであるが，まず注目すべき点は，「連邦会計」に行き着くまでには，国家の「総歳入」から様々な控除や移転が行われ，連邦会計の規模は，総歳入の70％前後にまで削減されてしまう，という点である。また，連邦会計からの垂直的配分の実績値を見ると，連邦政府がおよそ42〜47％，各州政府が24〜26％，各地方政府が18〜22％になっている。上述のRMAFCの2004年9月の勧告案と比較してみると──中央銀行の資料では「特別基金」の位置付けが異なるので，直接的な比較はできないが──，連邦政府への垂直的配分はおおよそRMAFCの勧告通りであるが，各州政府への配分が5％前後減少し，逆に各地方政府への配分が3〜7％前後増加している。石油収入に対する「13％条項」への配分については8〜10％前後であり，いずれの年も13％には達していない──つまり，憲法違反が続いている──。さらに，各地方政府への配分について言えば，例えば，2010年度には総額

第46表　ナイジェリアにおける国家歳入の配分と連邦政府の財政構造：
2006〜2010年　　　　　　　　　　　　　　　（単位：10億ナイラ，%）

| 項目 | 2006 | | 2008 | | 2010 | |
|---|---|---|---|---|---|---|
| A. 総歳入 | 6,069 | (100.0) | 7,866 | (100.0) | 7,304 | (100.0) |
| a. 石油収入 | 5,287 | (87.1) | 6,530 | (83.0) | 5,396 | (73.9) |
| 石油利潤税・ロイヤルティー・他 | 2,038 | (33.6) | 2,812 | (35.7) | 1,945 | (26.6) |
| 原油・天然ガス輸出 | 2,074 | (34.2) | 2,251 | (28.6) | 1,696 | (23.2) |
| 原油国内販売 | 1,172 | (19.3) | 1,463 | (18.6) | 1,746 | (24.0) |
| その他 | 3 | (0.0) | 4 | (0.1) | 9 | (0.1) |
| b. 非石油収入 | 782 | (12.9) | 1,336 | (17.0) | 1,908 | (26.1) |
| 法人税 | 245 | (4.0) | 417 | (5.3) | 657 | (9.0) |
| 付加価値税 | 230 | (3.8) | 405 | (5.2) | 563 | (7.7) |
| 関税 | 178 | (3.0) | 281 | (3.6) | 309 | (4.2) |
| 連邦政府独自収入 | 33 | (0.5) | 114 | (1.4) | 154 | (2.1) |
| その他 | 96 | (1.6) | 119 | (1.5) | 225 | (3.1) |
| B. 控除 | −3,105 | (100.0) | −3,935 | (100.0) | −3,438 | (100.0) |
| a. 石油収入関連 | −2,723 | (87.7) | −3,261 | (82.9) | −2,394 | (69.6) |
| 合弁事業会計 | −528 | (17.0) | −579 | (14.7) | −963 | (28.0) |
| 原油売上高予備会計 | −1,422 | (45.8) | −1,728 | (44.0) | −616 | (17.9) |
| その他 | −773 | (24.9) | −954 | (24.2) | −815 | (23.7) |
| b. 非石油収入関連 | −382 | (12.3) | −674 | (17.1) | −1,044 | (30.4) |
| 付加価値税会計 | −221 | (7.1) | −388 | (9.9) | −540 | (15.7) |
| その他 | −161 | (5.2) | −286 | (7.2) | −504 | (14.7) |
| C. 連邦歳入 | 2,964 | – | 3,931 | | 3,866 | |
| D. 移転収入 | 700 | (100.0) | 1,637 | (100.0) | 1,365 | (100.0) |
| a. 原油売上高予備会計 | 637 | (91.0) | 1,107 | (67.6) | 886 | (64.9) |
| b. 歳入増加分 | – | | 462 | (28.2) | 439 | (32.2) |
| c. その他 | 63 | (9.0) | 68 | (4.2) | 40 | (2.9) |
| E. 連邦会計 | 3,664 | (100.0) | 5,568 | (100.0) | 5,231 | (100.0) |
| a. 連邦政府 | 1,707 | (46.6) | 2,339 | (42.0) | 2,455 | (46.9) |
| b. 各州政府 | 865 | (23.6) | 1,456 | (26.1) | 1,266 | (24.2) |
| c. 地方政府 | 668 | (18.2) | 1,208 | (21.8) | 962 | (18.4) |
| d. 「13%条項」[1] | 424 | (11.6) | 565 | (10.1) | 548 | (10.5) |
| F. 付加価値税会計 | 221 | (100.0) | 388 | (100.0) | 540 | (100.0) |
| a. 連邦政府 | 33 | (15.0) | 58 | (14.9) | 81 | (15.0) |
| b. 各州政府 | 111 | (50.2) | 194 | (50.0) | 270 | (50.0) |
| c. 地方政府 | 77 | (34.8) | 136 | (35.1) | 189 | (35.0) |
| G. 上記配分合計 | 3,885 | (100.0) | 5,956 | (100.0) | 5,771 | (100.0) |
| a. 連邦政府 | 1,740 | (44.8) | 2,397 | (40.2) | 2,536 | (43.9) |
| b. 各州政府 | 976 | (25.1) | 1,650 | (27.7) | 1,536 | (26.6) |
| c. 地方政府 | 745 | (19.2) | 1,344 | (22.6) | 1,151 | (19.9) |
| d. 「13%条項」[1] | 424 | (10.9) | 565 | (9.5) | 548 | (9.6) |
| H. 連邦政府歳入 | 1,937 | (100.0) | 3,193 | (100.0) | 3,089 | (100.0) |
| a. 連邦会計交付金 | 1,740 | (89.8) | 2,397 | (75.1) | 2,536 | (82.1) |
| b. 連邦政府独自収入 | 33 | (1.7) | 114 | (3.5) | 154 | (5.0) |
| c. その他 | 164 | (8.5) | 682 | (21.4) | 399 | (12.9) |
| I. 連邦政府歳出 | 2,038 | (100.0) | 3,240 | (100.0) | 4,194 | (100.0) |
| a. 経常支出 | 1,390 | (68.2) | 2,117 | (65.3) | 3,109 | (74.1) |
| 人件費 | 629 | (30.9) | 1,081 | (33.4) | 1,564 | (37.3) |
| 一般経費 | 259 | (12.7) | 457 | (14.1) | 982 | (23.4) |
| 債務返済 | 249 | (12.2) | 381 | (11.7) | 416 | (9.9) |
| 対外債務 | 118 | (5.8) | 59 | (1.8) | 40 | (1.0) |
| 国内債務 | 131 | (6.4) | 322 | (9.9) | 376 | (9.0) |
| 移転[2] | 253 | (12.4) | 198 | (6.1) | 147 | (3.5) |
| b. 資本支出 | 552 | (27.1) | 961 | (29.7) | 884 | (21.1) |
| c. 移転 | 95 | (4.7) | 162 | (5.0) | 201 | (4.8) |
| ナイジャー・デルタ開発委員会 | 30 | (1.5) | 60 | (1.9) | 45 | (1.1) |
| 国家司法評議会 | 35 | (1.7) | 58 | (1.8) | 91 | (2.2) |
| 普通教育委員会 | 30 | (1.5) | 44 | (1.3) | 46 | (1.1) |
| その他 | – | | – | | 19 | (0.4) |
| J. 連邦政府財政収支 | −101 | – | −47 | – | −1,105 | – |
| K. 連邦政府財政金融 | 101 | (100.0) | 47 | (100.0) | 1,105 | (100.0) |
| a. 対外借入 | – | | 47 | (100.0) | 75 | (6.8) |
| b. 国内借入 | 45 | (44.6) | 151 | (321.3) | 1,110 | (100.5) |
| c. 国営企業民営化収入 | – | | – | | 6 | (0.5) |
| d. 移転 | 56 | (55.4) | −151 | (−321.3) | −86 | (−7.8) |

(注)　1) 鉱産物産出州に対する配分。2) 連邦首都領への配分を含む。

(出所)　Central Bank of Nigeria, *Annual Report and Statement of Accounts*, Abuja, 各年版より作成。

228

で1兆1510億ナイラに達しているが，歳出の大半は各行政府の人件費や間接費などに使われ，経済・社会・共同体などの開発費に支出されるのは，おおよそ30％前後になってしまう[71]。「石油収入」の恩恵が末端の人々にまで到達するには，長い道程を経ねばならないのである。

なお，同上表から連邦政府の財政構造を見てみると，歳入の75〜80％が連邦会計からの交付金に依存しており──独自収入は2〜5％にすぎない──，歳出では人件費と一般経費の2項目だけで44〜61％を占めて，財政収支としては赤字体質が続いている。とりわけ，2010年度は1兆1050億ナイラの大幅赤字を記録し，その大半を国内借入で賄うという構造になっている。他方，2010年度の各州政府の財政構造について言えば，36州に連邦首都領を加えた全体の歳入3兆1625億ナイラのうち，独自収入は7,579億ナイラにすぎず，歳入の76％は連邦会計からの交付金や原油売上高予備会計からの移転収入などに依存している。加えて，地方政府の財政構造について見ても，2010年度において，774政府全体の歳入1兆3592億ナイラのうち，独自収入はわずか262億ナイラにすぎず，実に歳入の98％を連邦会計からの交付金やその他の助成金などに依存している[72]。

こうして，連邦政府，州政府，地方政府，そして共同体という，ナイジェリア連邦国家の全ての構成単位の財政が，「石油収入」に決定的に依存しているのである。国家歳入，すなわち石油収入の配分・再配分が，単なる経済問題ではなく，政治問題化する所以がここにあると言えよう。

---

[71] 地方政府の財政収支については，Central Bank of Nigeria, *Annual Report 2011*, Abuja, 2011, p. 277–279を参照。

[72] 州政府，地方政府の財政構造については，*ibid.*, pp. 272, 277を参照。

# 結びにかえて ― 財政連邦主義の功罪 ―

　これまで見てきたように，ナイジェリアは，植民地時代を含めると実に70年近くの歳月をかけて，国家歳入の配分問題を議論してきた。この問題を検討する特別委員会は，1946年の「フィリプソン委員会」から1979年の「オキグボ委員会」まで合計で8回も設置され，その後は，恒常的な検討委員会である，NRMAFC あるいは RMAFC がその任務を引き継いでいる。これに対して，歴代の連邦政権は，軍政・民政を問わず，検討委員会の勧告が提案されるたびに ―― 宗主国側の意向がほぼ実現した，植民地時代を別として ――，必ずと言ってよいほど修正を加えて，連邦政権側に有利になるような歳入配分政策を実施してきた。

　この「修正」を巡る論争の構図は，それ自体ではかなり単純である。すなわち，第一に，石油収入を中心とする国家全体の歳入を連邦政府・州政府・地方政府という「三層構造」――「共同体」を加えれば，「四層構造」と言ってもよい ―― に如何に垂直的に配分するのか，第二に，多数の州政府と地方政府，および共同体に対して，如何なる基準をもって水平的に再配分するのか，という問題に集約される。

　だが，一歩その中に踏み込むと，事態はそれほど単純ではない。「垂直的配分」においては，主として，①連邦政府が50％以上の配分を確保してよいのか否かという「50％の壁」，あるいは，②連邦政府が最初に必要な配分を確保し，その後に州政府や地方政府に配分するという「最初の請求者」の是非を巡って争われてきたが，その背後には，ナイジェリアの「連邦制」を如何に形成していくのかという，抜き差しならぬ理念の相違があったように思われる。すなわち，強固な中央政府に指導された「統合的な連邦制」なのか，あるいは，各州政府および各地方政府に相応の権限を移譲する「緩やかな連合体」なのか ――，こうした議論は，とりわけ「石油収入」という莫大な現実の分け前を眼前にして，現在でも続いている。

　他方，「水平的配分」においては，とりわけ配分基準の設定とその加

重値を巡って，実に多様な議論が争われてきた。その主なキーワードを改めて拾ってみると，派生主義，均等配分，人口数，人口密度，国民的利益，均等的発展，社会開発，必要性，地理的特殊性，財政の同等化，および域内増収努力などが挙げられる。これらの基準の幾つかは，内容的にはほぼ同義のものも含まれているが，「その実態を判断するための，信頼しうる客観的な統計・資料が存在しない」との理由から，これらの基準を否定しきった「アボヤデ専門委員会」の勧告がひときわ印象的である。また，同委員会が「派生主義は，国民的統合にとっては，害毒以外の何物でもない」と断言した点も，「石油収入」の争奪戦に明け暮れてきた歴史を持つ，ナイジェリアの現実を見据えた発言であろう。

　すなわち，「国民的利益」や「国家全体の発展」を標榜しつつも，結局のところ，各々の出自の共同体・部族・宗教・そして個人などの利害を優先させざるをえない，という現実がある。その最大の理由は，歴代の政権担当者とその親近者が石油収入の大半を我が物にしてきたという拭い難い不信感が，人々の中に残っているからである。こうした中にあっては，均等配分や人口数という「形式的な基準」の方が，結局のところ，より現実的な歳入配分政策の基本方針になってくるのかも知れない。ただし，人口数を基準にする限り —— その統計自体，信憑性に乏しいが ——，南部のナイジャー・デルタから派生する石油収入のほぼ半分が，非産油地域の北部諸州に配分されることを意味する。それ故に，他方では，「13％条項」の規定という，派生主義に対する一定の譲歩も行っておく，ということになるのであろう。

　ただし，配分方法や配分比率それ自体に議論が集中するあまり，「如何なる連邦国家を形成していくのか」という最も重要な基本的理念の検討が，これまで十分には行われてこなかったように思われる。この問題は，「植民地遺制」と言えばそれまでであるが，しかし，政治的独立後のナイジェリアは，すでに半世紀以上もの国家運営を経験してきたはずである。

　それにも拘わらず —— 皮肉なことに，民政移管が実現したとりわけ「第四共和政」以降において ——，第Ⅰ部で見てきたように，南部の産

油地域では，ナイジャー・デルタ解放運動（MEND）を始めとする武装集団による石油施設の破壊，盗油，身代金目当ての誘拐事件などが多発化してきた。さらに，ボルノ州などの北東部地域では，イスラーム原理主義集団のボコ・ハラムによる女子中高生大量誘拐事件や住民の無差別的な大量殺戮行為が発生している。これらを鎮圧しようとする国軍・警察部隊と武装集団との間で繰り広げられる「石油戦争」や「イスラーム戦争」は，石油大国ナイジェリア連邦国家の負の側面を如実に示す象徴的な出来事である。

　本稿で考察してきた「財政連邦主義」の歴史的功罪について言えば，〈部族性〉や〈宗教性〉を超越する真の意味での〈国民的統合〉が未だ達成されておらず，また，いわば「原油に漂う貧困」が必ずしも解消されずに，むしろ貧富の格差が拡大していることを考えると，少なくとも現時点では，「功」よりも「罪」の部分の方が多いということになろう。

# あ と が き

　筆者は，これまで4回に互り，ナイジェリアを訪れた。初回は1986年の秋，ババンギダ連邦軍事政権の時代であった。この時には，当時，主な研究対象としていたナイジェリアUAC社とその親会社であるユニリーヴァ社の関係者に大変お世話になった。夕闇迫る北部のカノ空港に降り立ったが，乗客の大半はいなくなり，筆者を含む非ナイジェリア人とおぼしき十数名が滑走路に整列させられた。さて，どうなるものかと思案していると，ナイジェリアUAC社のアルハジ．K氏がやってきて，「貴方がプロフェッサー・ムロイか。ノー・プロブレム」と，通関手続きを全てやってくれた。彼は，どうやら，乗客名簿をどこかで入手していたようである。

　筆者のナイジェリア入国について，ロンドンのユニリーヴァ本社からラゴスのナイジェリアUAC本社へ，そしてカノの北部事業本部に，連絡が入っていたのである。ラゴスでは，ナイジェリアUAC社・社長のE. A. O. ショネカン氏の知遇を得て，彼の自著や同社の内部資料，藍染の布製カレンダーなどを戴き，また，配下の製造工場なども見せてもらった。その彼が，1993年8月26日の民政移管後，大統領に就任したのには，かなり驚いた —— ただし，わずか3ヵ月後の軍事クーデターで解職されているが ——。

　その後，アバチャ連邦軍事政権時代の1994年8月から1995年7月にかけて，ラゴスの国立ナイジェリア国際問題研究所で客員研究員としての留学生活を送った。ほぼ1年間に及ぶこの時に，西部のイバダンなどのヨルバ人社会，東部のエヌグなどのイボ人社会やポート・ハーコートの産油地帯，そして北部のカノなどのハウサ−フラニ人社会と，ナイジェリアの各地を自動車や飛行機でかなり頻繁に訪れた。「三大部族」と「二大宗教」の地域を見て回ったのである。

　うだるような暑さ，ムッとするすえた匂い，夕暮れ時の人々の喧騒など，いずこも印象深い経験であった。また，イバダン大学やラゴス大

学，あるいはカラバル大学の構内に，キリスト教の教会とイスラーム教のモスクが同居していたのには，軽い衝撃を受けた。宗教対立や部族対立などは，情況によっては，克服できるものなのである。その情況のひとつが，人々の貧困の緩和・解消ではないだろうか。

　この留学時には，オゴニ人生存運動の主導者である K. B. サローウィワが，他のオゴニ人4名の殺害容疑で逮捕されている。獄中の彼の，「私は闘い続ける」というメッセージが掲載された，現地の週刊誌『テル』(*Tell*) を入手して読んだが，彼はその半年後の1995年11月10日に，当時のアバチャ連邦軍事政権によって処刑された。彼はノーベル平和賞の候補者でもあったので，世界の反響が大きく，日本でも，『朝日新聞』(1995年11月12日) によって取り上げられている。

　なお，ここで，その後の「石油戦争」の行方をひと言，触れておきたい。第Ⅰ部では，「当該地域の人々の貧困と社会的疎外がなくならない限り，また別の形態で再燃することが考えられる」と予測しておいた。詳述する余裕はないが，ラゴスの日刊紙『ヴァンガード』(*Vanguard*) の記事を追いかけて見ると，2015年3月に実施された大統領選挙で，現職の G. ジョナサン（イジョ人）が敗北したほぼ1年後の2016年2月上旬に，主にイジョ人を中心とするナイジャー・デルタ復讐団（Niger Delta Avengers, NDA）が新結成された。NDA は，同年の7月末までに，石油基地やパイプラインを対象とした，およそ40回の襲撃事件を起こしている。NDA は，その闘争方針から推測すると，連邦政府による「アムネスティ計画」に応じて幹部の大半が投降した，ナイジャー・デルタ解放運動（MEND）の流れを汲むと思われる —— ただし，MEND 最高幹部の G. エクペムポロは，MEND と NDA との関係を否定しているが ——。

　その後，同2016年の8月初旬に NDA 内の右派が分派して，新生ナイジャー・デルタ復讐団（Reformed Niger Delta Avengers, RNDA）が結成された。RNDA は，NDA の主要メンバーや有力政治家を含む NDA の支援者二十数名を実名で公表するなど，NDA との対立を深めた。もちろん，当人たちは否定しているが，その中には，ジョナサン元大統

領やリヴァーズ州知事の E. N. ウィケ（Ezenwo Nyesom Wike）などが含まれている。こうした内部闘争によって — ビアフラ先住民会議（Indigenous People of Biafra, IPOB）議長の N. カヌ（Nnamdi Kanu）は、NDA の主要幹部の全員が狙撃者によって暗殺されたとラジオ・ビアフラで発言しているが、真偽のほどは不明である —、NDA の襲撃活動は急激に減退したが、しばらく経った2021年6月下旬、「NDA が再登場した」とのニュースが複数のマスメディアから報道された。

　この他にも、ナイジャー・デルタ・グリーンランド正義執行団（Niger Delta Greenland Justice Mandate, NDGJM）— その名称から、グリーンランダーの流れを汲むものと推測される — や、ナイジャー・デルタ革命戦士団（Niger Delta Revolutionary Crusaders, NDRC）など、10団体ほどの武装集団が存在している。これらの武装集団は、NDGJM を除くと、それほど過激な襲撃活動は行っていないようであるが、筆者の予想通り、「石油戦争」は今日でもまだ燻り続けているのではないかと思われる。

　さて、本書は、筆者の勤務先であった専修大学の紀要に掲載した2本の論文から構成されている。タイトルを若干変更し、誤植や重複箇所の修正、および参考文献の一覧と索引の追加などを行ったが、ほぼそのままの形で掲載したものである。

　初出は以下の通りである。
「ナイジェリアにおける石油戦争 — 国家・少数部族・環境汚染 —」（『専修大学社会科学研究所月報』622号、2015年4月20日、1〜88頁、所収）
「ナイジェリアにおける財政連邦主義の歴史的展開」（『専修経済学論集』第50巻第1号、2015年7月、23〜93頁、所収）

　転載を承諾された、両紀要の関係者には、ここで厚くお礼を申し上げます。また、本書の制作を担当された、東京図書出版編集室の皆様にも心より感謝の意を表します。

## 付表 1 「オゴニ権利章典」：1990 年 8 月 26 日

我々オゴニ人（バッベ，ゴカーナ，ケン・カーナ，ニョ・カーナ，およびタイ）は，おおよそ50万人の人口を擁し，ナイジェリア連邦内において独自の民族を形成しているが，以下の事実について，連邦政府とナイジェリアの人々に注意を喚起したいと考える。

1　イギリス植民地主義が到来する以前は，オゴニ人が今日のナイジェリア内の如何なる他の民族に征服されたり，植民地化されたりすることはなかった。

2　イギリス植民地支配は，1908年から1947年に至るまで，我々を行政上，オポボ地区に組み込んできた。

3　我々は，1947年にオゴニ先住民機構が創設されて当時のリヴァーズ県の下に置かれるまで，この強制的な統合に抵抗してきた。

4　1951年，我々は東部地域に強制的に組み込まれ，そしてそこでは，徹底的に無視されてきた。

5　こうした無視に対して，我々は1957年に，東部地域で権力を掌握していた政党に反対票を投じることによって抵抗し，そして1958年には，少数部族の不安に関するウィリンク調査委員会で証言することをもって，今日的な統合に抵抗してきた。

6　こうした抵抗は，1967年に，我々を異なる文化・言語・願望を持つ幾つかの民族から成るリヴァーズ州に組み込んだ。

7　1958年に，我々の土地，K.デレ（ボム油田）で原油が発見され，商業量の生産が開始された。

8　我々の土地において，以下の油田——(i)ボム，(ii)ボム・ウェスト，(iii)タイ，(iv)コロコロ，(v)ヨルラ，(vi)ルバラ・クリーク，および(vii)アファム——において，ナイジェリア・シェル石油会社によって原油が採掘されてきた。

9　原油が採掘されてきた過去30年以上において，オゴニ民族はナイジェリア国家に対して総額400億ナイラ，300億ドル以上の収入をもたらしてきた。

10　この貢献に対して，オゴニ人は何も受け取っていない。

11　今日，オゴニ人は，(i)ナイジェリア連邦政府のあらゆる機関において，代表を一人も出していない，(ii)水道がない，(iii)電気がない，(iv)連邦政府・州政府・公共部門，あるいは民間企業において，仕事の機会がない，(v)連邦政府による社会・経済開発計画がない。

12　ゴカーナとカーナのオゴニ語が抑圧され消滅の危機にある一方で，他のナイジェリア言語が我々に強要されている。

13　歴代の連邦政府と州政府の民族政策は，オゴニ人を徐々に奴隷状態に追いやり，我々は死滅の可能性さえある。

14　ナイジェリア・シェル石油会社は，連邦政府の規定に反して，オゴニ人をほとんど雇用してこなかった。

15　石油探査は，アフリカでもっとも人口密度の高い地域（ナイジェリアの全国平均が1km²当たり300人，オゴニ・ランドが1,500人）の一つであるオゴニにおいて，土地と食糧の不足を引き起こしてきた。

16　連邦政府は，環境汚染に関する法律や検査基準を無視しており，そのため，オゴニの環境は完全に破壊され，我々の故郷の生態系は悲惨なものになっている。

17　オゴニ人は，教育，健康，そしてその他の社会的便益を欠いている。

18　ナイジェリアで最も豊かな地域の一つが卑屈な貧困と極貧にあえぐべきだというのは，耐えられないことである。

19　歴代の連邦政府は，ナイジェリア憲法に規定されている全ての少数民族の権利を踏みにじって，オゴニに損害を与え，そして，行政機構や他の有害な行為によって，オゴニの富を国内外の他の地域に排他的に移転させてきた。

20　オゴニ人は，自分たちの問題を自分たちで処理することを希望する。

それ故，いまや，ナイジェリア共和国の一部分として残りたいという我々の希望を再度はっきりと主張しつつ，我々は共和国に対して，以下のように要求する。

オゴニ人に対して，その名称はどうであれ，共和国の諸問題に別個の単位として参加するための政治的自治権が認められるべきであり，この自治権は，以下のことを保証するものである。

　(a)　オゴニ人による，オゴニ問題の政治的統制
　(b)　オゴニの発展のために，オゴニの経済的資源の正当な部分を統制し利用する権利
　(c)　全てのナイジェリア国家機構における，十分かつ直接的な代表権
　(d)　ナイジェリア全土における，オゴニ語の使用とその発展
　(e)　オゴニ文化の完全な発展
　(f)　宗教の自由
　(g)　オゴニの環境と生態系を，これ以上の汚染から保護する権利

我々は，この主張がナイジェリア連邦内の如何なる他の民族の諸権利を否定するのではなく，平和と正義と公正な行動に貢献するものであり，それ故，ナイジェリア人国家の安定と進歩に貢献するという認識に立って，上記の主張を行うものである。

我々は，オバフェミ・アウォロウォが書いているように，「真の連邦制においては，各々の民族集団は，彼らが如何に少数であっても，他の民族集団——それが如何に多数であっても——と同等に扱われる権利を持つ」ということを主張する。

我々は，これらの諸権利を，ナイジェリア連邦の発展に貢献し，また貢献してきた，そして連邦から十分な見返りを期待する権利を持つところの，連邦の他の構成員と同等に要求する。

1990年8月26日，リヴァーズ州のボリにて，オゴニ人全体の喝采により採択され，署名された。

（出所）MOSOP, *Ogoni Bill of Rights*, Bori（http://www.mosop.org/, 2014 年 8 月 28 日にアクセス）より筆者全訳。

## 付表2　イジョ青年会議による「カイアマ宣言」：1998年12月11日

　我々，イジョ民族を構成する40以上のクランの500以上の共同体および15の関連組織から選任された，イジョ人青年は，今日，カイアマの地で，ナイジェリア国家内におけるナイジャー・デルタのイジョ民族の人々の継続的な生存を確立するための最良の方法を慎重に討議するために会合をもった。

　徹底的な討議の結果，我々の会議は，以下の諸点を認識するに至った。

a　イジョ民族がナイジェリア国家の下に強制的に組み込まれたのは，イギリスによる植民地支配を通してである。

b　帝国主義者たちの経済的利益のために，主権をもつ民族としてのイジョ民族は分断化され，政治的，経済的，社会的，そして文化的自治を弱体化されてきた。

c　イギリスによる1939年の南部ナイジェリア保護領の東西への分割によって，その後，領土的連続性と文化的統合性が分断化され，イジョ民族の政治的，行政的単位は，我々に大きな不利益をもたらしてきた。この分断化は今日まで続いており，イジョ人は，社会・政治的，経済的，そして心理的な劣悪化を被る少数民族として，オンド，エド，デルタ，バイェルサ，リヴァーズ，およびアクワ・イボムの6つの州に分断化されてきた。

d　イジョの人々の生活は，ナイジェリア国家と多国籍石油会社の同盟による徹底的な無視，抑圧，そして周辺化のために，悪化してきた。

e　ナイジェリアにおける政治的危機は，主として，GDPの80%以上，国家予算の95%，そして外貨収入の90%を占める石油資源の支配を巡って生じてきた。これらのうち，各々65%，75%，そして70%がイジョ民族の土地から派生している。こうした多大な貢献にも拘わらず，我々がナイジェリア国家から受け取るものは，生態系の破壊と軍事的抑圧の結果，かろうじて死を免れうるだけのものにすぎない。

f　我々の脆弱な自然環境と人々の健康に対する臆面もない損傷は，とりわけ，制御されない原油と天然ガスの産出によるものであり，それは，膨大な量の油漏れ，際限のない天然ガスの焼却，我々の森林の伐採，見境のない運河の掘削，洪水，土壌の沈下，海岸部の浸食，小地震などを引き起こしてきた。原油と天然ガスは枯渇性の資源であり，オロイビリでの経験が物語るように，生態系の完全な再生が行われないならば，それは，イジョ・ランドの人々にとって，切迫した死滅の兆候を示すことになる。

g　イジョ人が自分たちの土地と天然資源の所有と支配に係わる，当然の諸権利を奪い返そうとしてきた主な理由は，多国籍石油会社とナイジェリア国家によって，イジョ・ランドの環境が劣化させられてきたからである。彼らは，1978年の土地利用布告，1969年と1991年の石油布告，1993年の土地（権利付与等）布告第52号（オズボルネ土地布告），および1997年の国家内陸河川局布告第13号などの非民主的な手段を用いて，環境の劣化を生じさせている。

h　歳入配分に係わる派生主義の原則は，ナイジェリア国家の歴代政権によって，意図的，組織的に葬りさられてきた。我々は，派生主義の原則が，1953年の100%から1960年に50%，1970年に45%，1975年に20%，1982年に2%，1984年に1.5%，そして1992年から今日まで3%へと劇的に削減されてきたことを知っている。そして，アバチャによる非民主的で実効性のない憲法では，13%になるという噂を聞いている。

i　イジョ・ランドおよびその他のナイジャー・デルタにおける暴力，時には民族内・民族間での抗争として現れるものは，ナイジャー・デルタの諸共同体を分断し弱体化させて，諸問題の原因から目を逸らさせようとする，ナイジェリア国家と多国籍石油会社の支援によるものにすぎない。

j　アバチャ軍事政権による国庫からの横領の最近の発覚は，ナイジェリア国家の公務員によってこれまで続けられてきた既存の公的資金横領の単なる反映にすぎない。我々は，湾岸戦争によって棚ぼた式に得た120億ドル以上の追加的石油収入がババンギダとその仲間によって横領され，軍政支配者と民間の同盟者によって横領されたその120億ドルの70%以上が，我々のイジョ・ランドの生態系の破壊を通じて得られたものであるということを覚えている。

　以上の諸点に鑑み，我々，イジョ・ランドの青年は，ここに，カイアマ宣言として知られる，以下のような解決策を提案する。

1　イジョ領域内の全ての土地と天然資源（鉱産物を含む）は，イジョ共同体に帰属し，我々の生存の土台になるものである。

2　我々は，我々の人々と共同体から我々の生活と資源の所有権と支配権を奪い，我々の参加と合意なしに立法化された全ての非民主的な布告をもはや認めない。そうした布告には，土地利用布告や石油布告などが含まれる。

3　我々は，我々の土地を占領し我々を抑圧している，ナイジェリア国家の全ての軍事力を，イジョ・ランドから即時撤退させるように要求する。石油事業を「守る」ためにナイジェリア国家の軍事力を利用している如何なる石油会社も，イジョ人民の敵と看做される。イジョ・ランドに駐留している軍人の家族は，イジョ地域から離れることが求められる。

4　ナイジャー・デルタの全てのイジョ・クランの全ての共同体におけるイジョ人青年は，我々の生活の統制に向けた第一歩として，1998年12月30日以降，こうした解決策を実行する。それ故，我々は，イジョ地域における全ての石油会社が原油の探査・採掘活動を中止するよう求める。我々は，天然ガスの焼却，油漏れ，油井からの噴出，レッテルの貼られた破壊活動やテロリストには，もううんざりである。そうしたレッテル貼りは，我々を絞首刑にするための首縄として用意されている。我々は，そうしたレッテル貼りを拒絶する。それ故，我々は，全ての石油会社の職員と契約者に対して，1998年12月30日までに，ナイジャー・デルタのイジョ地域における天然資源の所有権と支配権の問題が解決するまでの間，イジョ領域から撤退することを勧告する。

5　イジョの青年と人民は，ナイジェリア国家，多国籍石油会社，およびその契約者たちによる挑発と分断行為にも拘

わらず，全てのイジョ共同体と近隣の共同体との平和的共存の原則を促進する。我々は，近隣の人々，イツェキリ，イァジェ，ウルホボ，イソコ，エド，イビビオ，オゴニ，エクペイェ，イクウェレなどの人々に対して，友情と友愛の手を差しのべる。我々は，自己決定権の獲得を巡る闘いにおいて，ナイジャー・デルタにおける他の民族と共に闘うことを確約する。

6　我々は，自己決定権と正義を目指して闘っている，ナイジェリアおよびその他の国の全ての人民組織および民族と団結することを表明する。とりわけ，我々は，オドゥア人民会議（OPC），オゴニ人生存運動（MOSOP），およびエギ女性運動などを意識している。

7　我々は，我々の団結の手を，ナイジェリアの石油労働者（NUPENG および PENGASSAN），そしてこの自由への闘争を人間性の回復のための闘争であると見なす人々に対して広げる。

8　我々は，アブバカール体制によって現在進められている民政移管プログラムを，それがナイジェリア連邦制の再構築を優先させていないという理由から，拒絶する。進むべき道は，ナイジェリア民族の民主的な連邦制の在り方を議論するための，諸民族から平等に選出された代表者による自立的な国民会議である。この国民会議は，暴力と殺戮がナイジャー・デルタの大半の地域における，先般の地方政府選挙を特徴付けている，ということに気づくであろう。国民会議は，こうした選挙時の抗争が軍政による非民主的で正義に欠く民政移管プログラムの現れである，ということを指摘するであろう。国民会議は，それ故，軍政はナイジェリアに真の民主主義を根付かせる能力を持っていない，ということを確信するであろう。

9　我々は，全てのイジョ人に対して，イジョ人たることの真実性を維持し，我々人民の完全な自由のために働くことを要求する。貴方がたは，イジョ・ランド以外には真の故郷を持っていない。

10　我々は，ナイジェリアに留まることには同意するが，しかし，我々自身の政府とイジョ人民のために資源の支配を行うことを要求する。国民会議は，ナイジェリアにとって最良の道は，諸民族から成る連邦制であることを認めるであろう。連邦制は，平等性と社会的正義を土台に運営されねばならない。

　最後に，イジョ人青年は，自己決定権と正義を求めるイジョ人民の闘いを調和させるため，イジョ青年会議（IYC）を結成することを議決する。

全イジョ青年会議
カイアマ
ナイジャー・デルタ
1998年12月11日

全ての参加者を代表して署名
フェリックス・トゥオドロ
オゴリバ，ティミ・カイザー－ウィルヘルム

（出所）Ijaw Youths of The Niger Delta, *The Kaiama Declaration*, Kaiama（http://www.unitedijaw.com/kaiama.htlm，2014年6月16日にアクセス）より筆者全訳。

## 付表 3　ヤラドゥア大統領による「特別恩赦令」：2009年6月25日

特別恩赦令

ナイジェリア連邦共和国憲法第175条に従って，

ナイジェリア連邦共和国政府は，ナイジャー・デルタにおける様々な挑戦が，主として，当該地域の人々の熱望や願望に対して，これまで十分に応えてこなかったこと，および，当該地域の持続可能な発展のための諸機構を十分に発動させてこなかったことに起因しているということを，認識している。

ナイジャー・デルタの住民のある部分は，当該地域の発展を扇動するため，軍事力を含む非合法手段に訴えて，それにより，国家の平和，安全，秩序，良い統治を脅かし，また，国家の経済を危機的状況に晒してきた。

政府は，武装集団の兵士の多くが強壮な若者たちであり，彼らのエネルギーがナイジャー・デルタと国家の発展のために最大限に利用できるということを，はっきりと理解している。

政府は，ナイジャー・デルタの武装集団に直接的，間接的に係わっている全ての人々が，機構化された権威を尊重する方向に戻って，

そして，

武装闘争に従事している多くの人々が，今や，特別恩赦を受け入れ，許しを請うことを望むようになることを，期待する。

それ故，今，ナイジェリア連邦共和国大統領，I. ウマル・ムサ・ヤラドゥアは，各州評議会と協議の後，そしてナイジェリア共和国憲法第175条によって私に与えられた権限を行使して，以下の布告を行う。

私は，ここに，ナイジャー・デルタにおいて武闘活動を直接的，間接的に行い，犯罪者の立場にある全ての人々に対して，特別恩赦を与え，無条件の免罪を与える。

この特別恩赦は，ナイジャー・デルタの各州で政府によって設置されたセンターのうちの最も近い場所において，ここに記したスケジュールに従い，全ての装備，兵器，武器，弾薬の類いを引き渡し，国軍の様式によって廃棄が実行された時に，その該当者に対して有効となる。

この布告に基づき与えられる特別恩赦は，武闘活動によって現在起訴中の身にある全ての人々に対しても適用される。

そして，

この布告は，2009年10月4日，日曜日を過ぎると，効力を失う。

私の手により，<u>2009年　　月　　日</u>

ウマル・ムサ・ヤラドゥア

（出所）"Yar'Adua grants militants unconditional amnesty, frees Henry Okah," *Vanguard*, 25th June, 2009 より筆者全訳。

# 図表一覧

## A. 表

第1表　ナイジャー・デルタ産油州の基本指標 ....................................... 16 頁
第2表　イギリス油脂工業における原料の使用：1927〜1935年 ............. 19 頁
第3表　植物性油脂原料の世界輸出：1934〜1960年 .......................... 20 頁
第4表　ナイジェリア原油と石油収入：1970〜1985年 ......................... 22 頁
第5表　ナイジェリアにおける新州の増設：1963年8月9日〜1996年
　　　　10月1日 .................................................................................. 26 頁
第6表　旧リヴァーズ州の地方政府と言語集団 ....................................... 28 頁
第7表　ナイジェリアの第四共和政における選挙結果：1999〜2011年 ... 38 頁
第8表　ナイジャー・デルタにおける武装集団の襲撃：2003〜2013年 ... 58 頁
第9表　ギニア湾における海賊行為：2003〜2011年 ............................. 61 頁
第10表　ナイジェリア原油の価格・輸出量・生産量：2004〜2010年 ..... 63 頁
第11表　ナイジェリアにおける石油会社別産油量：1998〜2013年 ........ 65 頁
第12表　石油開発に係わる損害賠償の判決事例：1994〜2004年 ........... 68 頁
第13表　ナイジェリアにおけるパイプラインからの原油漏出：
　　　　2004〜2013年 ......................................................................... 69 頁
第14表　ナイジェリアにおける天然ガスの生産と焼却：1965〜2013年 ... 70 頁
第15表　環境の回復と必要経費 ............................................................. 73 頁
第16表　ナイジェリアの歴代政権における国家歳入の配分方式：
　　　　1960〜2012年 ......................................................................... 75 頁
第17表　ナイジェリアにおける州別基本指標：2004〜2008年 .............. 81 頁
第18表　ナイジェリアにおける公的資金の横領：銀行口座別：1999年
　　　　時点 .......................................................................................... 84 頁
第19表　経済金融犯罪防止委員会により告発された主な政治家・官僚：
　　　　2005〜2011年 ......................................................................... 91 頁
第20表　アムネスティ計画に合意した投降者：2009年10月4日時点 .... 96 頁
第21表　主な投降者：2009年7月3日〜10月4日 ............................... 97 頁
第22表　ナイジェリアの歴代連邦政権とナイジャー・デルタ開発政策：
　　　　1958〜2015年 ......................................................................... 109 頁

第23表　ナイジャー・デルタ問題専門家委員会委員構成：  
　　　　2008年9月8日 ............................................................ 118頁  
第24表　ナイジェリア植民地・保護領の財政収支：1900/1〜1913年 ... 131頁  
第25表　英領ナイジェリアの財政構造：1913〜1914年 ..................... 135頁  
第26表　ナイジェリアにおける国家歳入の配分方式：  
　　　　1948/49〜1964/65年 ................................................... 138頁  
第27表　ナイジェリア中央（連邦）政府の歳入構造：  
　　　　1922/23〜1963/64年 ................................................... 140頁  
第28表　ナイジェリアにおける行政単位別徴税権：1951〜1965年,  
　　　　1999年以降 ............................................................... 143頁  
第29表　ナイジェリアの地域別人口数：1931〜2006年 ..................... 145頁  
第30表　ナイジェリアにおける国家歳入の配分方式：  
　　　　1952/53〜1958/59年 ................................................... 147頁  
第31表　ナイジェリアにおける国家歳入の配分方式：  
　　　　1959/60〜1964/65年 ................................................... 151頁  
第32表　ナイジェリアの歴代連邦政権と国家歳入の配分政策：  
　　　　1946〜2015年 ............................................................ 154頁  
第33表　ナイジェリアにおける国家歳入の配分方式：  
　　　　1963/64〜1975/76年 ................................................... 156頁  
第34表　ナイジェリアにおける主要農産物の価格構造と小農生産者の  
　　　　所得削減：1947/48〜1966/67年 ..................................... 160頁  
第35表　ナイジェリアのマーケティング・ボードによる主要農産物の  
　　　　買い付け：1956/57〜1962/63年 ..................................... 162頁  
第36表　ナイジェリア連邦政府の経常歳入：1970〜1978年 ............... 175頁  
第37表　ナイジェリアにおける国家歳入の配分方式：  
　　　　1978/79〜2014年 ....................................................... 181頁  
第38表　ナイジェリアの第二共和政における選挙結果：  
　　　　1979〜1983年 ............................................................ 183頁  
第39表　オキグボ委員会に対する要望：1980年 ............................. 187頁  
第40表　ナイジェリアの総選挙における有権者数：1979〜1983年 ...... 194頁  
第41表　ナイジェリア経済と石油産業：1958〜2013年 ..................... 201頁  
第42表　ナイジェリアの「経済安定化法」に基づく主要関税率：  
　　　　1982年4月 ............................................................... 203頁

第43表　ナイジェリアの公的債務と連邦政府の財政構造：
　　　　1979〜1989年 ..................................................... 205頁
第44表　ナイジェリアにおける「２党制」下での選挙結果：
　　　　1990〜1993年 ..................................................... 213頁
第45表　ナイジェリアにおける州別原油・天然ガス生産量：
　　　　2012年２〜３月 ..................................................... 226頁
第46表　ナイジェリアにおける国家歳入の配分と連邦政府の財政構造：
　　　　2006〜2010年 ..................................................... 228頁


　B. 図
第１図　ナイジャー・デルタ諸州 ........................................ 15頁
第２図　ナイジャー・デルタにおける主な武装集団 ............................ 41頁
第３図　ナイジェリアにおける国家歳入の配分構造：2014年度予算案 ... 77頁
第４図　ナイジェリアにおける新州の増設：独立以降 ...................... 170頁
第５図　ナイジェリアにおける大統領選挙結果：2011年４月16日 ...... 219頁


　C. 付表
付表１　「オゴニ権利章典」：1990年８月26日 ...................................... 236頁
付表２　イジョ青年会議による「カイアマ宣言」：1998年12月11日 .... 237頁
付表３　ヤラドゥア大統領による「特別恩赦令」：2009年６月25日 ..... 239頁

# 参考文献一覧

以下の文献は，本書で参照・引用したもののみを掲げてある。

## I. 政府文書

Amnesty Committee, *Amnesty Programme*, Abuja（http://www.nigerdeltaamnesty. org/，2011年9月10日にアクセス）.

*Brief for Chief of Defence Staff*, Warri, July 2007（http://www.adakaboro.org/，2014 年8月29日にアクセス）.

Central Bank of Nigeria, *Economic and Financial Review*, Lagos, Vol. 13, No. 1, June 1975 ; Vol. 17, No. 2, December 1979.

Central Bank of Nigeria, *Annual Report and Statement of Accounts*, Abuja, 1979– 1989, 1999–2011.

Central Bank of Nigeria, *Statistical Bulletin, Golden Jubilee Edition*, Abuja, 2008, 2013.

Colonial Office, *Report of the Commission Appointed to Enquire into The Fears of Minorities and the Means of Allaying Them*, London, Her Majesty's Stationery Office, 30th July, 1958.

Federal Ministry of Finance, *Citizen's Guide to the Federal Budget 2014*, Abuja, 2014.

Federal Ministry of Finance, *Understanding Budget 2014*, Abuja, 2014.

Federal Office of Statistics, *Population Census of Nigeria, 1963, Combined National Figures*, Vol. III, Lagos, July 1968.

Federal Republic of Nigeria, *The Corrupt Practices and Other Related Offences Act 2000*, Abuja, 13th June, 2000.

Federal Republic of Nigeria, *Niger Delta Development Commission (Establishment, Etc), Act*, Abuja, 12th July, 2000.

Federal Republic of Nigeria, *Economic and Financial Crimes Commission (Establishment, Etc) Act*, Abuja, 4th June, 2004.

His Majesty's Stationery Office, *Colonial Reports, Lagos*, London, No. 348, 1900– 1901 ; No. 400, 1902 ; No. 427, 1903 ; No. 470, 1904 ; No. 507, 1905.

His Majesty's Stationery Office, *Colonial Reports, Southern Nigeria*, London, No. 381, 1901 ; No. 405, 1902 ; No. 433, 1903 ; No. 459, 1904 ; No. 512, 1905 ; No.

554, 1906 ; No. 583, 1907 ; No. 630, 1908 ; No. 665, 1909 ; No. 695, 1910 ; No. 735, 1911 ; No. 782, 1912 ; No. 825, 1913.

His Majesty's Stationery Office, *Colonial Reports, Northern Nigeria*, London, No. 377, 1901 ; No. 551, 1906–7 ; No. 594, 1907–8 ; No. 633, 1908–9 ; No. 674, 1909 ; No. 704, 1910–11 ; No. 738, 1911 ; No. 785, 1912 ; No. 821, 1913.

His Majesty's Stationery Office, *Colonial Reports, Nigeria*, London, No. 878, 1919.

Independent National Election Commission, *Results for 2015 Presidential Elections*, Abuja（http://www.inecnigeria.org/, 2015年4月4日にアクセス）.

Laws of Federation of Nigeria 1990, Abuja, 1st January, 2002, *Petroleum Act*, Chapter 350 ; *Petroleum Profits Tax Act*, Chapter 354.

National Population Commission, *Federal Republic of Nigeria : 1991 Population Census, Provisional Results*, Lagos, 6th May, 1992.

National Population Commission, *2006 Population and Housing Census of the Federal Republic of Nigeria, Priority Tables*, Volume I, Abuja, 26th August, 2009.

National Population Commission, *Nigeria : Demographic Health Survey, 2013*, Abuja, June 2014.

National Technical Working Group, *Report of the Vision 2020 on Energy Sector*, Abuja, July 2009.

Nigerian National Petroleum Corporation, *Annual Report 1977*, Lagos, 1978.

Nigerian National Petroleum Corporation, *Annual Statistical Bulletin*, Lagos/Abuja, 2004–2013.

Nigerian National Petroleum Corporation, "Gas Production"（http://www.nnpcgroup. co/NNPCBusiness/UpstreamVentures/GasProduction.aspx, 2014年9月14日にアクセス）.

Nigerian National Petroleum Corporation, *Joint Venture Operation*（http://www. nnpcgroup.com/NNPCBusiness/UpstreamVentures.aspx, 2014年9月11日にアクセス）.

*Proclamation of the Area of the Niger Delta*, S,C.L.N.34 of 1959, 26th August, 1959.

Revenue Mobilization Allocation and Fiscal Commission, *Report of Revenue Allocation Formula*, Abuja, December 2002.

Revenue Mobilization Allocation and Fiscal Commission, *Commission Law Brochure*, Abuja, May 2005.

Revenue Mobilization Allocation and Fiscal Commission, *Fiscal Monitor*, Abuja, Vol. 1, No. 1, January 2013.

Revenue Mobilization Allocation and Fiscal Commission, *Oil and Gas Production on State by State Basis*（http://www.rmafc.gov.ng/derive.htm，2014年 6 月23日にアクセス）.

Technical Committee on the Niger Delta, *Report of the Niger Delta*, Vol. 1, Abuja, November 2008.

*The Constitution of Federal Republic of Nigeria, 1963*, Lagos, 1st October, 1963.

*The Constitution of Federal Republic of Nigeria, 1979*, Lagos, 1st October, 1979.

*The Constitution of Federal Republic of Nigeria, 1999*, Abuja, 5th May, 1999.

*The Independence Constitution of Nigeria, 1960*, Lagos, 1st October, 1960.

*The Ogomudia Report : Report of the Special Security Committee on Oil Producing Areas*, Abuja, 19th February, 2001.

*The Popoola Report : Report of the Presidential Committee on Development Options for the Niger Delta*, Abuja, 15th March, 1999.

The Supreme Court of Nigeria, *Supreme Court Judgment, The Summary*, S.C.28/2001, Abuja, 5th April, 2002.

## II. 国際機関・NGO文書

European Union, Election Observation Mission, *Nigeria : Final Report, General Elections*, April 2011.

Human Rights Watch, *Nigeria : The Ogoni Crisis, A Case-Study of Military Repression in Southeastern Nigeria*, New York, July 1995.

Human Rights Watch, *Corruption on Trial ? : The Record of Nigeria's Economic and Financial Crimes Commission*, Geneva, January 2011.

International Crisis Group, *The Swamps of Insurgency : Nigeria's Delta Unrest,* Dakar, *Africa Report*, No. 115, 3rd August, 2006.

International Crisis Group, *Nigeria : Failed Elections, Failing State ?,* Brussels, *Africa Report*, No. 126, 30th May, 2007.

International Monetary Fund, *International Financial Statistics Year Book*, Washington, D. C., 1979–1989.

United Nations Development Programme, *Niger Delta Human Development Report*, Abuja, 2006.

United Nations Development Programme, *Human Development Report, Nigeria, 2008–2009 : Achieving Growth with Equity*, Abuja, November 2009.

United Nations Environment Programme, *Environmental Assessment of Ogoniland*,

Nairobi, 2011.

World Bank, *Nigeria : Option for Long-Term Development*, Baltimore, Johns Hopkins University Press, 1974.

World Bank, *World Debt Tables : External Debt of Developing Countries*, Washington, D. C., 1979–1989.

World Bank, *World Development Indicators*, Washington, D. C., 2013.

### III. 会社資料

Royal Dutch Shell Plc., *Sustainability Report*, Hague, 2013.

Shell Companies of Nigeria, *Shell Interests in Nigeria*, Lagos, April 2014.

United Africa Company Ltd., *Statistical and Economic Review*, London, No. 24, July 1960 ; No. 25, March, 1961; No. 26, October 1961.

### IV. 著書

Adalemo, I. A. and J. M. Baba, eds., *Nigeria : Giant in the Tropics*, Vol. 1, Lagos, Gabumo Publishing, 1993.

Adedeji, A., *Nigerian Federal Finance : Its Development, Problems and Prospects*, London, Hutchinson Educational, 1969.

Alagoa, E. J. and T. N. Tamuro, eds., *Land and People of Nigeria : Rivers State*, Port Harcourt, Reiverside Communications, 1989.

Balogun, K., *Nigeria : June 12 Election*, Osogbo, Africanus Publishers, 1933.

Barbour, K. M., et al., eds., *Nigeria in Maps*, London, Hodder and Stoughton, 1982.

Burns, A., *History of Nigeria*, London, G. Allen and Unwin, 1955 (6th ed., 1963).

Cook, A. N., *British Enterprise in Nigeria*, London, Frank Cass, 1964.

Crowder, M., *The Story of Nigeria*, London, Faber and Faber, 1962 (4th ed., 1979).

Davis, S., *The Potential for Peace and Reconciliation in the Niger Delta*, Coventry, Coventry Cathedral, February 2009.

Ekeh, P. P., et al., eds., *Nigeria since Independence : The First 25 Years*, Vol. V., *Politics and Constitutions*, Ibadan, Heinemann Educational Books (Nigeria), 1989.

Ekpo, A. H., *Intergovernmental Fiscal Relations : The Nigerian Experience*, Uyo, University of Uyo, 2004.

Eleazu, U., ed., *Nigeria : The First 25 Years*, Ibadan, Heinemann Educational Books (Nigeria), 1988.

Enweremadu, D. U., *Anti-Corruption Campaign in Nigeria, 1999–2007*, Leiden,

African Studies Centre, 2012.

Falola, T. and J. Ihonvbere, *The Rise and Fall of Nigeria's Second Republic : 1979–84*, London, Zed Books, 1985.

Florquin, N. and E. G. Berman, eds., *Armed and Aimless : Armed Groups, Gun, and Human Security in the ECOWAS Regions*, Geneva, Small Arms Survey Publication, 2005.

Frynas, J. G., *Oil in Nigeria : Conflict and Litigation between Oil Companies and Village Communities*, London, Lit Verlag, 1993.

Hanson, S., *MEND : The Niger Delta's Umbrella Militant Group*, New York, Council on Foreign Relations, March, 2007.

Helleiner, G. K., *Peasant Agriculture, Government, and Economic Growth in Nigeria*, Homewood, Richard D. Irwin, 1966.

Ibeanu, O. O., *Insurgent Civil Society and Democracy in Nigeria : Ogoni Encounters with the State, 1990–1998*, Kano, Centre for Research and Documentation, 1999.

Ikeh, G., *The Nigerian Oil Industry : First Three Decades (1958–1988)*, Lagos, Starledger Communications, 1990.

Ikein, A. A. and C. Briggs-Anigboh, *Oil and Fiscal Federalism in Nigeria : The Political Economy of Resource Allocation in a Developing Country,* Aldershot, Ashgate, 1998.

Joseph, R. A., *Democracy and Prebendal Politics in Nigeria : The Rise and Fall of the Second Republic*, Cambridge, Cambridge University Press, 1987.

Lugard, F., *The Dual Mandate in British Tropical Africa*, London, Frank Cass, 1922 (5th ed., 1965).

室井義雄『連合アフリカ会社の歴史：1879–1979年 ― ナイジェリア社会経済史序説 ―』同文舘，1992年.

室井義雄『ビアフラ戦争 ― 叢林に消えた共和国 ―』山川出版社，2003年.

Nigerian International Biographical Centre, *The New Who's Who in Nigeria*, Lagos, 1999.

Obi, C. and S. A. Rustad, eds., *Oil and Insurgency in the Niger Delta : Managing the Complex Politics of Petro-Violence*, London, Zed Books, 2011.

Ojakorotu, V., ed., *Anatomy of the Niger Delta Crisis : Causes, Consenquences and Opportunities for Peace*, Berlin, Lit, 2010.

Ojakorotu,V. and L. D. Gilbert, eds., *Checkmating the Resurgence of Oil Violence in the Niger Delta of Nigeria*, Abuja, Integrity, December 2011.

Okigbo, P. N. C., *Nigeria's Financial System : Structure and Growth*, Harlow, Longman, 1981.

Onitiri, H. M. A. and D. Olatunbosun, eds., *The Marketing Board System*, Ibadan, Nigerian Institute of Social and Economc Research, 1974.

Onuoha, F. C., *Piracy and Maritime Security in the Gulf of Guinea : Nigeria as a Microcosm*, Mecca, Al Jazeera Centre for Sudies, June 2012.

Oremade, T., *Petroleum Profits Tax in Nigeria*, Ibadan, Evans Brothers (Nigeria Publishers), 1986.

Osaghae, E., et al., *Youth Militias, Self Determination and Response Control Struggles in the Niger-Delta of Nigeria*, Leiden, Leiden African Studies Center, University of Leiden, August 2007.

Oyewole, A. and J. Lucas, *Historical Dictionary of Nigeria*, 2nd ed., Lanham, The Scarecrow Press, 2000.

Panter-Brick, K., ed., *Soldiers and Oil : The Political Transformation of Nigeria*, London, Frank Cass, 1978.

Parris, R., *The Heritage Library of African Peoples : Hausa*, New York, Rosen Publishing, 1996.

Pearson, S. R., *Petroleum and the Nigerian Economy*, Stanford, Stanford University Press, 1970.

Saro-Wiwa, Ken, *On a Darkling Plain : An Account of the Nigerian Civil War*, Port Harcourt, Saros International Publishers, 1989.

Schätzl, L. H., *Petroleum in Nigeria*, Ibadan, Oxford University Press, 1969.

Uche, C. U. and O. C. Uche, *Oil and the Politics of Revenue Allocation in Nigeria*, Leiden, African Studies Centre, 2004.

Usoro, E. J., *The Nigerian Oil Palm Industry : Government Policy and Export Production, 1906–1965*, Ibadan, Ibadan University Press, 1974.

## V. 論文

Bamisaye, O. A., "Political Parties and National Integration in Nigeria, 1960–1983," in Eleazu, U., ed., *op.cit.*, 1988.

Bangura., Y., R. Mustapha, and S. Adamu, "The Deepening Economic Crisis and Its Political Implications," *Africa Development*, Vol. 9, No. 3, July/September 1984.

Bendor-Samuel, J., "Languages," in Barbour, K. M., et al., eds., *op.cit.*, 1982.

Bennett, V. P. and A. H. M. Kirk-Green, "Back to the Barracks : A Decade of Marking

Time," in Panter-Brick, K., ed., *op.cit.*, 1978.

Best, S. G. and D. V. Kemedi, "Armed Group and Conflict in Rivers and Plateau States, Nigeria," in Florquin, N. and E. G. Berman, eds., *op.cit.*, 2005.

Campbell, L., "Reorganization and Military Withdrawal," in Panter-Brick, K., ed., *op.cit.*, 1978.

Dent, M. J., "Corrective Government : Military Rule in Perspective," in Panter-Brick, K., ed., *op.cit.*, 1978.

Ekwe-Ekwe, H., "The Nigerian Plight : Shagari to Buhari," *Third World Quarterly*, Vol. 7, No. 3, July 1985.

Frhd, N, and V. C. Iwuoha, "Combating Terrorism : Approximating the Operation and Intelligence Vulnerability of the Nigerian Police Force, 1999–2010," *Public Policy and Administration Research*, Vol. 2, No. 2, 2012.

Gberie, L., "The 2011 Elections in Nigeria : A New Dawn ?." *Situation Report*, May 2011.

Gboyega, A. E. and O. Oyediran, "A View from Ibadan," in Panter-Brick, K., ed., *op.cit.*, 1978.

Gilbert, L. D., "Youth Militancy, Armed and Security in the Niger Delta Region of Nigeria," in Ojakorotu, V. and L. D. Gilbert, eds., *op.cit.*, 2011.

Hazen, J. M. and J. Horner, "Small Arms, Armed Violence, and Insecurity in Nigeria . The Niger Delta in Perspective," Geneva, Small Arms Survey, *Occasional Paper*, No. 20, October 2007.

Ibaba, I. S., "Amnesty and Peace-Building in the Niger Delta : Addressing the Frustration-Aggression Trap," *Africana*, Special Issue : *The Niger Delta*, Vol. 5, No. 1, 2011.

Ikelegbe, A., "The Economy of Conflict in the Oil Rich Niger Delta Region of Nigeria," *African and Asian Studies*, Vol. 5, No. 1, 2006.

Ikelegbe, A., "Popular and Criminal Violence as Instruments of Struggle in the Niger Delta Region," in Obi, C. and S. A. Rustad, eds., *op.cit.*, 2011.

Lawal, K. T., "Taxation of Petroleum Profit under the Nigeria's Petroleum Profit Tax Act," *International Journal of Advanced Legal Studies and Governance*, Vol. 4, No. 2, August 2013.

Mohammed, U., "Corruption in Nigeria : A Challenge to Sustainable Development in the Fourth Republic," *European Scientific Journal*, Vol. 9, No. 4, February 2013.

室井義雄「ナイジェリアの近代化と農業問題」(『経済学批判』第9号, 1980

　年11月, 所収)

室井義雄「ナイジェリアの石油政策と国際石油資本」(『アジア経済』第23巻
　第6号, 1982年6月, 所収)

室井義雄「1980年代のナイジェリアにおける軍事クーデター ― その政治・
　経済的背景 ―」(『アジア経済』第27巻第5号, 1986年5月, 所収)

室井義雄「ナイジェリアの大規模灌漑計画と土地・農民問題」(『アフリカレ
　ポート』第3号, 1986年9月, 所収)

室井義雄「ナイジェリアにおける民政移管とその問題点」(『アジア経済』第
　32巻第8号, 1991年8月, 所収)

室井義雄「ナイジェリアの債務累積問題 ― 第三共和制の経済的課題 ―」(原
　口武彦編『転換期アフリカの政治経済』アジア経済研究所, 1993年, 所収)

Ngou, C. M., "The 1959 Election and Formation of the Independence Government," in
　Ekeh, P. P., et al., eds., *op.cit.*, 1989.

Oboreh, J. S., "The Origins and the Causes of Crisis in the Niger Delta : The Way
　forward," in Ojakorotu, V., ed., *op.cit.*, 2010.

Okumagba, P., "Ethnic Militants and Criminallity in the Niger-Delta," *African
　Research Review*, Vol. 3, No. 3, April 2009.

Okwechime, I., "Enviromental Conflict and Internal Migration in the Niger Delta
　Region of Nigeria," Ile-Ife, Obafemi Awolowo University, *Working Paper*, No. 119,
　2013.

Omoyola, S., "Niger Delta Technical Committee (NDTC) and the Niger Delta
　Question," in Ojakorotu, V., ed., *op.cit.*, 2010.

Onwuteake, V. C., "The Aba Riot of 1929 and its Relation to the System of Indirect
　Rule," *Nigerian Journal of Economic and Social Studies*, Vol. 7, No. 3, November
　1965.

Osaghae, E. E., "The Ogoni Uprising : Oil Politics, Minority Agitation and the Future
　of the Nigerian State," *African Affairs*, Vol. 94, No. 376, July 1995.

Oyediran, O. and A. Agbaje, "Two-Partyism and Democratic Transition in Nigeria,"
　*Journal of Modern African Studies*,Vol. 29, No. 2, 1991.

Oyovbaire, S. E., "The Politics of Revenue Allocation," in Panter-Brick, K., ed.,
　*op.cit.*, 1978.

Subair, K., "On the Consistency of Economic Growth with Corruption in Nigeria,"
　*Kamula-Raj Journal of Economics*,Vol. 4, No. 2, 2013.

Teriba, O., "Nigerian Revenue Allocation Experience, 1952–1965 : A Study in Inter-

Governmental Fiscal and Financial Relations," *Nigerian Journal of Economic and Social Studies*, Vol. 8, No. 3, November 1966.

Turner, T., "Commercial Capitalism and the 1975 Coup," in Panter-Brick, K., ed., *op.cit.*, 1978.

Zelinka, P., "Conceptualizing and Countering the Movement for the Emancipation of the Niger Delta," *Defence and Strategy*, No. 2, 2008.

## VI. 雑誌・新聞・パンフレット等

Africa Confidential, *Who's Who*（http://www.africa-confidential, 2014年 9 月 1 日にアクセス）.

*Africa Economic Digest*, May 1982.

*Africa Research Bulletin : Political, Social and Cultural Series*, Exeter, 1985–1997.

*Daily Times*, Lagos, 29th August, 1985.

Economic Intelligence Unit, *Country Report, Nigeria*, London, 1985–2011.

*Elendu Reports*, 14th November, 2005.

Ijaw Youths of The Niger Delta, *The Kaiama Declaration*, Kaiama（http://www.unitedijaw.com/kaiama.htlm, 2014年 6 月16日にアクセス）.

MOSOP, *Oils of Injustice*, Bori, 2005.

MOSOP, *Whither Ogoni : Shell Reconciliation ?*, Bori, 2006.

MOSOP, *Ogoni Bill of Rights*, Bori（http://www.mosop.org/, 2014年 8 月28日にアクセス）.

*New African*, London, Nos. 196–197, February 1984.

*Petroleum Economist*, London, 1970–1985.

*Petroleum Intelligence Weekly*, New York, 2004–2010.

*Premium Times*, 24th December, 2012.

*Quarterly Economic Review of Nigeria*, No. 2, 1983.

*Timeline Nigeria*（http://www.timelines.ws/countries/NIGERIA.HTML, 2014年 7 月 13日にアクセス）.

TRIPOD, *African Elections Database, Elections in Nigeria*（http://africanelections.tripod.com/ng.htm/, 2014年 7 月31日にアクセス）.

*Vanguard*, Lagos, 15th January, 19th May, 25th May, 14th June, 25th June, 3rd July, 14th July, 18th July, 21st August, 22nd August, 24th August, 28th August, 4th September, 5th September, 29th September, 1st October, 2nd October, 4th October, 5th October, 9th October, 11st October, 20th October, 2nd November, 30th November, 2009 ; 29th

June, 24th August, 10th November, 2010 ; 9th February, 13th February, 23rd April, 5th October, 2011 ; 14th February, 3rd March, 24th May, 18th September, 2012 ; 1st February, 27th March, 28th March, 12th April, 14th October, 2013 ; 28th February, 17th September, 2014.

*West Africa*, London, 9th January, 1984 ; 6th April, 3rd August, 10th August, 17th August, 27th August, 31st August, 1987 ; 14th–20th June, 1993.

VII. 写真出典

7頁：ポート・ハーコートの石油化学プラント，筆者撮影
125頁：ラゴス市内（ナイジェリアUAC社・本社屋上より），筆者撮影

# 索 引

## 凡例

1．本索引は，I. 事項，II. 地名，III. 武装集団名，IV. 政党名，V. 会社名，
 VI. 機関名，VII. 部族名，および VIII. 人名からなる。
2．前3者の索引は，主に記載頻度の高いものを掲げてある。
3．人名の索引は，原則として，本文中に記載されたものを掲げてある。
4．丸カッコ内は，合わせて参照すべき項目を示す。

## I. 事項

### ［ア行］

アバチャの公金横領事件 ......85, 87, 88
アムネスティ
 — 計画 ............. 9, 56, 62, 93, 94, 96,
 99 104, 107, 109, 234
 — DDR 作戦 .......... 94, 95, 103, 121
 — 特別恩赦 ....... 2, 9, 32, 39, 93, 94,
 102, 121, 239
委員会［歳入配分問題］
 アボヤデ専門 — ...........74, 75, 154,
 177-181, 185, 186, 189, 231
 オキグボ — ........154, 181, 184-189,
 192, 207, 230
 憲法草案作成 — ........ 168, 178, 185
 合同財政 — ...............181, 190-192
 国家歳入動員配分財政
 —（NRMAFC）.............154, 181,
 207-209, 230
 歳入動員配分財政 —（RMAFC）
 ....................75, 76, 154, 181, 206,
 220-227, 230

ダイナ暫定 — ...........154, 156, 169,
 171-173
チック — ......138, 146-148, 150, 154
ビーンズ — ..... 74-76, 154, 156-158,
 164, 172
ヒックス＝フィリプソン —
 ..................138, 139, 141-145, 147,
 152, 154
フィリプソン — ........136-138, 140,
 154, 171, 230
レイスマン — ........74-76, 138, 149,
 150, 152, 154, 155, 158
委員会［石油問題］
 アムネスティ — ......94, 95, 99, 104,
 106
 ウィリンク — ........24-26, 108, 109,
 236
 エティエベット — .....109, 111, 112,
 114
 オゴムディア — .........109, 115-117
 経済金融犯罪防止
 —（EFCC）............... 2, 86, 88-92
 石油鉱産物生産地域開発
 —（OMPADEC）............109-114

独立汚職等防止 —— (ICPC)
　　.............................88, 89, 92
ナイジャー・デルタ開発
　　—— (NDDC) ........... 13, 14, 78, 94,
　109, 111, 116-118, 228
ポポーラ —— ............. 109, 113, 114
ミッテー —— ........ 109, 117, 118, 120
イスラーム（教，教徒）...... 10, 11, 27,
　34, 37, 39, 43, 80, 82, 83, 101, 102, 123,
　133, 134, 137, 139, 166, 167, 197, 198,
　211, 212, 215-219, 232, 234
オゴニ
　　——「権利章典」.....35, 42, 43, 74, 108,
　109, 236
　　—— 人生存運動（MOSOP）........ 30,
　32-36, 42, 109, 111, 117, 234, 238
　　——・ランド ..... 33-35, 67, 71-73, 236
汚職（政治汚職）.......... 1, 2, 10, 64, 73,
　80, 81, 83, 87-90, 92, 111, 120, 121, 167,
　174, 199, 204

　　　　　　［カ行］
「カイアマ宣言」........... 42, 44, 74, 108,
　109, 237
海賊（行為）........................ 9, 60, 61
カルト集団 ............................. 49, 51
為替レート ................2, 73, 84, 86, 227
環境汚染（破壊）.......... 1, 2, 10, 25, 33,
　36, 43, 47, 64, 67, 68, 108, 112, 116, 122,
　123, 189, 236
ギニア湾 .........................9, 12, 60, 61
「9.11事件」...................................87
共同体 ................. 2, 43, 47, 48, 68, 72,
　77, 78, 112-114, 116, 120, 121, 127, 139,
　140, 158, 181, 225, 229, 230, 237
共和政（文民政権）.........110, 111, 153,

193, 196, 202, 212
　第一 —— .......... 75, 109, 127, 153, 154
　第二 —— ......... 75, 109-111, 127, 154,
　169, 177, 178, 180, 182
　第三 —— ............. 34, 75, 76, 109, 127,
　154, 208, 212
　第四 —— ........... 30, 36, 75, 76, 83, 86,
　109, 111, 122, 127, 143, 154, 212, 214,
　216, 222, 231
キリスト教（教徒）........ 11, 34, 37, 49,
　101, 123, 133, 165, 167, 216-219, 234
クリーク ..... 12, 19, 21, 22, 31, 60, 72, 98
軍事クーデター ........... 2, 3, 23, 31, 32,
　34, 109, 127, 164, 168, 197-200, 209, 214,
　233
　1966年1月 —— .......31, 109, 154, 164
　1966年7月 —— ......... 109, 154, 165
　1975年7月 —— ......... 109, 154, 167
　1976年2月 —— ......... 109, 154, 168
　1983年12月 —— ..... 109, 154, 197-199,
　204
　1985年8月 —— ...... 32, 109, 154, 199,
　200
　1993年11月 —— ...... 34, 109, 127, 154,
　212
憲法
　リチャーズ ——（1946年）....136-138,
　141, 154
　マクファーソン ——（1951年）
　　.................. 138, 141, 142, 146, 154
　リッテルトン ——（1954年）
　　.................... 24, 138, 146, 154, 159
　独立 ——（1960年）......... 24, 25, 155
　共和国 ——（1963年）.......... 13, 109,
　153-157, 171, 178
　共和国 ——（1979年）.......16, 88, 109,

　154, 178, 182, 184-186, 189, 191-195,
　197, 211, 220
　　共和国 ── （1989年） ................ 211
　　共和国 ── （1999年） ........ 14, 54, 76,
　　88, 93, 95, 109, 120, 154, 214, 218,
　　220-223, 236, 239
原油
　　── 価格 ................... 22, 62, 63, 175,
　　201, 202, 227
　　── 生産量 ............... 14, 16, 22, 62,
　　63, 100, 201, 225, 226
　　── の発見 ............ 21, 23, 30, 127,
　　149, 150
　　── の不法精製 ....................... 100
　　── 輸出比率 ................... 22, 23
　　── 輸出量 ............... 22, 23, 62, 63,
　　200, 201
　　── 漏出 ............ 67-70, 112, 116, 237
　　政府取得 ── ................... 10, 66, 78
　　ボニー・ライト ── ........ 22, 62, 63,
　　201, 202
公金の横領 ........... 2, 10, 64, 73, 83-85,
　90, 121, 217, 237
「構造的暴力」 ......................... 123


　　　　　　　　　［サ行］
歳入
　　── の配分方式（政策） .........75, 77,
　　138, 142, 145-148, 151, 154-156, 169,
　　171-174, 181, 185, 208, 221, 222, 225,
　　227, 228
　　──（連邦会計等）配分法 .........154,
　　181, 190-192, 206
三脚理論 ................................ 12, 184
三層構造 ........................2, 16, 36, 74,
　79, 122, 140, 184, 230

三大部族 ...................... 11, 12, 28, 233
産油9州 .............. 14, 77, 80, 114-116,
　119, 120
　　── アクワ・イボム ......... 14-16, 26,
　　96, 97, 112, 118, 170, 219, 223, 225,
　　226, 237
　　── アビア ............ 14-16, 26, 55, 75,
　　91, 118, 170, 219, 223, 226
　　── イモ ................ 14-16, 26, 55, 96,
　　118, 170, 186-188, 196, 219, 226
　　── エド ................ 14-16, 25, 26, 55,
　　91, 96-98, 118, 170, 214, 219, 226, 237
　　── オンド ............ 14-16, 26, 37, 89,
　　96, 112, 118, 170, 187, 188, 191, 195,
　　196, 219, 223, 226, 237
　　── クロス・リヴァー ..........14-16,
　　25, 26, 46, 55, 96, 100, 105, 118, 170,
　　186-188, 219, 223, 226
　　── デルタ ............ 14-16, 25, 26, 43,
　　44, 53, 55, 58, 59, 60, 91, 95 97, 99,
　　112, 118, 170, 219, 223, 225, 226, 237
　　── バイェルサ ......... 2, 9, 13-16, 21,
　　25, 26, 28, 29, 42-45, 51, 53, 58-60,
　　75, 91, 95-98, 104, 105, 114, 115, 118,
　　150, 170, 218, 219, 223, 226, 237
　　── リヴァーズ ...... 13-17, 21, 25, 26,
　　28, 29, 32, 33, 44, 47, 49-51, 53, 55,
　　58, 59, 69, 95-97, 100, 105, 112, 118,
　　169, 170, 186-188, 194, 219, 223, 225,
　　226, 236, 237
シャリーア法 ............................ 211
「12日間の共和国」 ..............30, 32, 93
少数部族（問題） ........... 1, 2, 9, 10, 12,
　23-31, 36, 42-44, 108, 120, 122, 150, 166,
　169, 185, 186, 197, 215, 218, 236, 237
植民地政府 ................21, 25, 134, 136,

137, 142, 159

制憲会議 ................. 24, 148, 149, 154, 178, 180, 185

製油所

  カドゥナ── ........................48

  ポート・ハーコート── ....... 48, 59

  ワリ── ...............................48

石油

  ──開発 ............. 1, 2, 21, 23, 25, 33, 36, 64, 66-68, 70, 108, 158

  ──グラット ............. 197, 198, 202

  ──採掘権 ........................64, 175

  ──試掘権 ................... 21, 64, 175

  ──収入の歳入比率 ...... 22, 119, 201, 228

  ──収入の配分（比率）..... 2, 23, 35, 45, 64, 74, 77, 82, 116, 119, 121, 127, 152, 172, 229

  ──収入の配分の「13％条項」 ...................14, 75-78, 220-222, 225, 227, 228, 231, 237

  ──ショック .......................... 202

  ──戦争 ............1, 9-11, 23, 30, 45, 52, 57, 62, 64, 100, 121, 122, 232, 234

  ──探査権 ....................21, 175

  ──モノカルチャー ............23, 202

  ──利潤税 ........... 10, 174, 175, 179, 184, 201, 228

石油産業 ................................ 201

  ──の合弁事業 ....... 9, 33, 65, 66, 78, 176, 227

  ──の生産分与契約 ............. 65, 66

総選挙

  1959年── ....................24, 153

  1979年── ..... 182, 183, 187, 193-195, 198

1983年── ...........183, 193-196, 198

1987年── ........................... 198

1990〜1993年── ..........33, 212, 213

1998〜1999年── ..... 38, 53, 214, 215

2003年── ...............1, 36-39, 52, 53, 216, 224

2007年── ........38, 39, 49, 59, 216, 218

2011年── ..............38, 218, 219

2015年── .............10, 102, 214

──のゾーン・システム .... 197, 218

──のバンドワゴン効果 .......... 195


[タ行]

多部族国家 ......................11, 142, 169

天然ガス

  ──の焼却 ...........33, 67, 68, 70, 112, 113, 116, 119, 121, 123, 237

  ──の生産量 .......14, 16, 70, 225, 226

  ──の輸出 ...............................10

盗油 ................. 9, 50, 51, 57, 68, 100, 115, 116, 120, 122, 232


[ナ行]

ナイジェリア

  英領── ......... 129, 132, 135, 136, 139

  ──植民地鉄道 ...................... 132

  ──統治の二大原則 ................ 133

  ──の公的（対外）債務 ....135, 136, 204, 205

  ──の国軍 ...... 52-54, 56, 96, 98, 112, 165, 166, 178, 185, 220, 232, 239

  ──の財政構造 ......135, 205, 227-229

  ──の最低賃金 ............... 57, 94

  ──の債務危機 .................... 206

  ──の人口数（センサス）......11, 16,

28, 72, 81, 144, 145, 187, 188, 211

—— の新州の増設 ........12, 24, 26-28, 109, 150, 154, 169, 170, 211, 212

—— の独立 ..............2, 64, 108, 109, 138, 148-154

—— の貧困率 ......................81, 82

—— の連邦会計 ........ 16, 76-78, 181, 185, 186, 188, 190, 191, 211, 220, 221, 224, 227-229

—— 版「緑の革命」.................. 110

ナイジャー川 ...................... 12, 18, 130

ナイジャー・デルタ人民共和国 .................................................. 31, 35

ナイジャー・デルタ問題 ........ 10, 108, 111, 117, 120, 218

南北対立 ...............1, 11, 101, 218, 219


[ハ行]

パイプライン ............. 9, 22, 33, 57, 60, 62, 71, 106, 115, 116, 123, 234

サハラ横断天然ガス —— ...........71

西アフリカ —— .......................71

派生主義 .............2, 14, 74-76, 78, 113, 116, 119-121, 137, 138, 140, 142, 144, 146, 148-150, 152, 155-157, 172, 173, 179, 185-192, 206, 220-222, 224-226, 231, 237

ビアフラ

—— 共和国 ...........27, 31, 35, 37, 109, 154, 167, 216

—— 先住民会議 ...................... 235

—— 戦争 ...............12, 23, 25, 27, 32, 35, 66, 93, 109, 154, 164, 166, 167, 171, 173, 200

—— 湾 ........................... 12, 18

貧困（問題）.......... 2, 3, 10, 53, 64, 74,

79, 92, 101, 121-123

武器 .......... 19, 40, 54, 56, 57, 94-99, 239

小型 —— .....................50, 52, 54-56

布告 ...................... 13, 27, 33, 74, 75, 77, 110, 154, 156, 165-167, 169, 171-173, 206-210, 212, 221-223, 237

武装

—— 集団 ....... 2, 3, 9, 29, 30, 36, 40-46, 48-59, 62, 68, 74, 83, 93-95, 98-100, 102-104, 109, 117, 119, 121-123, 232, 239

—— 闘争 ....... 11, 30, 36, 40, 46, 52, 61, 93, 101, 122, 123, 239

不法製油 ..........................73, 115, 116

分離発展 ........................... 133, 134

保護領

ナイジェリア植民地・—— ........ 132

ナイジャー海岸 —— ................. 129

南部ナイジェリア —— ........................... 129, 131, 237

南部ナイジェリア植民地・—— ..............................130-133

北部ナイジェリア —— ........130-133


[マ行]

マーケティング・ボード（MB） ................................158-163, 172

マネー・ロンダリング .... 87, 89, 90, 92

マングローブ ......................12, 72, 73

身代金 ...............9, 57, 58, 60, 115, 232

民政移管 ............ 13, 30, 33, 34, 36, 37, 55, 115, 169, 177, 180, 182, 209, 210, 212, 216, 238


[ヤ行]

誘拐 ...............9, 47, 57, 58, 60, 61, 101,

115, 120, 232

油田 ............................ 35, 59, 65, 68

　沖合── ...... 65, 76, 172, 173, 176, 224

　陸上── ................65, 172, 173, 176

「419号事件」 ...............................89


[ラ行]

ラゴス直轄植民地 ................ 130, 131

リヴァーズ州政府御用派
............................... 42, 51, 52, 98

連邦軍事政権 ........10, 13, 23, 30-32, 34,
　37, 83, 111, 122, 177, 178, 215, 216

　アギー─イロンシ──（1966年）
　.......................... 31, 75, 109, 154

　ゴウォン──（1966〜1975年）
　........ 31, 65, 66, 74, 75, 109,
　154, 156, 169, 171-173

　ムハンメド──（1975〜1976年）
　........ 74, 75, 109, 154, 156, 167, 173

　オバサンジョ──（1976〜1979年）
　.................13, 14, 74, 75, 109, 110,
　154, 160, 177, 178, 180

　ブハリ──（1984〜1985年）
　.............10, 75, 109, 154, 181, 197,
　199, 204, 206, 207, 214

　ババンギダ──（1985〜1993年）
　......... 32, 33, 37, 75, 86, 100, 109,
　110, 154, 160, 181, 199, 206-209, 211,
　216, 221-223, 233

　アバチャ──（1993〜1998年）
　............ 30, 34, 36, 75, 86, 109, 111,
　154, 233, 234, 237

　アブバカール──（1998〜1999年）
　........ 43, 75, 109, 113, 115, 154, 212

## II. 地名

[ア行]

アサバ ...............................55, 129

アバ .......................... 40, 55, 134

アブジャ ..... 39, 50, 98, 99, 102, 103, 168

イェナゴア ................ 15, 31, 104, 113

イバダン ........................ 137, 166, 233

ウムアヒア ........................... 15, 33

エスカルボス ........................ 15, 70

エヌグ ........................96, 137, 233

オウェリ ........................... 15, 55

オクリカ .................32, 40, 47, 51, 98

オロイビリ ........ 2, 21, 31, 112, 150, 237


[カ行]

カドゥナ ............31, 48, 54, 68, 69, 132,
　137, 165, 166, 168

カノ ....31, 80, 85, 131, 132, 165, 186, 233

カラバリ ............................44, 49, 50

カラバル .................... 25, 55, 119, 134


[サ行]

ザリア ...........................31, 165, 217

ソコト ........................ 102, 133, 148


[ハ行]

ブラス ............................ 15, 58, 113

ポート・ハーコート .......... 15, 22, 31,
　32, 34, 40, 45, 47-49, 55, 59, 69, 98, 100,
　104, 123, 130, 132, 134, 233

ボニー ................................... 15, 70


[ラ行]

ラゴス ................34, 45, 68, 80-82, 92,

119, 130, 132, 133, 142, 144, 146, 165,
166, 168, 193, 203, 233, 234

［ワ行］
ワリ .........................15, 48, 53, 55, 69

## III. 武装集団名

［ア行］
アイスランダー .... 40, 41, 48, 49, 51, 52
アウォロウォ・ボーイズ（AB）......49
アウトローズ .........41, 46, 48-50, 52, 97
イジョ青年会議（IYC）....... 40-44, 48,
　50, 53, 74, 101, 109, 237, 238
イジョ中央軍団（ICC）.................49
ヴァイキング最高協会（SVC）
　.......................................41, 51, 52
エレグムフェイス ...................41, 52

［カ行］
クランズメン協会（KK）.......... 41, 46
グリーンランダー ..........41, 44-46, 48,
　50, 52, 235
軍事行動連合（COMA）.................46
ゲットー .....................................49
合同革命評議会（JRC）.................46

［サ行］
G12 .......................................41, 47
殉教者旅団 ...................................46
新生ナイジャー・デルタ人民義勇軍
　（RNDPVF）....... 41, 45, 46, 96, 99-101
新生ナイジャー・デルタ復讐団
　（RNDA）................................. 234

［タ行］
タイタンズ .............................41, 47
ディーウェル ................ 41, 47, 49, 51
ディーバム ....................41, 45-47, 50
トムビア青年会議（TYC）............47

［ナ行］
ナイジャー・デルタ解放運動
　（MEND）..........41, 42, 45, 46, 48-52,
　57, 59-62, 64, 65, 74, 94, 96-100, 104,
　109, 117, 119, 121, 232, 234
ナイジャー・デルタ革命戦士団
　（NDRC）................................. 235
ナイジャー・デルタ義勇軍（NDVF）
　.............................................. 31, 93
ナイジャー・デルタ・グリーンランド
　正義執行団（NDGJM）............. 235
ナイジャー・デルタ自警軍（NDVF）
　..............................................97
ナイジャー・デルタ自警サービス
　（NDVS）............... 40, 41, 44, 46-53,
　59, 93, 97, 98, 109
ナイジャー・デルタ自由闘士団
　（NDFF）..............................97
ナイジャー・デルタ襲撃軍（NDSF）
　....................................41, 49, 50, 109
ナイジャー・デルタ人民義勇軍
　（NDPVF）.............40-42, 44-51, 56,
　93, 100, 109
ナイジャー・デルタ復讐団（NDA）
　................................... 234, 235

［ハ行］
ブッシュ・ボーイズ（BB）
　............................41, 45, 47, 48, 50
ボコ・ハラム（BH）.........11, 101, 232

## IV. 政党名

### ［カ行］
行動会議（AC）........... 38, 50, 217, 218
行動党（AG）........ 24, 27, 149, 153, 182
国民共和会議（NRC）...........211-213

### ［サ行］
社会民主党（SDP）...............211-213
進歩人民同盟（PPA）.............38, 217
進歩変化会議（CPC）.......38, 218, 219
人民救済党（PRP）.........182, 183, 187, 191, 194, 195, 198
人民民主党（PDP）............. 37-39, 47, 50-52, 122, 215-219
全進歩会議（APC）.......................37
全進歩大同盟（APGA）......37, 38, 216, 217
全人民党（APP）......... 37, 38, 215, 216
全ナイジェリア人民党（ANPP）
................................37, 38, 216-218

### ［タ行］
大ナイジェリア人民党（GNPP）
.................... 182, 183, 187, 191, 194

### ［ナ行］
ナイジェリア・カメルーン国民会議
（NCNC）.......... 24, 149, 153, 155, 182
ナイジェリア・カメルーン民主党
（DPNC）................................. 153
ナイジェリア行動会議（ACN）
................................38, 219
ナイジェリア国民党（NPN）
....................182, 183, 187, 191-198

ナイジェリア進歩党（NAP）
............................................ 183, 193
ナイジェリア人民党（NPP）
...............182-184, 187, 191, 194, 195
ナイジェリア統一党（UPN）
...............182-184, 187, 191, 193, 194
ナイジャー・デルタ人民救済前衛党
（NDPSF）...............................44

### ［ハ行］
北部人民会議（NPC）....... 24, 149, 150, 153, 155, 182
北部地域進歩同盟（NEPU）....153, 182

### ［マ行］
民主人民党（DPP）.......................38
民主同盟（AD）........... 37, 38, 215, 216

### ［ラ行］
連合中部ベルト会議（UMBC）..... 153
連合独立国民党（UNIP）............. 153
労働党（LP）...............................38

## V. 会社名

### ［ア行］
アジップ石油会社 ...............57, 59, 65
アシュランド石油会社 ..................66
アダックス石油会社 ............... 65, 66
英国石油会社（BP）....................21
SLOKホールディングス会社 ....... 217
エッソ石油会社 ...................... 64, 65
王立ナイジャー会社（RNC）....... 129

[カ行]

現代重工業会社 ..........................58

国営石油投資管理サービス公社

　（NAPIMS）............................ 111


[サ行]

サフラップ石油会社 ......................66

サムスン重工業会社 ................... 107

サロズ・インターナショナル社 .....33

シェブロンーテキサコ石油会社

　............................43, 57, 59, 64, 65

シェル石油会社 ........ 33, 47, 59, 60, 62,

　64-66, 68, 105, 114, 115, 236

シェル/ダーシー石油開発会社 ......21

シェル/BP石油開発会社 .......... 21, 33


[タ行]

トータル石油会社 ......... 59, 65, 66, 68,

　117

トータル探査生産会社 ................ 118


[ナ行]

ナイジェリア液化天然ガス公社

　（NLNG）............................ 70, 71

ナイジェリアガス公社（NGC）......71

ナイジェリア国営石油公社（NNOC）

　............................................... 200

ナイジェリア国営石油公社（NNPC）

　....................9, 22, 33, 65, 68-71, 78,

　111, 113, 115-118, 175, 200

ナイジェリア鉄道公社（NRC）.......80

ナイジェリア農産物マーケティング

　会社（NPMC）....................... 160

ナイジェリア防衛産業公社（DICN）

　.................................................54

ナイジェリアUAC社 ....... 34, 129, 159,

212, 233

ナイジャー会社（NC）............... 129

ナイジャー・デルタ流域開発公社

　（NDBDA）........................ 109, 110


[ハ行]

パンオーシャン石油会社 ...............65

フィリップス石油会社 ..................65


[マ行]

モービル石油会社 ...............59, 64, 65


[ラ行]

連合アフリカ会社（UAC）........20, 34,

　130, 159

ロイヤル・ダッチ・シェル石油会社

　.................................................21

## VI. 機関名

[ア行]

アフリカ統一機構（OAU）........... 167

アムネスティ・インターナショナル

　（AI）.................................35, 122

アメリカ石油協会（API）............ 202

欧州連合（EU）.......................... 104


[カ行]

国軍・警察合同部隊（JTF）.......9, 40,

　43, 45, 46, 51, 53, 56, 57, 60, 61, 94

国際通貨基金（IMF）.................. 199

国連開発計画（UNDP）.......67, 68, 70,

　79, 81, 83, 109, 119

国連環境計画（UNEP）......... 67, 71-73,

109, 122

国連人権委員会（UNCHR）............35

［サ行］

世界銀行（WB）.......... 81, 82, 145, 204

世界保健機構（WHO）.................72

石油技術開発基金（PTDF）.......... 216

石油輸出国機構（OPEC）...... 9, 66, 79,
202

全国婦人協会（NCWS）............... 209

［ナ行］

ナイジェリア工業会（MAN）....... 203

ナイジェリア石油・天然ガス上級職員
協会（PENGASSAN）......... 107, 238

ナイジェリア大同盟（GAN）.........39

ナイジェリア労働者会議（NLC）
....................................... 195, 209

ナイジャー・デルタ開発局（NDDB）
..........................13, 14, 25, 108, 109

［ハ行］

ヒューマン・ライツ・ウォッチ
（HRW）................................. 122

# VII. 部族名

［ア行］

アンガス ......................28, 31, 75, 166

イクウェレ ............................52, 238

イジョ .............9, 16, 18, 25, 27, 29-32,
36, 40, 42, 43, 49, 50, 52, 53, 60, 74, 75,
101, 108, 111, 122, 218, 234, 237, 238

イツェキリ ............................53, 238

イビビオ ...............................49, 238

イボ ................... 11, 18, 24, 31, 35, 37,
75, 134, 141, 149, 153, 164-166, 182, 184,
215-217, 233

ウルホボ ........................ 27, 53, 238

エクペイェ .............................52, 238

エド ........................... 25, 27, 238

エフィク ................................. 153

オグバ .......................................49

オクリカ ......................................34

オゴニ .................29, 30, 32-36, 49, 52,
72, 74, 111, 234, 236, 238

［カ行］

カヌリ ...................................... 182

［ハ行］

ハウサ ..................... 10, 11, 32, 34, 37,
43, 75, 167, 197, 212

ハウサ-フラニ .......11, 24, 27, 31, 149,
153, 164, 184, 233

フラニ ....................11, 27, 37, 75, 153,
165, 182, 216, 217

ベロム ...................................... 153

［ヤ行］

ヨルバ ................ 11, 24, 27, 34, 37, 75,
134, 141, 148, 153, 164, 165, 167, 182,
184, 212, 216, 233

# VIII. 人名

［ア行］

アウォロウォ, O. ........ 27, 153, 168, 182,

184, 191, 236

アウセ，S. ................................48

アギーーイロンシ，J. T. U.（初代国家
　元首）......... 31, 75, 109, 154, 165, 166

アキンジデ，R. ......................... 183

アキントラ，S. L. ...................27, 165

アクパシベウェイ，E. ...................97

アクパタ，E. O. I. ...................... 214

アサリ，M. D. ........ 40, 41, 44-46, 48-51,
　56, 61, 93, 96, 99-102, 123

アジキィウェ，N.（第 9 代総督，初代
　大統領）.................74, 75, 109, 141,
　153-155, 182, 184

アッベ，G. ..............................99

アデケイェ，G. ..................... 60, 61

アネニヘ，T. ............................39

アバチャ，A.（S. アバチャ子息）
　.............................. 84, 88

アバチャ，M.（S. アバチャ子息）
　..................................84

アバチャ，M. J.（S. アバチャ夫人）
　..................................85

アバチャ，S.（第 7 代国家元首）
　...............30, 34, 43, 75, 84-87,
　109, 112, 113, 127, 154, 212, 214

アビオラ，M. K. O. ..................... 212

アブバカール，A.（第 8 代国家元首）
　.................... 38, 43, 75, 84-86, 109,
　114, 154, 212, 214, 238

アブバカール，A.（副大統領）
　.............................. 216, 217

アボヤデ，O. ......................... 177, 180

アマエチ，C. R. ........................98

アライベ，T. ...................94, 95, 99, 118

アラミエイェセイグハ，D. .............91

アワ，E. O. .............................. 211

イゴド，G. ..............................47

イタ，E. ............................. 153

イディアグボン，T. ..................... 199

イフェアジュナ，E. ..................... 164

イブラヒム，W. ..................... 182

イブル，A. ............................. 111

ウィケ，E. N. ......................... 235

ウィリンク，H. ..........................24

ウドゥアガン，E. ........................99

エクペムポロ，G. .......41, 62, 97-99, 234

エクペムポロ，H. G. ....................99

江崎玲於奈 ................................35

エティエベット，D. ................. 84, 111

エナホロ，A. E. ..................... 148

エピバデ，C. ............................44

エブテ，A. ............................. 192

オウェイ，A. ............................97

オウェイ，R. ............................98

オウォナル，S. ..........................31

大江健三郎 ................................35

オカー，C. ..............................45

オカー，H. ............41, 45, 46, 51, 60-62,
　97-100, 102, 103, 119

オキグボ，P. N. C. ..................... 185

オキロ，M. ............................. 111

オグウマ，P. ..................... 84, 86

オグンボス，E, ..........................97

オコティーエボー，F. S. ............... 165

オコボ，R. ..............................97

オゴムディア，A. O. ................. 115

オジュクゥ，C. O. ......27, 31, 37, 38, 109,
　154, 166, 167, 216, 217

オチソ，W. J. ..........................97

オディリ，P. ......39, 40, 44, 47, 49-51, 56

オバサンジョ，O.（第 4 代国家元首，
　第 5・6 代大統領）......... 13, 37-40,

50, 54, 55, 75, 77, 86-89, 91-93, 109,
111, 115, 154, 168, 169, 177, 180, 181,
215-217, 221-225, 227
オバサンジョーベロー, I. ......... 91, 92
オプエムペ, S. ...................... 41, 47
オム, P. U. ................................ 210
オワカ, I. ....................................47

### ［カ行］

カヌ, N. ................................... 235
カノ, M. M. A. ...................... 153, 182
カル, K. I. ......................... 117, 118
カル, O. U. ...........................38, 217
クク, K. .......................... 95, 104-106
クッキー, S. J. ........................ 209
グボモ, J. ........................... 60, 99
ゴウォン, Y.（第2代国家元首）
.............. 27, 31, 75, 93, 109, 166, 167
ゴルバチョフ, M. S. .......................35

### ［サ行］

サード, M. ............................... 102
サローウィワ, K. B. ....... 30, 33-36, 234
シェカラウ, I .....................38, 218
シャガリ, S. A. U.（第2・3代
大統領）............. 39, 75, 88, 109-111,
154, 180-186, 188-193, 195, 197, 198,
202, 204, 218
ジャクソン, L. ............................97
ショインカ, A. O. ........................34
ジョージ, A. ............................48
ジョージ, S. ......................41, 49, 97
ジョナサン, G.（第8代大統領）
.........9, 10, 18, 38, 75, 94, 95, 100-102,
107, 109, 154, 214, 218, 219, 234
ショネカン, E. A. O.（第4代大統領）

........ 34, 75, 76, 109, 127, 154, 212, 233
シルヴァ, T. ............................98
スケルトン, D. A. ...................... 142
セキボ, A. ......................... 40, 51

### ［タ行］

タイウォ, I. ............................ 168
ダイナ, I. ............................. 171
ダリイェ, J. ...................... 90, 91
タルカ, J. S. ........................... 153
ダンジュマ, T. Y. .............84, 207
チック, L. ............................. 148
ディック, N. ............................31
ディムカ, B. S. .................... 168
テグバラ, S. ............................97
テリカ, O. ...................... 41, 47
トゥオドロ, F. ................ 41, 44, 238
トーゴ, J. ............................97
トファ, B. O. ...................... 212
トム, A. .......40, 41, 47-52, 61, 93, 97, 98
トルグヘディ, K. S. ................. 100
ドン, L. .................................50

### ［ナ行］

ナベナ, A. .................................46

### ［ハ行］

ハーコート, L. V. ...................... 132
ババンギダ, I. B.（第6代国家元首）
........... 32, 75, 84-86, 109, 110, 154,
197, 199, 200, 206, 209, 212, 237
バレワ, A. T.（初代首相）..........24, 27,
109, 150, 154, 155, 165, 168
ヒックス, J. ............................ 142
ピドムソン, G. ...................... 41, 51
ビーンズ, K. J. ...................... 76, 157

ファラー, I. ........................41, 49, 50

ファラエ, S. O. ........... 37, 38, 216

フィリプソン, S. .................. 137, 142

福井謙一 .................................35

ブハリ, M.（第5代国家元首,
　第9・10代大統領）......... 10, 37, 38,
　75, 109, 154, 197-200, 214, 216-219

プリンスウィル, T. ......................50

ブレイスウェイテ, T. .................. 193

ベロー, A. ..................... 148, 165, 168

ベン, E. V. ................... 60, 97-99, 104

ポポーラ, O. .......................... 113

ボロ, I. A. ................. 30-32, 35, 44, 93


［マ行］

マクファーソン, J.（第7代総督）
　.............................................. 141

マコーレー, H. H. ................. 141, 168

マッキーヴァー, J. ......................97

ミッテー, L. ......................... 117, 118

ムーア, R. D. R. .......................... 129

ムバディウェ, K. O. .................. 153

ムハンメド, M. R.（第3代国家元首）
　........................ 74, 75, 109, 167, 168


［ヤ行］

ヤラドゥア, S. M. ....................... 217

ヤラドゥア, U. M.（第7代大統領）
　......9, 38, 45, 61, 62, 75, 93-95, 98, 102,
　109, 117, 119, 121, 154, 217, 218, 239


［ラ行］

リチャーズ, A. F.（第6代総督）
　................................. 136, 138, 141

リッテルトン, O. .......................... 146

リバドゥ, N. .................. 2, 38, 86, 219

ルガード, F. J. D.（初代総督）
　........................................ 129, 132

レイスマン, J. .......................76, 150

ロバートソン, J. W.（第8代総督）
　............................... 13, 24, 149


［ワ行］

ンディグバレ, S. ...........................97

室井　義雄 (むろい　よしお)

1950年　福島県に生まれる
1974年　新潟大学人文学部経済学科卒業
1980年　東京大学大学院経済学研究科博士課程修了
1981年　専修大学経済学部入職
1992年　東京大学博士（経済学）
2006年　専修大学経済学部長（〜2010年）
2010年　専修大学副学長（〜2013年）
2018年　専修大学経済学部退職（専修大学名誉教授）

**主要著書**
『連合アフリカ会社の歴史：1879–1979年 ― ナイジェリア
　社会経済史序説 ―』（単著，同文舘，1992年）
『南北・南南問題』（単著，山川出版社，1997年）
『世界経済論の構図』（編，有斐閣，1997年）
『ビアフラ戦争 ― 叢林に消えた共和国 ―』（単著，山川出
　版社，2003年）
『アフリカ経済論』（共著，ミネルヴァ書房，2004年）

## 石油資源の呪い
### ― ナイジェリア政治経済史 ―

2023年3月13日　初版第1刷発行

著　　者　室井義雄
発 行 者　中田典昭
発 行 所　東京図書出版
発行発売　株式会社 リフレ出版
　　　　　〒112-0001 東京都文京区白山5-4-1-2F
　　　　　電話 (03)6772-7906　FAX 0120-41-8080
印　　刷　株式会社 ブレイン

© Yoshio Muroi
ISBN978-4-86641-583-3 C3031
Printed in Japan 2023